U0106644

FRONTIER CLOSED AREA
(NO ENTRY
WITHOUT A PERMIT)

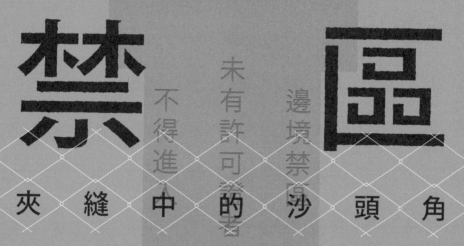

# 禁區

## 夾縫中的沙頭角

邊境禁區

未有許可證者

不得進入

阮志——著

# 序一

粗略地講，明清時期，今香港和深圳同屬廣州府新安縣管轄。兩地的邊界是 1898 年英國租借新界以後形成的，此後 100 多年，深港邊界地區的歷史，與香港史、粵港關係史、中英關係史，甚至中國近現代史息息相關。遺憾的是，在香港和內地卻少有學者關注這一地區的歷史。阮志博士是少數關注香港邊境史的學者之一，先後著有《中港邊界的百年變遷：從沙頭角蓮蔴坑村說起》、《入境問禁：香港邊境禁區史》等著作。筆者和阮博士有相同的學術興趣，參加過《中英街與沙頭角禁區》的編寫，主編過《蓮蔴坑村志》。因此，阮博士有關沙頭角的新書完稿後，邀我寫序，便欣然同意。

沙頭角是深港邊界很特別的一個地區，兩地交往更為密切，歷史內涵更為豐富。阮博士的《禁區：夾縫中的沙頭角》一書，涉及沙頭角的自然地理、客家文化、鄉規民約、農耕經濟、商業、交通、開發和自然保育，以及抗日戰爭和「文革」期間的沙頭角，內容十分豐富，值得關心香港史的讀者一讀。

阮博士新書最大的特點就是資料充實。他透過多年的實地考察，輔以對地方志、族譜、碑刻、官方檔案與口述資料的研究，試圖為一直以來備受忽視的香港邊境史研究開拓新的領域和視點。例如，1912 年通車的九廣鐵路粉嶺至沙頭角支線，過去很少受到關注。他通過對九廣鐵路年度報告和英國殖民地部檔案 CO129 的研究，詳細敘述了這條支線的興建緣由、預算、收支狀況和結業原因。其

中各色乘客乘坐敞篷車卡的兩張照片帶來的視覺衝擊令人難忘。

近年，有較多的香港年輕人關注香港歷史是件好事。我希望年輕的香港學者多讀一些世界史、中國史和香港史，能從更廣闊的視野考察香港歷史，同時不斷提升史料鑒別和語言表述能力，使香港史研究隊伍後繼有人，人才輩出。

劉蜀永

2021 年 2 月 7 日於嶺南大學

# 序二

香港與世界接軌成為 20 世紀國際亞洲大都會,「大歷史」始於前一個世紀中、英兩國之間一場戰爭。其後,1898 年英國租借九龍界限街以北、深圳河以南土地 99 年,並隨之命名「新界」。自此,分別位於香港南北的「香港島、九龍半島」和「新界」彷彿在「平行時空下」發展:前者逐漸融入現代商貿世界,後者迄上世紀七十年代基本維持傳統自給自足農業社會格局。若要呈現香港歷史全貌,位於香港北部相當於大半個特別行政區範圍的「新界」包括北區(含上水、粉嶺、沙頭角和打鼓嶺)的社會文化發展史,必須與「商貿世界」的南部香港獲得同樣重視和瞭解。

自第二次世界大戰結束以來,研究中國傳統社會和文化變遷的人類學、社會學及史學等學科的中、外學者在香港新界地區從事研究,他們包括吳倫霓霞教授、科大衛教授、陸鴻基教授、蕭國健教授、華琛教授(James L. Watson)、許舒博士(James W. Hayes)及夏思義博士(Patrick H. Hase)等。前輩學人遍踏新界原居民村落,進行田野考察、與村中父老訪談,出版了豐碩學術研究成果和史料彙編。其中,由科大衛、陸鴻基和吳倫霓霞合編的《香港碑銘彙編(三冊)》(香港歷史博物館編製,1986 年香港市政局出版)為香港史學研究保存了重要而珍貴的資料。前賢所培養的學生發揚師輩們學術研究精神,並承先啟後培育新生代以傳揚這門獨特「香港學」。本書作者阮志博士屬於從事香港新界特別是「沙頭角禁區」歷史研究第三代學人中一位佼佼者。

阮博士自千禧年以來鍥而不捨，孜孜不倦默默研究香港北部包括沙頭角地區客家族群的歷史文化。他在沙頭角村民協助下，得以進入邊境禁區長期從事學術研究。本著乃其又一部關於香港北部特別是「沙頭角禁區」的歷史文化力作，主要探討「邊界客家村落的文化傳統及身份認同的轉變，及其與深圳以至廣東其他地方在客家文化上的淵源。」

作者從香港自然地理和地質歷史以及客家文化生成出發，詳盡細緻地論述了沙頭角地區民生方方面面：鄉約與地方社會管治、村民與土地開墾、從傳統墟市到現代鄉鎮、基督宗教入傳、鐵路支線與公路開通、抗日活動以及戰後迄今的發展歷程等。本書立體地呈現沙頭角地區客家人社會和日常生活等情狀例如：經濟活動含種植、漁樵和灰窰業、與水上人和鶴佬人融合和互動等。

因著阮志博士致力於相關學術研究和勤於筆耕，沙頭角地區社會和文化歷史的「神秘面紗」得以逐漸被掀起，中、外讀者乃能夠開始進深認識該區以至香港歷史全貌。筆者祝賀阮博士在近 20 年已出版多部專書的基礎上又一本新著問世！期盼隨著「禁區」解禁，越來越多年輕學人能夠投身於這塊學術園地，與阮博士一道努力耕耘，以期進一步推動香港北部歷史文化研究。是為序。

劉義章

香港中文大學歷史系退休教師

2021 年 2 月 1 日於沙田大圍

# 前言

歷史總給人一種枯燥乏味的感覺，往往被忽略及輕視，尤其是大部份香港歷史學者對地方史興趣不大，認為其不如整個城市、國家地域，甚至國家歷史那麼重要，因此，地方史長期只集中於某些邊緣學者或民間學人去進行研究，大學亦沒有地方史的科目。在其他擁有較長歷史研究傳統的西方國家如英國及法國等，他們均有地方史課程，專門教授研究地方史的方法及理論。雖然在上世紀六、七十年代有西方人類學家曾在香港從事長期的田野考察，推出許多新界地區的歷史人類學經典，但他們大部份只是因當時中國的政治形勢不能進入內地做研究，才選擇到香港這個華南宗族傳統社會的縮影作為踏腳石，去研究本地宗族，從而映照他們不能到達的中國農村社會而已。加上他們的著作以英文撰寫，箇中文章結構非一般讀者所能深入明白，令有興趣進一步了解香港地方史的普羅中文讀者不禁望門興嘆。而且他們從中國傳統社會的角度研究，並非針對香港的獨特環境，例如新界的土地制度、風俗習慣，以及其在殖民地制度下的文化保存等因素，因此未為一般所理解的香港地方史範疇。

本書作者希望透過沙頭角的故事，不單反映其是明清以來廣東新安縣客家地區社會發展的一個縮影，亦是香港本身社會的發展縮影。蕭文評在《白堠鄉的故事——地域史脈絡下的鄉村社會建構》指出，客家地區的民風古樸不是中原移民習俗的保留和繼承，而實為士紳們通過掌握話語權，以儒家倫理為指導，變革和重新解釋傳統習俗的結果[1]。在邊境禁區開放前，沙頭角是一個塵封了大半個世紀的

區域。2012 年 2 月 15 日，新界鄉議局及沙頭角鄉事委員會聯同新界二十七鄉鄉事委員會舉行慶祝活動，帶隊率先在凌晨零時直衝一號閘，為這個歷史性時刻作紀念。沙頭角六村——担水坑、塘肚、蕉坑、木棉頭、新村及山咀成為回歸後首個解禁的邊境區域，經過了差不多十年，今天的沙頭角面貌是否已經轉變了很多呢？

本書將從近代史及文化史的角度，探索這個擁有多方面的特質，匯集傳統鄉約、漁村、墟市及邊防墟鎮於一身的地區，將一些中英兩國歷史人物如駱克、王存善、安妮公主等曾踏足過的地方再度闡釋，並以自然環境、文化承傳者及歷史遺跡三大標志性視角，了解一向以來不為人所熟悉的沙頭角，好能從中反思香港社會及歷史面貌。

沙頭角的名字本身已反映出其地理特點，就是「沙頭」與「角」，都與沙、海及岬角有關，因此要認識沙頭角，可以從其地形特徵入手。本書第一章闡述了沙頭角的自然地理、地質歷史及水文狀況，說明沙頭角的主要地質構成是香港地質史中一場大規模火山活動的產物。沙頭角亦是香港與深圳的界河——深圳河流經之處，谷地、沿海狹長的平原成為原始人類居住的地點，根據考古的發現，在新石器時代中期，即約 6,000 至 7,000 年前，此區已有人類棲息。第二章敍述了自史前至明清時期的先民特性，以及沙頭角區內的族群及文化。沙頭角受到清初遷界的影響，早在此地開發的本地宗族勢力後來為客家所取代，從清中葉開始，客家族群當中以李、溫、陳、黃、葉、邱、鍾、宋等姓氏為主，建立典型的圍屋或廊屋，以保障財產，祠堂以兩進單間式為主，屬於小宗祠。隨著客家人的發展及

社會地位提升，紛紛建立多所書室或書屋，其中以禾坑及南涌一帶李氏家族建立的書室尤其出名，其鏡蓉書屋是此區的著名學府。雖然沙頭角以清初遷入的客家人為主，但其他族群如鶴佬（福佬）及水上人（疍家）亦從潮汕一帶移居此地，形成自成一角的小社區。傳統的鄉約、社約及鄉治將詳述於第三章，沙頭角村落以社作為單位，在族規家法方面，對村民實踐形形色色的自治。沙頭角數十條鄉村，許多有聯村組織，原因是以客家人為主的小村落，曾因勢弱而受附近來自新安縣深圳洞及雙魚洞的大族欺侮，在生活及農務上遭受不平等對待，因而想團結力量，聯合附近鄉村組成聯盟。這些村落曾藉開明的地方政府配合，爭取到客籍人士的科舉名額，得以出人頭地，並藉此發展鄉約、墟市及教化制度。沙頭角十約中，以慶春約最有凝聚力，其財力、物力及人力除了在本地發揮影響力外，在海外地區亦組成了聯誼及同鄉會，為村民謀福祉。其鄉誼的體現，可見於每十年舉辦一次的太平清醮。

沙頭角的農民以種水稻為主，由於山多平地少，客家人除了在山谷中開墾荒田，從事打樵外，由於海中有大量珊瑚，可提煉成石灰以作建築物料等，因此灰窰業亦成為沿海一帶客家村民的副業。近沙頭角海的村落如禾坑村、大塱村、麻雀嶺村等村民，聯合在三門灘築堤壩，防止潮漲淹浸田舍，更因此在沿沙頭角海製造鹹田地，其後所得的鹹田地獲分成多份，成為昔日共同開發土地的典範。深圳河一帶的土地發展以沿河岸為主，許多宗族均擁有沙頭角中方與港方的跨境土地，英國人自 1898 年租借新界開始，將這裡的永業權土地轉為租借地，並以深圳河為界，期間經歷的過程是怎樣呢？第

四章以沙頭角客家村——蓮蔴坑作為例子，了解一條邊界村落是怎樣建立起來，又怎樣將其影響伸延到深圳一帶。第五章從英方租借新界開始，對沙頭角墟市（在民國時仍稱東和墟）的蓬勃、如何成為人口流動的重鎮作一闡釋。墟市的建立與鄉紳關係密切，亦成為與深圳沙頭角鹽田區交往的重要口岸，此時於英方地界建成新樓街，為民國初年的建築，不少傳教士亦經過沙頭角進入惠陽、橫瀝等地傳教。漁民開始趁墟聚集，及後灣泊海岸居住。至第六章，作者發現沙頭角鐵路以連接沙頭角墟及粉嶺為主，一度帶動鐵路沿線的發展。直到 1920 年代，政府因應沙頭角鐵路的限制，發展沙頭角公路連接粉嶺與沙頭角。現在香港沙頭角車坪村曾經是鐵路車站的遺址，並以路軌改裝而成的電線桿供人懷古。

到日佔時期，不少客家人亦參與了抗日活動，在第七章，作者會追溯港九大隊在沙頭角區一帶的活動。當時不少村民被日軍徵召，開採鉛礦或建立碉堡，地點分佈於山咀、蓮蔴坑及鹿頸等地。然而沙頭角抵抗日軍的活動，亦因與內地的聯繫而相對活躍。東江縱隊游擊隊在沙頭角烏蛟騰一帶建立據點，以支援抗日活動。此區在戰時歷盡滄桑，本章根據口述歷史重塑戰爭時期居民的生活苦況。第八章以此區不少革命志士在橋頭堡的鬥爭作為經線，從沙頭角事件、興建麥景陶碉堡，到革命色彩濃厚的担水坑村群雅學校及東和鄉東和學校等教育場所為切合點，講述此地與「文化大革命」的關連。當中東和學校曾成為不少激進左派人士的藏身之處，反映教育與革命活動的密切關係。沙頭角區仍有不少古老民居，他們與革命事跡有何關係？最後在第九章，闡述九七回歸在即，令邊界的發展備受

關注。早於 1980 年代，政府重新發展沙頭角墟，開闢沙頭角邨，將漁民搬上岸上居住。沙頭角亦擁有多個郊野公園，供市民使用，而部份原居民為了維護本身權益，重新發展當地，從 2005 年開始，政府為此探討開放禁區，眼見中英街華界發展快速，港方居民特別是鄉事委員會希冀能為墟市帶來改變，但政府以防務需要及沙頭角是開放口岸為由，拒絕開放墟市及中英街，只開放了沙頭角其餘被封閉 60 年的村落，箇中因由是什麼呢？開放沙頭角對自然生態有什麼影響？對當地的傳統文化會帶來什麼衝擊？

本書研究的範圍以香港沙頭角為主，然而由於沙頭角鄉本身是跨越深港邊界的區域，因此書中的描述亦包括內地沙頭角的發展。歷史是一門學問，從歷史學的理論與知識，我們可以分析、判斷及考證一個國家民族的意識、精神及命脈。一個地區的發展往往牽動全國，因此地區的歷史研究可從側面了解自己國家的歷史。尤其是地區中人和事的紛爭與衝突，在大歷史中只會三言兩語便交代完，但其中的脈絡卻有一種見微知著的效用。而且地區歷史也可以奉為典範，如不引以為戒，避免重蹈覆轍，便會惹來國家層面的衝突，因此我們必須亦有責任去理解地區史。惟作者的能力所限，因行文粗疏而導致的謬誤，敬希各方不吝指正。

阮志謹識

2021 年 2 月

**註**

1    蔡驎,《流動的客家：客家的族群認同和民族認同》(上海：上海人民出版社,
     2016),頁 16。

# 目錄

# 自然地理及地質歷史

沙頭角今日是一個市鎮兼鄉郊地區，擁有源遠流長的歷史文化。此區面積雖小，卻蘊含多元的地形特色，在新石器時代中期，即約 6,000 至 7,000 年前的原始社會，已有人類在此地棲息。

# 地理位置及自然環境

香港沙頭角位於今新界東北部，與中國內地邊境接壤，東瀕大鵬灣，屬香港特別行政區北區的管轄範圍。

新界沙頭角鄉現共有 46 條鄉村 [1]，其地域範圍北與深圳接壤，南接大埔，西起打鼓嶺平原，東抵大鵬灣白沙洲，總面積達 2,800 公頃（即 18 平方公里）[2]。沙頭角的行政區劃屬於新界北區，與打鼓嶺、上水、粉嶺合稱「上沙粉打」。區內總體地形，南北多大山，中部為平原或谷地，東部為沿海和離島。其東面海港由香港所轄，有屬於大鵬灣的內海，包括沙頭角海（英人稱為 Starling Inlet）、吉澳海、鴨洲海、印洲塘及黃竹角海等。墟市位於沙頭角河的出口。

沙頭角面積雖小，但卻蘊含多元的地形特色，大致上可分為四類：臨海山坡、沿海岬角、海上離島及山間盆地。山坡方面，本區南部自東向西橫亘著一系列山脈，包括橫嶺、八仙嶺（最高的黃嶺高 639 米）及屏風山，把本區與大埔分隔，東北部則有紅花嶺（492 米）、黃茅坑山（243 米）、禾徑山（297 米），多高山大嶺是本區地貌一個顯著特點，而座落深圳的梧桐山（943.7 米），其支脈向南伸至香港境內。在橫嶺以北則有一列由芬箕托（369 米）及吊燈籠（416 米）組成的約 300 至 400 米高的丘陵地帶。

東南沿海地區多岬角，可作為農田，形成大小不等的自然村圍如荔枝窩、三椏村及紅石門村等；沙頭角海南岸亦多內灣，其中以鳳坑、

從吉澳島山崗上望向大鵬灣（左）及澳背塘（右）

谷埔、榕樹凹、鎖羅盆為主，形成眾多的岬角及內灣。這些岬角遠望像海角邊緣，傳說有位清朝的大臣來到廣東沿岸視察，面對這一片如畫風光，題了「日出沙頭，月懸海角」的詩句，相信「沙頭角」之名由此而來。沙頭角之名還有另外一個來歷，可能是對當地地形和地貌的形象描述。據沙欄下村的口述傳統，如果在高山鳥瞰，從東至西呈條狀的「沙欄」是沙之頭，而「沙欄」與八仙嶺群峰之間海灣形成的夾角就是「海之角」，因此名為「沙頭角」[3]。

沙頭角的離島地域亦屬沙頭角鄉管轄，大鵬灣海域有大小島嶼十餘個，除吉澳、鴨洲島較多人居住外，其餘島嶼如白沙洲、黃泥洲、娥

水平如鏡的印洲塘（背景為吉澳島的黃幌山）

眉洲及往灣洲等，因位置偏遠、多礁石或多山，基本上沒有居民。島與島或島與岸之間有狹長的水道，如印洲塘的紅石門、直門頭、橫門海及青洲瀝。該水域因水平如鏡，仍保留著未受破壞的自然生態環境，現已劃為漁農自然護理署所管轄的印洲塘海岸公園範圍。

沙頭角的中部地帶有濕地、窪地，也有較多低矮山地，屬於山間盆地的一種。沿沙頭角海岸、南涌河流域、紅花嶺與龜頭嶺之間的谷地等狹長地帶，因比較適合棲息耕作，早於元末明初，已有一些宗族在此地定居。他們開墾較為肥沃的土地為耕地，進行農樵，亦在沿岸的土地如南涌、鹿頸、谷埔等築堤，並放置水閘，一方面防止海水倒灌，另一方面亦可在堤圍內養殖魚蝦，以作副業。從丹竹坑至三椏村一帶是谷地，谷地以南為八仙嶺及橫嶺，以北則有龜頭嶺（486 米）和吊燈籠（416 米）等山脈。

在 2016 年 1 月的強烈寒潮下，沙頭角紅花嶺的植物出現結冰現象。

## 水文狀況

沙頭角墟位於沙頭角河出口處，本區最重要的河流是深圳河，沿河的階地均適合耕作及棲息。它亦是內地與香港的界河，所經之處，除與沙頭角河的交接地段為山林外，其餘河岸均有可耕可棲的平地和矮丘，其中一支流是蓮蔴坑河，因記錄有 15 種原生淡水魚類，屬本地罕有的淡水魚低地河流，被列為具特殊科學價值地點。區內並沒有南北走向的山系，八仙嶺及橫嶺等主峰成為分隔南北的屏障，令區內出現氣候和水系的差別。由於八仙嶺的地形關係，雨水向南流下山坡，再注入吐露港，向北則經南涌河流入北面的沙頭角海[4]。此外在夏季，八仙嶺及橫嶺等山脈會阻擋來自南至西南溫暖而潮濕的氣流，故此其北面如鹿頸及谷埔等，會相對較為乾燥。在冬季，受到強烈北或東北季候風的侵襲，氣溫會較低，空氣亦較八

仙嶺南面為乾燥。

從沙頭角墟至石涌凹，有長約 1,500 米的沿海山坡地，北面為紅花嶺，東南瀕沙頭角海，由山到海之間是一山腳緩坡，有多條溪流，包括立和坑及担水坑等，流入沙頭角海。此山坡地因高度適中，適宜農樵及捕魚，現仍可見不少「峯地」（客家人稱呼沿山坡所開發的田地）。為方便耕種，村民在溪流建有俗稱「陂」的小水壩，以將溪水貯藏作食水或灌溉用。因位置臨海，從南往北分佈有多條村落，包括塘肚、新村、瓦窰頭、木棉頭、蕉坑、上下担水坑等。於石涌村崗坡，西北環山，東臨沙頭角海，北面石涌凹，南面石橋頭村，有溪流從西而東流入海灣，致使此一狹長地帶的地質充滿沖積物，有利耕種。

## 地質史

香港的地質歷史可追溯至大約 4 億至 3 億 6,000 萬年前的泥盆紀（Devonian）（地球歷史為 46 億年），始於現今新界東北地區，當時大部份處於被淺水淹沒的三角洲狀態[5]。地質構造上，香港位於華夏地塊東南緣的蓮花山斷裂帶內，整體上以東北－西南走向的斷層橫跨香港，其次為西北－東南或西北北－東南南走向。這種構造成為香港現代山脈的基本地勢。

今天的沙頭角，其主要地質構成是香港地質史中一場大規模火山活動的產物：荃灣火山岩群（Tsuen Wan Volcanic Group）。該岩群以粗火山灰晶屑凝灰岩為主要岩石，火山岩由石英、長石、角閃石、

黑雲母及岩石的碎屑組成，歷史約有 1 億 6,400 萬至 1 億 6,000
萬年，火山灰噴發自鄰近的火山中心。根據岩性特徵，沙頭角主要
包含「八仙嶺組」及「大帽山組」[6]。「八仙嶺組」覆蓋烏蛟騰、鹿頸
及南涌等地，主要由砂岩和粉砂岩夾礫岩組成，「大帽山組」屬於
荃灣火山岩群，包括在沙頭角海南岸可見的紅色沉積岩，以粗火山
灰晶屑凝灰岩、砂岩和泥岩為主，分佈地有谷埔至鎖羅盆東北岸，
紅石門以及赤洲一帶[7]。

此區有著 600 多萬年前火山活動後形成的沉積地層，其下部有較多火
成岩類別中的凝灰岩（volcanic tuff）[8]，反映此地區有一定火山活動。
位於沙頭角中部的吊燈籠斷層，長約十公里；西南東北走向的沙頭角
斷層，由於八仙嶺組之上有較古老的火山凝灰岩被擠壓向上移，覆蓋
於較新的沉積岩上，故在往灣洲及南涌可見到清楚的露頭（outcrop）。

在距今 1 億 8,000 萬年前的中侏羅紀，多次火山爆發摧毀了原來主
要由砂岩及粉砂岩組成的沉積岩層，熔岩夾雜著火山灰在地表凝
固，產生了厚約 2,000 米的火山岩層，即現時三椏灣以北至荔枝窩、
沙頭角一帶的粗火山灰晶屑凝灰岩，還形成了往灣洲、娥眉洲及吉
澳三個島嶼。火山活躍期過後，爆發慢慢停歇，緊接而來的是長約
2,000 萬年的侵蝕風化期，河流從高嶺而下，把沙石沖刷至近岸低
地，產生厚約 500 米的沉積岩層，成為印洲塘、八仙嶺、赤洲一帶
的礫岩、砂岩、粉砂岩及頁岩。印洲塘海岸的西流江半島，蘊藏香
港較罕見的火山熔岩，成為「西流江組」，主要包括英安質熔岩夾
凝灰岩、砂岩和粉砂。另外，外形獨特的「闊邊帽狀島嶼」和潮

上平台亦是印洲塘的特色。如在北面的鴨洲，與吉澳洲西北形成「吉澳組」，主要由紅色（鈣質）角礫岩組成，經侵蝕後成為一道予人深刻印象的天然拱橋，酷似一隻在水中浸泡的鴨子。

沙頭角的地質面貌令此地風景引人入勝，如船灣淡水湖北岸的八仙嶺，以其特別的形態而被冠以「八仙」之名，指由純陽峰迄仙姑峰的八個山峰；加上西接犁壁山、黃嶺及屏風山，統稱為八仙山系，從遠在沙田吐露港一帶均可以欣賞得到，早令旅遊人士嚮往，於 1978 年 8 月 18 日列入八仙嶺郊野公園範圍，而八仙山系向東延伸的橫嶺山脈、向北延伸至沙頭角海南岸和向南延伸至白沙頭（除船灣淡水湖外）的郊野地區，則於 1978 年 4 月 7 日列入船灣郊野公園範圍[9]。而印洲塘、吉澳及鴨洲以當地豐富的自然地質資源，更於 2015 年成為聯合國教科文組織世界地質公園的一部份。

1860 年代，沙頭角蓮蔴坑地區發現鉛礦，並由葡萄牙人經營開採。主要的礦脈於 1915 年被發現，政府於 1925 年批出為期 75 年的採礦租約，斷斷續續由不同公司經營。日佔時期，日本人盜取礦場東段的礦柱，令礦柱的頂部倒塌。戰後雖然曾恢復生產，惟因勞資糾紛、罷工、颱風造成損失及鉛的價格下跌，導致礦場於 1958 年 6 月 30 日關閉，租約亦於 1962 年 4 月屆滿，之後便一直荒廢至今[10]。

## 人口分佈

1898 年，英方租借新界後，時任輔政司駱克（Lockhart, James Haldane

Stewart）在新界展開調查，並向英國殖民地部呈交了《香港殖民地展拓界址報告》（*Report on The Extension of The Colony of Hong Kong*）。當時新界共有 423 條村，沙頭角被列為新界其中一個洞（Division），人口有 8,600 人，全部 55 條村，當中 54 條皆屬客家村，只有一條屬於本地人，表明沙頭角是客家村的根據地 [11]。英國人對沙頭角的土地測量由 1899 至 1904 年進行，當時政府緊急僱請印度的測量員到新界，進行土地登記及繪製測量地圖，根據一份 1904 年的報告 [12]，沙頭角的分區包括禾坑、下保、蓮蔴坑、鹿頸、谷埔、南約及慶春七個區，這些區實際上是村落聯盟組成的鄉約 [13]。

表一：沙頭角村落名稱、人口及族群表

| 村落 | 人口 | 族群 | 村落 | 人口 | 族群 |
| --- | --- | --- | --- | --- | --- |
| Shat'au kok 沙頭角 | 700 | 客家 | Kang hau 逕口 | 140 | 客家 |
| Om kang 暗逕 | 160 | 客家 | Au tau 凹頭 | 160 | 客家 |
| Sha tsing tau 沙井頭 | 120 | 客家 | Shan tsiu 山嘴 | 250 | 客家 |
| Un tan tau 圓墩頭 | 120 | 客家 | Kun lo ha 官路下 | 180 | 客家 |
| Sheung wai 上圍 | 80 | 客家 | Tun wai 屯圍 | 100 | 客家 |
| Shan tsun 新村 | 180 | 客家 | Kong uk 江屋 | 100 | 客家 |
| Yam shui hang 担水坑 | 200 | 客家 | Lung ngan un 龍眼圍 | 100 | 客家 |
| U shek kok 烏石角 | 70 | 客家 | Shek-tau 石頭 | 120 | 客家 |

| 村落 | 人口 | 族群 | 村落 | 人口 | 族群 |
|---|---|---|---|---|---|
| Tai long 大朗 | 70 | 本地 | Siu pu 小莆 | 100 | 客家 |
| Yeung ngak tau 羊額頭 | 100 | 客家 | Au pui 凹背 | 100 | 客家 |
| Yim tsa ha 鹽灶下 | 60 | 客家 | Sai shan ha 西山下 | 100 | 客家 |
| Ma chuk ling 蔴竹嶺 | 220 | 客家 | Kat o 吉澳 | 600 | 客家 |
| Au ha 凹下 | 80 | 客家 | Pak sha tau 白沙頭 | 20 | 客家 |
| Wo hang 禾坑 | 260 | 客家 | Pak tam tsui 白潭洲 | 60 | 客家 |
| Pin po mi 平婆尾 | 80 | 客家 | Fung wong tat 鳳凰笏 | 10 | 客家 |
| Sha tau 沙頭 | 200 | 客家 | Siu kau 小滘 | 150 | 客家 |
| Sha kong hu 沙崗圩 | 200 | 客家 | Tai kau 大滘 | 100 | 客家 |
| Wong pit wing 黃必榮 | 100 | 客家 | Kam chuk pai 金竹排 | 100 | 客家 |
| Au keuk ha 凹腳下 | 200 | 客家 | Sam a 三丫 | 150 | 客家 |
| Hung shik mun 紅石門 | 40 | 客家 | Kuk po 谷埔 | 500 | 客家 |
| Lai chi wo 荔枝窩 | 300 | 客家 | Luk king 鹿頸 | 300 | 客家 |
| Shik shui kan 石水澗 | 20 | 客家 | Nam chung 南涌 | 200 | 客家 |
| Wong ling tsui 橫嶺嘴 | 70 | 客家 | Fung hang 風坑 | 200 | 客家 |

| 村落 | 人口 | 族群 | 村落 | 人口 | 族群 |
|---|---|---|---|---|---|
| Wong ling tau<br>橫嶺頭 | 150 | 客家 | Sam tam ho<br>三担籮 | 40 | 客家 |
| Yung sha au<br>榕樹凹 | 300 | 客家 | Lo lung tin<br>老龍田 | 20 | 客家 |
| A ma fat<br>亞媽笏 | 60 | 客家 | Kai kuk shu ha<br>雞鵠樹下 | 120 | 客家 |
| U kau tin<br>烏蛟田 | 300 | 客家 | Tsat muk kiu<br>七木橋 | 80 | 客家 |
| Chung m<br>涌尾 | 60 | 客家 | 村落總數 :55 | 8,600 | |

上表主要採用 1898 年 10 月 8 日駱克《香港殖民地展拓界址報告》，
因其與 1866 年《新安縣全圖》的中英對照基本相同，覆蓋範圍涉及
華界的沙頭角地區 [14]。

二次大戰前，香港政府的人口統計沒有詳細列出每村的人口（1911
年除外），只有一個區的總數，但我們也可從沙頭角區的人口統計，
推想當地的人口趨勢。當時的報告指出，新界北區（包括沙頭角）
差不多全屬於農耕人口，人口流動比較穩定，還未出現大規模的入
遷，人口的增長主要是自然增長。但我們從表二可見 1901 至 1921
年間出現人口下降，相信與當時許多客家人到海外工作有關（從女
多男少的結構可以佐證），這些客家人有很多沒有回流，導致這 20 年
內的人口不斷下降，直至 1930 年代，相信因為當時香港的政治局
勢較內地安全，令人口入遷，再次有所增長。

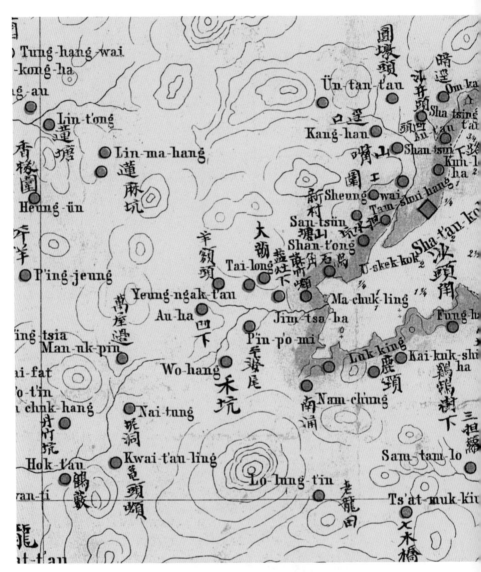

1866 年意大利傳教士和神父（Simeone Volonteri）繪製的《新安縣全圖》（*Map of San On District, Kwangtung Province*）中所見沙頭角的村落（澳洲國立圖書館藏）

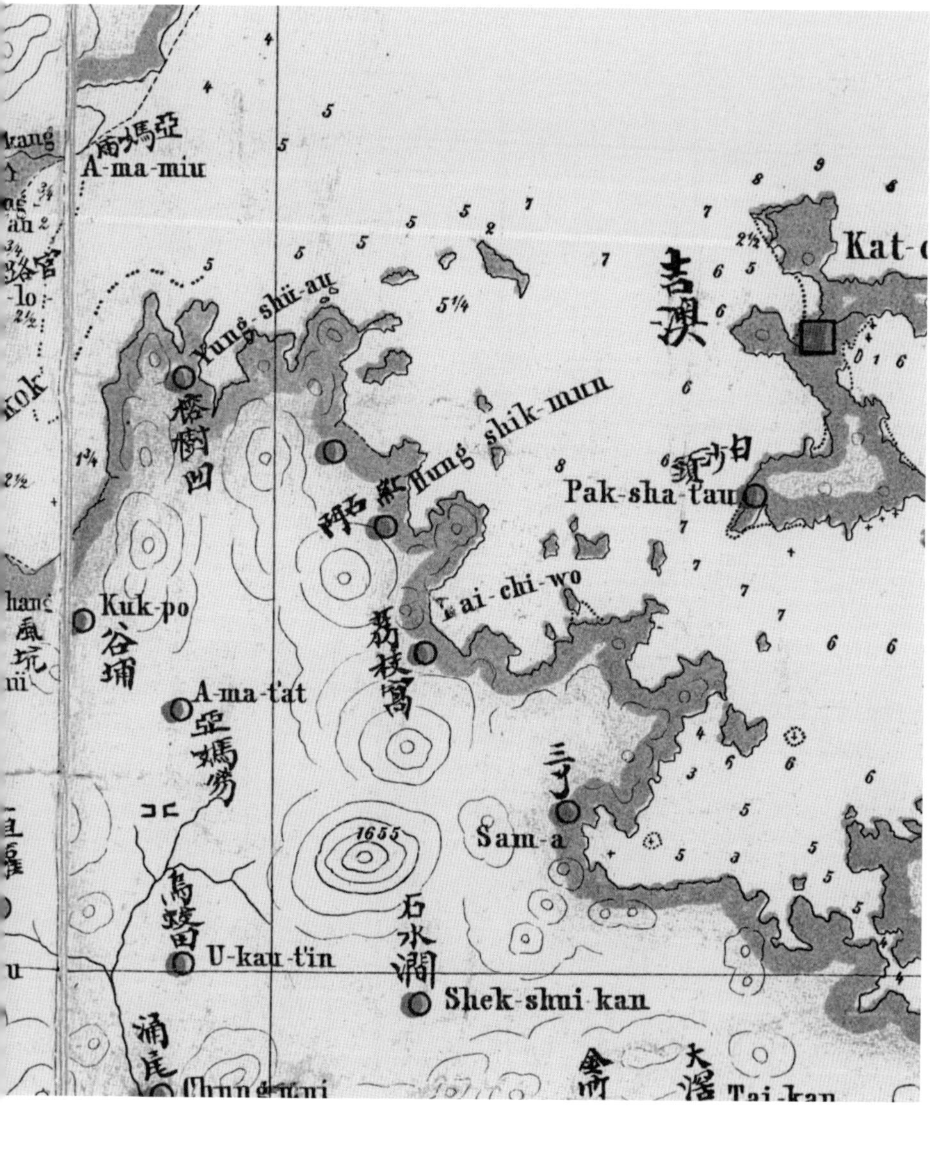
亞媽廟
A-ma-miu
Yung-shü-au
榕樹凹
Hung-shik-mun
紅石門
吉澳
白沙頭
Pak-sha-tau
Tai-chi-wo
荔枝窩
Kuk-po
谷埔
A-ma-t'at
亞媽笏
三丫
Sam-a
1655
烏蛟田
U-kau-t'in
石水澗
Shek-shui-kan
涌尾

## 表二：沙頭角在 1901 至 1931 年人口統計

| 年份 | 男 | 女 | 共計 |
|---|---|---|---|
| 1901 | 6,312 | 5,273 | 11,585 |
| 1911 | 3,975 | 4,595 | 8,570 |
| 1921 | 3,624 | 4,733 | 8,357 |
| 1931 | 4,257 | 4,684 | 8,941 |

資料來源：
"Report on the Census of the Colony for 1901", Hong Kong Sessional Papers, Hong Kong, Noronha & Co, 1901, No. 39/1901.
"Report on the Census of the Colony for 1911", Hong Kong Sessional Papers, Hong Kong, Noronha & Co, 1911, No. 17/1911.
" Report on the Census of the Colony, Hong Kong, 1931", Hong Kong Sessional Papers, Hong Kong, Noronha & Co, 1931, No. 5/1931.

## 表三：1957 年的沙頭角各村人口 [15]

| | 男 | 女 | 兒童 | 小計 |
|---|---|---|---|---|
| 菜園角 | 125 | 128 | 182 | 335 |
| 崗下 | 55 | 68 | 72 | 195 |
| 山咀 | 110 | 125 | 165 | 400 |
| 上担水坑 | 47 | 64 | 70 | 181 |
| 下担水坑 | 115 | 138 | 117 | 370 |
| 烏石角 | 30 | 22 | 35 | 87 |
| 萬屋邊 | 93 | 87 | 179 | 359 |
| 塘肚 | 42 | 43 | 50 | 135 |
| 上禾坑 | 121 | 155 | 133 | 409 |
| 黃屋村 | 46 | 61 | 64 | 171 |

| | 男 | 女 | 兒童 | 小計 |
|---|---|---|---|---|
| 東坑 | 55 | 58 | 52 | 165 |
| 凹下 | 19 | 16 | 23 | 58 |
| 新樓灣 | 186 | 195 | 324 | 705 |
| 木棉頭 | 31 | 34 | 46 | 111 |
| 鹽灶下 | 31 | 31 | 26 | 88 |
| 南涌 | 136 | 154 | 175 | 465 |
| 沙頭角墟 | 259 | 133 | 203 | 605 |
| 石涌 | 9 | 11 | 22 | 42 |
| 大埔 | 15 | 20 | 24 | 59 |
| 吉澳灣 | 462 | 474 | 722 | 1,658 |
| 梅子林 | 31 | 27 | 21 | 79 |
| 烏蛟騰 | 155 | 178 | 187 | 520 |
| 荔枝窩 | 180 | 170 | 200 | 550 |
| 鎖羅盆 | 47 | 62 | 72 | 181 |
| 蛤塘 | 25 | 24 | 37 | 96 |
| 亞媽笏 | 15 | 15 | 14 | 44 |
| 新村 | 64 | 63 | 103 | 230 |
| 鹿頸 | 142 | 164 | 142 | 448 |
| 吉澳 | 495 | 321 | 342 | 1,158 |
| 下禾坑 | 57 | 74 | 58 | 189 |
| 榕樹凹 | 80 | 70 | 100 | 250 |
| 柴木橋 | 27 | 34 | 33 | 94 |
| 犁頭石 | 11 | 7 | 14 | 32 |
| 上麻雀嶺 | 69 | 65 | 53 | 187 |
| 下麻雀嶺 | 125 | 132 | 85 | 342 |

| | 男 | 女 | 兒童 | 小計 |
|---|---|---|---|---|
| 馬尿水 | 1 | 3 | 3 | 7 |
| 蓮蔴坑 | 157 | 175 | 208 | 540 |
| 雞谷樹下 | 48 | 44 | 58 | 150 |
| 涌尾 | 22 | 17 | 34 | 73 |
| 鴨洲灣 | 233 | 216 | 308 | 757 |
| 黃灣 | 53 | 38 | 104 | 195 |
| 萊洞 | 30 | 38 | 43 | 111 |
| 苗田 | 28 | 29 | 30 | 87 |
| 籮箕灣 | 104 | 111 | 169 | 384 |
| 新桂田 | 6 | 5 | 12 | 23 |
| 谷埔 | 250 | 190 | 90 | 530 |
| 牛屎湖 | 20 | 18 | 25 | 63 |
| 橫山腳 | 22 | 24 | 26 | 72 |
| 橫嶺頭 | 58 | 47 | 63 | 168 |
| 三椏 | 68 | 62 | 70 | 200 |
| 涌背 | 36 | 37 | 54 | 127 |
| 蓮蔴坑鑛 | 8 | 0 | 0 | 8 |
| 總計 | 4,750 | 4,541 | 5,280 | 14,571 |

註：原資料部分欄目的數據，出現總和不合，但因無法查明是哪一個數值出錯，故本書照原資料刊登，不作修正。

從表三可見，除了沙頭角墟（605 人）及新樓灣（705 人）這些人口密集的墟市外，沙頭角在全盛時期，許多村的人口亦超過 200 人，如吉澳及吉澳灣，更分別有 1,100 多及 1,600 多人，相信這些數字包括了許多水上居民。另有菜園角、山咀、下担水坑、萬屋邊、上禾坑、南涌、烏蛟騰、荔枝窩、新村、鹿頸、榕樹凹、下麻雀嶺、蓮蔴坑、鴨洲灣、籮箕灣、谷埔及三椏這些大村，反映在 1960 年代之前，東北各村人丁興旺，漁農業仍然頗為興盛。而 1960 到 1970 年代間，為另一個移民高潮，男丁先赴外國謀生，繼而申請家人團聚。1980 年代中期，隨著內地改革開放及與香港恢復往來，一些在解放前已回內地定居或原本住在華界的居民，漸遷英界暫住或到附近市鎮居住，與同宗兄弟增加接觸，參與宗族祭祖活動。近年亦有移居英國者回鄉退休居住。縱觀由 20 世紀初開始，許多男性到海外謀生，這種情況到 1980 年代仍維持不變，因此村民以女性居多，成為村中的主要勞動力。這種居民的大幅外移，反映出村民的流動性，對慣於遷徙的客家人來說，是不足為奇的。大部份人選擇的海外移居地包括英國、比利時及荷蘭，或東南亞如泰國及馬來西亞等。而遷出市區找工作的村民，則多遷往新界東部如上水、粉嶺及大埔，或至於港九市區等地。

## 行政區分

沙頭角今日是一個市鎮兼鄉郊地區，擁有源遠流長的歷史文化。從下一章的追溯可發現，在新石器時代中期，即約 6,000 至 7,000 年

前的原始社會，已有人類在此地棲息。至商周時期，即青銅器時代早期，沙頭角的原始社會漸漸解體，南越部族開始形成。進入春秋戰國時期的青銅器時代晚期，到秦始皇統一嶺南前，沙頭角地區已進入奴隸制社會的雛型。

秦始皇滅六國統一中原後，隨即派遣大軍平定嶺南，設立南海、象及桂林三郡。南海郡下轄番禺、龍川兩縣，香港地區屬番禺縣管轄。東晉成帝咸和六年（331 年），分南海郡，立東官郡，並設立寶安縣。到唐肅宗至德二載（757 年），寶安縣改名為東莞縣，並將縣治由南頭移至到涌（今東莞市）[16]。宋元時期，沙頭角隸屬廣南東路廣州府東莞縣。明初，沙頭角仍屬廣州府東莞縣，至萬曆元年（1573年），改屬廣州府新安縣[17]。

清朝時，沙頭角屬於新安縣六都範圍。至 1898 年，滿清政府與英國簽署《展拓香港界址專條》，沙頭角被一分為二。1899 年 3 月 16日，中英劃界，當時沙頭角大約有 60 多條村，總人口約一萬，其中三分二劃入英界，華界仍屬於廣州府新安縣，1914 年回復舊名寶安縣[18]。英國租借新界後，英界沙頭角發展成沙頭角區（Sha Tau Kok District），而原沙頭角墟則劃入華界沙頭角。1906 年，英界沙頭角屬大埔理民府管轄。1947 年 1 月 4 日，沙頭角共 50 多個村落組成沙頭角聯鄉會，1965 年改稱沙頭角鄉事委員會。1979 年 10 月 4 日，北區行政區成立，沙頭角是四區之一（其餘為上水、粉嶺及打鼓嶺）。如今沙頭角區包括 46 條鄉村，鄉事會地址位於沙頭角墟，每村設一名原居民代表及一名居民代表［除鴨洲、西流江、石涌凹、沙頭角墟

（東）、沙頭角墟（西上）及沙頭角墟（西下）不設原居民代表] [19] 。

表四：沙頭角鄉事委員會轄下鄉村

| 鄉村 | 原居民代表席位 | 居民代表席位 | 席位共計 |
|---|---|---|---|
| 亞媽笏 | 1 | 1* | 2 |
| 鴨洲 | 0 | 1 | 1 |
| 凹下 | 1 | 1 | 2 |
| 鳳坑 | 1 | 1* | 2 |
| 下禾坑 | 1 | 1 | 2 |
| 雞谷樹下及南坑尾 | 1 | 1 | 2 |
| 蛤塘 | 1 | 1* | 2 |
| 吉澳 | 3 | 1 | 4 |
| 九担租 | 1 | 1* | 2 |
| 崗下 | 1 | 1 | 2 |
| 谷埔 | 2 | 1* | 3 |
| 荔枝窩 | 2 | 1* | 3 |
| 犂頭石 | 1 | 1* | 2 |
| 蓮蔴坑 | 2 | 1 | 3 |
| 萊洞 | 1 | 1 | 2 |
| 鹿頸陳屋 | 2 | 1 | 3 |
| 鹿頸黃屋 | 1 | 1* | 2 |
| 麻雀嶺下 | 1 | 1 | 2 |
| 麻雀嶺上 | 1 | 1 | 2 |
| 萬屋邊 | 1 | 1 | 2 |
| 苗田 | 1 | 1* | 2 |
| 梅子林 | 1 | 1* | 2 |

| 鄉村 | 原居民代表席位 | 居民代表席位 | 席位共計 |
|---|---|---|---|
| 木棉頭及蕉坑 | 1 | 1 | 2 |
| 南涌 | 2 | 1 | 3 |
| 牛屎湖 | 1 | 1* | 2 |
| 西流江 | 0 | 1 | 1 |
| 三椏 | 1 | 1* | 2 |
| 新村 | 1 | 1 | 2 |
| 沙頭角墟（東） | 0 | 1 | 1 |
| 沙頭角墟（西下） | 0 | 1 | 1 |
| 沙頭角墟（西上） | 0 | 1 | 1 |
| 山嘴 | 2 | 1 | 3 |
| 石涌凹 | 0 | 1 | 1 |
| 石橋頭 | 1 | 1 | 2 |
| 上禾坑 | 2 | 1 | 3 |
| 鎖羅盆 | 1 | 1* | 2 |
| 大朗 | 1 | 1 | 2 |
| 大塘湖 | 1 | 1 | 2 |
| 担水坑 | 3 | 1 | 4 |
| 塘肚 | 1 | 1 | 2 |
| 七木橋 | 1 | 1* | 2 |
| 橫山腳 | 1 | 1 | 2 |
| 烏蛟騰 | 2 | 1 | 3 |
| 烏石角 | 1 | 1 | 2 |
| 鹽灶下及膊頭下 | 1 | 1 | 2 |
| 榕樹凹 | 1 | 1* | 2 |

資料來源：沙頭角區鄉事委員會村代表名單（2019-2023）（＊為懸空席位）

# 註

1  根據民政事務總署網站「現有鄉村的分界地圖」,沙頭角鄉事委員會轄下有 46 條鄉村。https://www.had.gov.hk/rre/chi/village_map/n_stkd_rc1922.html

2  根據沙頭角區鄉事委員會網頁「沙頭角簡介 — 簡史」。https://www.stkdrc.org/about-stk

3  深圳市史志辦公室、香港地方志辦公室編纂:《中英街與沙頭角禁區》(簡體版)(香港:和平圖書有限公司,2012),頁 11。

4  譚子慧等:《新界北深度遊》(香港:郊野公園之友會、天地圖書有限公司,2009),頁 12 及 15。

5  同上,頁 9。

6  「組」是岩石地層的基本單位,指有相同岩石性質及結構的地層,如八仙嶺組指在白堊紀以凝灰質砂礫岩、含礫砂岩、板狀頁岩和板岩為主的地層,大帽山組是早侏羅紀以厚層、塊狀、裂隙不發育的粗火山灰晶屑凝灰岩為主的地層。「群」比「組」高一級,有共同岩石特性的兩個或多個相鄰或相關的組合為一群,如荃灣火山岩群由鹽田仔、城門、大帽山、西流江組構成。武法東、張建平等:《烏蛟騰至荔枝窩》(香港:郊野公園之友會、天地圖書有限公司,2009),頁 18-20。亦見蘇偉賢、鄧麗君、蕭偉立:《香港地質:四億年的旅程》(香港:土木工程拓展署,2009),頁 44、96-97。

7  武法東、田明中等:《吉澳與鴨洲》(香港:郊野公園之友會、天地圖書有限公司,2011),頁 22-30。

8  見 Bernie Owen & Raynor Shaw, *Hong Kong Landscapes: Shaping the Barren Rock* (Hong Kong : HKU Press, 2007), p.69.

9  香港政府新聞處:《香港便覽－郊野公園》(香港:香港政府,1995 年 7 月)。船灣淡水湖於 1960 年代興建。1950 年代香港人口增加,對食水的需求亦增加。某天時任水務署長摩根(T.O. Morgan)在船灣游泳,突然想到,如船灣這個內灣,可以將海水抽出換成淡水嗎?之後摩根請顧問研究其可行性,結論是可行的,於是便開展工程,到了 1967 年 1 月,船灣淡水湖的主壩建成,用了五個月,將海水抽走換成淡水,並於同年 10 月 5 日首次供水給市民。見 Agriculture & Fisheries Department, *Pat Sin Leng Nature Trail* (Hong Kong: Government Printer, 1982).

10  蘇偉賢、鄧麗君、蕭偉立:《香港地質:四億年的旅程》(香港:土木工程拓展署,2009),頁 124-125。關於蓮蔴坑的礦山的發展,參見阮志:《中港邊界的百年變遷:從沙頭角蓮蔴坑村說起》(香港:三聯書店,2012),頁 77-114。

11  *Report by Mr. Stewart Lockhart on the Extension of the Colony of Hong Kong October 8, 1898* in Eastern No.66 Colonial Office, 1900, p.68 & 70.

12  根據 John Brim 所分析,駱克發現當時的新界村落組成鄉約,每個鄉約均有共同的灌溉系統,其後殖民地政府將這些鄉約併入其行政區域,見 John Brim, "Village Alliance Temples in Hong Kong", in Arthur P. Wolf (ed.), *Religion and Ritual in Chinese Society* (Stanford: Stanford University Press, 1974), pp.93-103.

13  見 W. J. Newland, *A General Report on the Survey of the New Territory from*

*November 1899 to April 1904* (11th May 1904).

14　該報告將原本屬於沙頭角的兩條新界鄉村 —— 蓮蔴坑（450 人）及萬屋邊（100 人）列入「深圳洞」（Sham Chun Division）。1899 年 4 月 8 日香港立法局會議文件第八份「Extracts from papers relating to the extension of the Colony of Hongkong」中，包括一份「Extracts from a report by Mr Stewart Lockhart on the extension of the Colony of Hongkong」，報告內附件五的所列鄉村數目，與原本 1898 年 10 月《香港殖民地展拓界址報告》的村莊有差異，刪去不歸入新界租借地的深圳村莊。見劉智鵬主編：《展拓界址：英治新界早期歷史探索》（香港：中華書局，2010），頁 219-239。此外英國人於 1899 至 1904 年所做的巡查（Traverse Survey）中，沙頭角的禾坑、下保、蓮蔴坑是首先獲調查的分區，至於鹿頸、谷埔、南約及慶春約四個分區，則於較後時間才調查。見 A General Report on the Survey of the New Territory from November, 1899 to April, 1904 by W.J. Newland, Hongkong, 11th May 1904.

15　轉引自 Chan, Yin Yuk Lily, *Sha Tau Kok District: A Social and Economic study* (B.A. Thesis)(Hong Kong: The University of Hong Kong, 1958), p.54.

16　羅香林：《一八四二年以前之香港及對外交通 —— 香港前代史》（香港：中國學社，1959 年），頁 6。

17　深圳博物館編：《深圳近代簡史》（深圳：文物出版社，1997），頁 4-6。

18　深圳市地方志編纂委員會：《深圳市志》（深圳：方志出版社）。

19　據沙頭角鄉事委員會 2019 年 1 月鄉郊代表選舉產生的鄉郊代表名單。

# 沙頭角族群的生成

客家族群的歷史,最早可上溯至 17 世紀末。清初頒佈遷界令,令廣東沿海地帶一度荒廢,康熙年間復界後,鼓勵客族入遷新安縣墾荒,這些族群因方言、生活習俗與土著相異,故被稱為「客家」。

# 先民的文化特性

古代是否有先民在沙頭角居住？沙頭角位處新界東北部，在香港歷史上有一定重要角色，最早的居民可以追溯至新石器時代。秦始皇兼併嶺南後，中原人民亦大舉南遷，將漢文化傳至聚居於嶺南地區的古越族。香港當時受南海郡的番禺縣管轄，其後從西漢至東漢，則隸屬於博羅縣。

## 史前時期

史前時期，即先秦時期，分為新石器時代中期（7,000 至 5,000 年前）、晚期（4,900 至 3,500 年前）、青銅器時代早期（即 3500 至 3,000 年前的商周時期）、晚期（即 3,000 至 2,400 年前的春秋戰國時期）四個階段。這時期香港的遺址或墓葬，主要分佈在境內大大小小海灣的沙丘上，成為沙丘遺址或沙丘墓地。香港和深圳的考古人員曾多次在沙頭角地區調查，其中香港學者區家發於 1999 年在新村和瓦窰頭調查時發現新村遺址，2001 年香港的莫稚在新村發掘出從新石器時代到隋唐四個地層堆積，出土大量石器和陶片。香港和深圳相隔深圳河及沙頭角河，兩地歷史淵源密切，深圳的考古人員亦先後在華界沙頭角的梧桐山、大鵬灣北岸蒙仔柳山、大梅沙、小梅沙、沙頭村和咸頭嶺等數十處遺址發現大量考古材料，足以證明包括沙頭角在內的大鵬灣沿岸，是古代人類長期居住地[1]。

沙頭角面對沙頭角海、大鵬灣及大亞灣，海產非常豐富，大鵬灣附

近有許多適合居住的小海灣，自然環境優越，地理位置亦重要，自古以來是人類活動的地方。在約 7,000 年前的新石器時代中期，鹽田一帶就有人類居住，如在咸頭嶺、大梅沙、小梅沙、下洞等地均發現沙丘遺址，當中以咸頭嶺遺址發掘時間較早，文化遺物較多，在珠江三角洲新石器時代中期沙丘文化遺址中最具代表性，因此被考古專家稱為「咸頭嶺文化」[2]。特別是鹽田大梅沙遺址，位於大梅沙村南，屬海灣地帶，南瀕大鵬灣，曾出土青銅器 11 件及印紋硬陶器，紋飾以夔紋、菱形紋及方格紋為主，器類以豆或罐居多，其次為器座，石器則有斧、磨石等，屬春秋時代。其東面的沙頭村遺址，地理環境與大梅沙相同，均為沙丘遺址，出土一件陶器及夔紋等硬陶片，亦屬春秋時代。大鵬灣東岸的咸頭嶺遺址，發現兩件陶器及米字紋等硬陶片，屬於戰國時代[3]。從沙頭角附近的大梅沙、沙頭村及咸頭嶺的考古遺址推測，沙頭角最早的先民可以追溯到距今 6,000 年的新石器時代[4]。

## 沙頭角新村遺址

香港的考古發現中，鐵器時代早期的遺址不多。鐵器時代從戰國時期開始，當時廣東和香港不再流行「夔紋陶」，而是出現「米字紋陶器」。2001 年，在沙頭角新村遺址亦發現了戰國時代的米字印紋硬陶片[5]。沙頭角新村遺址是一處內涵豐富的古文化遺址，分為崗坡及沙堤兩個部份。遺址中發現的四個相互疊壓的文化層，被視為香港史前考古在新世紀首次重大突破，亦把遠古人類在香港地區活動的歷史推前到距今 7,000 年以前，有重大文化意義。

新村遺址發現的四疊層，在香港地區史前考古中佔有重要地位，首先是：（一）下文化層年代最早，可以上溯至新石器時代早期，是華南地區以砍斫器為代表的礫石文化的延續，上可承廣東封開黃岩洞和陽春獨石仔遺址[6]，下可開新石器中期文化的先河。其次是（二）中文化層 B 層及（三）中文化層 A 層，是新石器中期發展的早晚兩期文化。然後下接在香港各地亦發現的，以磨光石器和幾何印紋軟陶器為主要特徵的新石器晚期文化，具有承先啟後的特點。覆蓋於中文化層之上的間歇堆積，為此地的原始居民所開發，逐漸形成了疊壓在其上的（四）上文化層，從其出土物看，既有別於夔紋硬陶，又不同於米字紋硬陶，是一種介乎於兩者之間的以「三角格紋和彩硬陶」為主要特徵的文化遺存。即前者屬於西周至春秋早中期，後者屬於戰國中晚期，介乎於兩者之間的中間階段，屬於春秋晚期至戰國早期。

沙頭角新村遺址最少有幾個主要特徵：先民居住在海濱和河灣的沖積階地，有房子柱洞和製作石器場所的遺跡。早期主要是傳統的打製礫石石器，少量細薄的細繩紋、素面的夾砂粗陶器，和素面泥質軟陶器。在晚期，除了礫石石器外，先民亦大量製作斧、錛、鑿等磨光石器，粗繩紋或素面的夾砂粗陶器，以及素面泥質軟陶器。磨光石器的器類形式簡單，如無磨光的鏃、矛和有段石、無石或陶製的紡輪和飾物；而幾何印紋陶器未有出現。這反映出沙頭角先民的經濟類型以採集和漁獵為主，並兼營原始農業。新村遺址上文化層的發現，對了解香港以至廣東地區青銅文化發展階段有進一步的認識，值得探討和研究[7]。

1999 年 11 月至 2000 年 2 月，區家發組織的調查隊在「新界北餘下偏僻村落供水計劃第二期」工程進行的考古調查中，在沙頭角新村、荔枝窩村、吉澳島的白沙頭發現三處史前遺址，填補了新界東北部及其濱海地帶史前遺址的歷史空白。2000 年 3 月，考古隊再在沙頭角進行重點調查，由石涌村起沿沙頭角公路兩側，經立和村、石橋頭、麻雀嶺、禾塘崗、上下禾坑、禾坑大朗、凹下、萬屋邊、萊洞及至大塘湖村止，另一方則由鹽灶下村起，沿鹿頸路南下，經海背嶺、大灣，折入南涌楊、鄭及羅屋為止。以上兩地段位於沙頭角海灣，西北、東南面環山，為一狹長的地帶，東北面的新村於 2000 年初發現史前遺址，其探溝的地層堆填是：第一層灰褐色表土，出土近代陶瓷瓦片；第二層擾亂層黃褐色黏土，出土戰國硬陶網墜及硬陶片。同類器物在廣東東部出土米字印紋硬陶的遺址中曾有出土，屬於戰國時代[8]。

## 秦漢時期

秦滅六國後，隨即派遣大軍平定今日的廣東及廣西地區，設立南海、象、桂林三郡，香港隸屬南海郡番禺縣，但至今未發現秦代遺物。漢代，深港地區是個重要的產鹽區域，據《漢書·地理志》載：「番禺，尉佗都，有鹽官。」[9] 史書記載的番禺鹽官，據考證設於今深圳南頭城，與粵西的蒼梧郡高要鹽官遙遙相對，有「東官」之稱。香港西部及深圳的大鵬灣等沿海是古代產鹽之地，曾發現漢代遺址、墓葬及遺物，其中馬灣東灣仔、大嶼山竹篙灣、屯門龍鼓上灘、西貢滘西洲及李鄭屋漢墓，出土器物包括陶器、青銅器及鐵器等。在沙頭角新村遺址，亦發現漢代的帶蓋三足硬陶盒[10]。

# 南北朝至隋唐

從三國時代的吳國到東晉成帝咸和五年（220-330 年），香港地區隸屬南海郡番禺縣，翌年改屬東莞寶安縣。當時，對逃避戰亂的中原人士來說，嶺南是一個安定的地方，不少人帶著家財來到華南地區開發。香港附近的廣州地區出土了沿海居民的墓葬，從中可見當時生活的證據。在五代十國（907-960 年），大步海（今大埔海一帶）是採珠場所，古稱「媚川池」，南漢後主劉鋹曾在此地設媚川都，派兵二千餘駐守 11。大步海東面的船灣沿岸名為老虎笏的地方，亦曾是採集珍珠的場所。

隋唐五代，廣州成為南方主要口岸，對外貿易的船舶多停靠屯門，朝廷設置屯門鎮，派兵二千駐守。唐肅宗至德二載（757 年），香港改隸廣州府東莞縣管轄。在大嶼山、赤鱲角、長洲、南丫島、屯門及港島的春磡角，均有不少唐代灰窰遺址。船灣橫嶺頭曾發現隋唐五代的考古遺址，出土 15 個石灰窰及陶片，是全港文物普查第七地區（大埔區）的研究結果 12。

沙頭角印洲塘往灣洲的東灣，經考古調查，是香港東部離島中最好的沙丘：其背靠群山，東臨大鵬灣，南有溪流，沙丘寬闊，高度在六米左右，非常適宜人類棲息，出土有唐代青釉瓷片和灰陶片各兩片。雖然無法確定這是一處遺址，但出土文物證明，最早於唐代已有人曾涉足於此 13。

## 宋元時期

宋元時期，香港是個重要的產鹽區域。據北宋王存《元豐九域志》載：
「東莞靖康、大寧、東莞三鹽場，海南、黃田、歸德三鹽柵。」[14]
另據《元大德南海縣志》〈鹽課〉條中載：

> 天一生水，潤下作鹹，是為五味之最。雖民食之所需，而古人
> 什一之稅，猶未及此。自齊以魚鹽富強，歷代因之，以資國用。
> 設官榷賣，遂以為常。宋設立鹽場一十七處，自歸附後，起廢
> 合併不一。至元三十年，止設一十四處，初定額辦鹽貳萬壹仟
> 伍佰柒拾伍引貳百斤。大德六年，添辦鹽捌仟肆佰貳拾肆引貳
> 佰斤。通以三萬引為額，每引給工本壹拾兩，與竈戶煎辦。每
> 一引官價一定十五兩。提舉官置司廣州。本路所管者，靖康、
> 香山、東莞、歸德、黃田、海晏、矬峒七場而已。其隆井、招
> 收、小江三場，隸潮州路。淡水、石橋二場，隸惠州路。雙恩、
> 鹹水二場，隸南恩州。以其鹽場皆屬提舉司，故併錄於此。

該志又載：「東莞場周歲散辦鹽四百一十二引」[15]，可見元承接宋，
設 14 處鹽場，由廣州提舉司管轄 7 處。除此之外，地方志記載，
宋元時期香港深圳地區還有官富（南宋末復設）、疊福（沙頭角東
北，今大鵬灣北岸，亦作迭福，北宋末至南宋初設置）等鹽場[16]。
1998 年由深圳市博物館組成的「新界北考古普查隊」在大鵬灣附近
印洲塘吉澳島的東澳灣和凹背塘村崗坡，發現兩處宋代遺址[17]。其
中上圍村至東澳村之間村屋林立，建村早於清乾隆年間，西澳村天

后宮有乾隆二十八年（1763 年）鐵鐘和嘉慶七年（1802 年）碑刻，從地理環境觀察，估計這裡應當有早於宋代的古人在此棲息。吉澳島白沙頭的沙灘表面，散佈著眾多新石器夾砂黑陶片，以及宋明清三代的陶瓷磚瓦碎片，考古隊在沙丘鑽探後發現近一米高的沙層堆積，證實此處為新石器晚期的山崗遺址[18]。在宋代文化層出土的全部是陶瓷器碎片，包括影青瓷片和青黃釉瓷片各兩片，種類數量多，當為宋代遺物無疑。在擾亂層出土和地表採集的歷代遺物，如前所述，包括新石器時代晚期的陶器碎片，表明在宋代文化層形成之前，史前古人早已涉足於此。就目前所知，吉澳島包括上圍村、凹背塘村、東澳灣都發現了宋代遺址，足證此地在宋代已廣為開發，比舊文獻所載清初建村要早數百年，至於明清兩代的出土遺物，考古隊認為這是吉澳島宋人子孫所遺留下來的[19]。

元代在香港設置「官富巡檢司」，官署設在官富場（今九龍城）。沙頭角附近的大鵬灣亦生產珍珠，元成宗大德年間（1298-1307），時人陳大震在《南海縣志》中記載，元成宗元貞元年（1295），屯門寨向朝廷報告：「大步海（大埔海，今吐露港）內，生產鴉螺珍珠」，「後海（元朗西后海灣）、龍岐（位於大鵬半島）及青螺角（西貢半島北岸）、荔枝莊（西貢半島北岸）共二十三處，亦有珠母螺出產」，可見香港附近的灣區均盛產珍珠[20]。1998 及 2000 年，考古專家在石橋頭村的探溝中出土 8 片宋代及 17 片明代的陶瓷碎片，令石橋頭遺址的文化內涵追至宋明時期[21]。戰後，吉澳亦曾經營養珠場，但產量不多。

## 明清時期

明代洪武年間（1368-1398），官富巡檢司官署改設在赤尾村（今深圳福田赤尾）[22]。沙頭角以東，深圳大鵬半島的大鵬所城，建於明洪武二十七年（1394 年），是南中國的海防要塞，亦是明清兩朝抵禦西方殖民侵略、守衛海岸的重要軍事設施。明嘉靖年間（1522-1566），應檟的《蒼梧總督軍門志・全廣海圖》繪出了位於舊大鵬村的「大鵬所」，還有以可避風浪著名的龍船澳：「此澳大可泊颶風至淘瀋一潮水，至龍岐一潮水」，相信龍船澳即今大鵬半島的海灣，因該灣長年受東北季候風影響[23]。可見當時龍船澳是廣東南部沿海一處重要軍事據點，有兵船在此灣泊，故稱「澳」。另《廣東通志》亦見大鵬所縣丞、老大鵬汛、鹽田及疊福等的位置。沙頭角區位於大鵬灣西面，亦是大鵬所城保衛的範圍。

同期，沙頭角相信亦已發展出村落。在石涌村發現明代遺址，出土明代龍泉室青瓷大碟殘片[24]、青花瓷片、青白瓷片及青瓷碗足、黑釉平底罐碎片。考古專家曾建議，石涌村的所在地很有可能是一處史前遺址，應列入保護，日後如開發此處，應全面清理[25]。明朝，新安縣內設東莞、歸德、黃田及官富四鹽場，各設鹽場大使一員，月支米三石，歸廣東鹽課提舉司管轄。據蕭國健考證，當時鹽產主要由大鵬灣經梧桐山運往廣州，在沙頭角禾徑山的長山古寺（香港四大名剎之一）附近有一條小徑，可穿越梧桐山直至華界，相信是前代鹽運古道之一[26]。鹽場當年的位置，現已無法考證，但沙頭角大鵬灣沿岸仍有不少村落以鹽為名，如鹽寮下、鹽灶下及鹽田等，

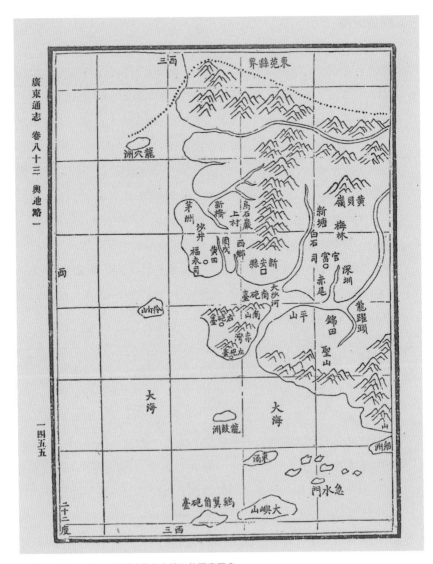

《廣東通志》中繪出大鵬所城及老大鵬汛等軍事要塞

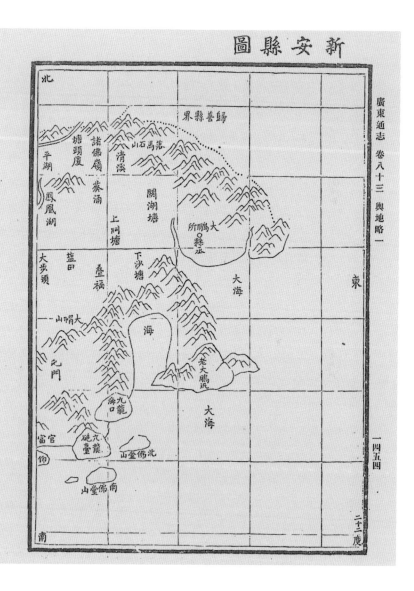

新安縣圖

廣東通志 卷八十三 輿地略一

北

歸善縣界

諸佛嶺
塘頭廈
平湖
慈石馬山
清溪
蔡涌
鳳凰湖

關湖塘

上峒塘
大鵬所縣丞

鹽田
疊福
下沙塘

大步頭
大海

大帽山
海

屯門
大鵬沃老

九龍口

富官佃
六龍
砲臺
北佛臺山
大海

南佛臺山

東

南

一四五四

二十三度

可能與當時的官富場鹽田有關。

明鄭若曾的《籌海圖編》屬海防圖類，卷一有廣東沿海山沙圖 11 幅，第八幅為東莞縣沿海（鄭逝世後三年設新安縣），當中大鵬所城位於「疊福烽堠」與「官富巡檢司」之間，足見這區的發展源於南宋時期 27。明郭棐《粵大記》的廣東沿海圖可見大鵬所、平洲、舊大鵬村、舊大鵬烽堠、疊福烽堠、黃茅洲、赤洲、鹿頸、荔枝窩、黃竹角、烏石村、鹽田村、梅沙村（今大小梅沙）等現今沙頭角及附近一帶區域的名稱。從以上可見，至明初，廣義上的沙頭角區已發展為包括村落及海防的重要場所。

明萬曆元年（1573），東莞南部沿海設為新安縣，沙頭角一帶由於地理原因，成為大陸與南海間的橋樑。至清朝，其海防設備進一步發展。在蔣廷錫製作的《廣州府疆域圖》（1723），惠州府界與大洋海界間有大鵬水（可能指大鵬灣）、金斗嶺、梅沙尖、梧桐山、赤尾 28。而在陳倫炯繪製的《沿海全圖》（1730）中，亦載有麻雀嶺、黃竹角、鹽田、平洲、疊福、大鵬及大鵬營等 29。

據清康熙二十七年（1688）靳文謨撰修《新安縣志》，沙頭角已有石橋頭、麻雀嶺、凹下及萬屋邊四村。在清乾隆完成的《清代一統地圖之廣州府圖》（1769）中，南部濱海地帶繪有大鵬嶺，其北面有梧桐山、大鵬所、金斗嶺、大鵬水、梅沙尖、柑坑山 30。

## 新安縣的建置

明隆慶六年（1572），廣東巡海道副使劉穩視察深圳南頭等地，按臨經略，為民請命，奏請設立新安縣建制。明萬曆元年（1573），東莞南部沿海設為新安縣，管轄今深圳（今龍崗大部分地區屬歸善縣）及香港等地，縣治設於東莞守御千戶所城——南頭城，使南頭一度成為香港及深圳的軍事、政治、經濟及文化中心，沙頭角被劃入新安六都範圍。邱體乾〈萬曆十五年初修《新安縣志》序〉載：「縣自萬曆改元始縣矣，未記也。」[31] 又清康熙《新安縣志》載：「明萬曆改元。剖符設治，始名『新安』，取其『革故鼎新，去危為安』之義。國朝因之，而名不易焉。撰輿圖志。」[32]

該《新安縣志》又云：

> 新安本晉東官郡地，東控歸善，西抵香山，北連東莞，層巒疊巘，屏衛環列。東六十里曰梧桐山，二峰嵯峨干霄，為邑巨鎮；一百里曰九頓山；一百二十里曰大鵬山，由羅浮迤邐而來，勢如鵬然；一百三十里而遙曰陶娘山。東南五十里曰大帽山；七十里曰馬鞍山；八十里曰梅沙尖……[33]

《新安縣志》對縣域的描繪，以當地的山嶺為主，沙頭角地區的梧桐山亦包括在內。清康熙五年（1666），新安縣因遷界，田地和人丁大減，併入東莞縣。康熙八年（1669 年）復界，重置新安縣。朝廷號召鄉民返鄉耕種，吳氏家族遷入新安縣大坦洞沙頭角鄉，村落

如山咀、担水坑及塘肚村均建於稍高的沿海地，後來組成了「三鄉」，是鄉約組織沙頭角十約的成員。1899 年 3 月 16 日，英國從清政府租借新界，並在沙頭角勘界，當時沙頭角有 55 條村落，總人口有 8,600 人，其中三分之二的村落被劃在「新界」[34]。

## 族群的形成及互動

如以上所述，沙頭角一帶的沿海地區早在宋朝時已有居民，但以大幅開發的角度而言，要到元末明初才開始加速。本地宗族之中，以鄧氏較早在此地發展。

### 本地宗族

查沙頭角一部份的土地原屬鄧氏所有，元末明初已於粉嶺龍山開基，發展為五圍六村，後來宗族不斷繁衍，東莞鄧氏五大房中的元亮一房分遷到沙頭角沿海或河涌的土地，如萊洞、禾坑、山咀、榕樹凹及崗下等。另外，鄧氏亦建立大埔鄧孝子祠，根據口述，亦曾擴展至打鼓嶺一帶。《龍躍頭鄧氏譜系》記載，龍躍頭鄧氏松嶺公是於元朝末年遷居龍躍頭：

> 六世祖松嶺公諱季琇，一名伯璋，乃判簿肖嚴公少子，元末徙居於龍躍頭鄉，生於元大德壬寅八月二十八日卒於明洪武丁卯六月十七日葬於松梅嶺甲山庚向之……[35]

又《龍躍頭鄧氏譜系》亦記載其子龍崗祖的生平如下：

> 龍崗公名實安乃松嶺季琇公少子，從父居龍躍頭鄉，性聰穎，
> 強記，樂於聞，善見古人，嘉言懿行，必誦慕，不置思身，有
> 以及之，尤喜於周急，有南山翁之風，時常戒子孫以循理守分
> 毋貪，市田宅以自累，生於元至正癸卯六月十九日，卒於永樂
> 辛丑六月初九日葬於橫眉山乾亥向之，原娶葉氏生六子曰宗仁
> 宗義宗禮宗智宗信宗和二女適士族……36

另根據《龍躍頭溫氏族譜》記載的〈丙戌寇荒戊子饑年記〉，當時龍
躍頭的鄧龍崗祖已是東莞縣的地方領導者，文獻亦記述了龍躍頭至
深圳鹽田一帶的寇患，幸未能攻克龍躍頭的圍村：

> 予鄉自洪武年初先祖松嶺始插居龍躍頭37，老年生龍崗公，皆屬
> 東莞縣治之者也，因地僻法遠，至弘治嘉靖年間，寇賊王世喬林
> 鳳相繼為害，迨萬曆初年，始設立為新安縣治，寇盜稍年後，至
> 崇禎年間，寇于海者一日，李開奇一日，劉鄉老膛腹過百，直犯
> 仙城，本里近海五六里者劫之，而本鄉及遠海者無患，惟至丙戌
> 年，鼎革交會，如惠賊陳耀，躁荒歸善城，黨數萬，流劫本方，
> 西至新田赤尾一帶，東至鹽田大逕一帶，南至九龍官富一帶，北
> 至月崗屯新村一帶，村村劄營處處是賊，環打本圍九日，不敢近
> 圍，雖有伏地虎堆柴菁，亦無所施之矣，賊於是乎退，迨丁亥年
> 寇蜂四起，大鵬所李萬榮佔據梅沙上洞，羅欽贊蟠窠日夜，流劫
> 村鄉，皆由躁賊通透，一被擄劫，傾家勒贖，尤恐田賤無銀救命，

不早時時賊出處處，藏菁路中，多伏要之賊，親朋無探訪之行，故田日荒而牛日少，所以戊子之年，穀貴於王，人死於塗，穀則五兩□□肉則錢陸價矣，百凡需物俱大異常，所最甚者糠則二三錢銀一斗矣，荔枝核則七八分銀一斗矣，覩此光景誰不傷心，恐亂吁此亦千古未有之厄，予何不幸而身見之哉，自後物雖漸平國□□重額米壹碩各項差徭或至七兩八兩，唯至甲午則納十一兩矣，賊尚未平，田未盡懇，催科既苦於難輸，暮夜又防於乘墉，我生之後逢此百憂，此之謂也，是以記之。[38]

經歷饑荒動亂的東莞後來設置了新安縣，惟派遣官兵欠缺，故鄧氏曾建立高圍牆的圍村如老圍等，作防守之用，今仍存 [39]。龍躍頭鄧氏約於明嘉靖四年 ( 1525 年 ) 建成了紀念松嶺公的宗祠——松嶺鄧公祠，是新界最古老的宗祠，比其他家族早了兩個世紀，到 18 世紀上半葉，新界其他宗族才開始興建宗祠 [40]。但清初遷界，令原本已紮根本地的龍躍頭鄧氏受到沉重打擊。清康熙元年 ( 1662 ) 三月，清廷勒令廣東沿海的欽州、合浦、石城 ( 今廉江縣 )、遂溪、海康、徐聞、吳川、茂名、電白、陽江、恩平、開平、新寧、新會、香山、東莞、新安、歸善、海豐、惠來、潮陽、揭陽、澄海、饒平等 24 縣的居民內遷五十里，所有附近海島洲港 ( 澳門除外 ) 皆遷入內陸 [41]，今香港及部份深圳村落皆在被遷之列。鄧氏作者在族譜的〈移村記〉記錄如下：

天下事有可以意料不可以意料者，有可以理定不可以理定者，其不可以意料者移鄉是也，不可以理定者一移之後有再移，再移之後又議三移是也，夫鄉之移也避海寇也，海寇朱成功勵志抗朝，

嘯黨萬艘剽劫江南浙福三省時，佔據時退走，民罹其害亦云極，
執事者不聞造舟，簡將效昆明習戰之師，修子胥船軍之法，勦賊
救民乃為減舟縮兵，移村避寇之策，插旗定界，拆房屋驅黎民，
遷歸界內設墩臺鑿界埂，置兵禁守社民出入，越界者解官處死，
歸界者糧空絕生，祖孫相承之世業一旦擯之，而猿啼死生，世守
之墓宅一朝舍之，而鶴淚家家宿露，在在鶴形初移一次，尚有餘
粟，再移之後，曾幾晏然所謂，謂他人父亦莫我顧，乃其明也卒
之守界之令，雖嚴而賣界之術，亦巧有銀則出，無害無銀則死，
生任由所以遷移之民，十存二三正此故也，吁此亦天地之一，剝
復也，本邑初移引踏之兵，從捷而走界遂沿路而定……42

從以上描述，可見大族如龍躍頭鄧氏，亦不能幸免於遷界之苦，慨
嘆天下事意料不及，反映出當時鄧氏亦是在毫無準備之下被遷，
祖業盡毀，由於民不聊生，十個之中只有兩三人幸存，無錢財者的
下場則更為悲涼。接著提及在輾轉遷界時所曾居住之地，包括打鼓
嶺及沙頭角地方，如鳳凰湖、蔴雀嶺及黎峒（今沙頭角公路旁的萊
洞），原本打算在這些外圍地帶定居，但因官府派人下令再遷，被
迫移入內陸，因此鄧氏其中一房在莆隔（即今深圳布吉）佃居，族
譜記述所遇之困難如下：

……予鄉一方被移予遷界邊內，外地建圍於鳳凰湖，竊謂離海
二十里，高山險塞，訖可小康矣，殊不居無何而，再移之官又
至，以黎峒（蔴鵲嶺）移去不准居耕，是亦再移之不可以理定
者矣，豈料再移之後而三移之，官又至又以初移再移為近海，

另立新界插以旗杆，自水遝頭起至莆隔山至梅林遝，梅林遝至羊蹄山，羊蹄山至阿公山又立為界，則新安無縣矣，嗟嗟予生既單，祖業私產盡移，抱此幼兒携彼孤弟，年僅十歲，家十餘口佃居莆隔，不耕不舌將如之，何此所謂不可以意料，不可以理定者，洵移鄉是也，洵初移再移是也，至於亂極治思剝終，則復數也理也，予亦聽之天而已矣，烏乎料之烏乎之。[43]

雖然復界後，鄧氏獲准返回原居地，但彷彿大勢已去，在其〈復界記〉中，鄧觀文指責在外流亡，使原有房屋倒塌，無片瓦留存：

村之移也，拆房屋荒田地流亡八載，饑死過半界之復也，復田而不復海，無片瓦無寸木，蓋茅屋與昔年瓦屋無異，新安邑抵大洋，無艅船通濟載運貨物，麥粟百物皆貴，惟穀特賤，以其無通濟也，穀價壹碩平銀或壹錢或九分無人問，燿豬肉三分二厘一斤，海魚一分六七厘一斤，百物價高難悉，惟穀獨賤難措故，移村苦苦於八年，死生之數已定，復村苦苦於穀賤，催科之累難逃，今試合計，復鄉之田地已墾未墾減收，無收每百不過收租五十石，以五十石之租穀，辨一百石之錢糧，將六七成銅錫之銀，傾煎秤納其不足也，審矣尚望，事父母，畜妻子，躋公堂，而歌萬壽者，乎故日新安偏邑，魚鹽為利，海界不復，艅船不通，究竟同歸於盡云爾。[44]

可見復界之後的鄧氏，面對朝廷一系列苛刻措施，包括禁海令使以漁農為基業的經濟大受影響，物資相當缺乏，加上經歷遷界後人丁

不足，鄧氏失去了許多原本開墾的土地，漸漸被遷入本區的客家人佔有，出現了「客家佔地主」的情況。朝廷在復界後鼓勵墾荒，許多原由本地人開墾的土地陸續被外來人所佔，他們來自福建及廣東東北部的貧瘠地區，在復界後紛紛來到新安縣開荒，並在此地植根：例如中英街附近的山咀村，原本屬於龍躍頭鄧氏，遷界令取消後，黃氏約在康熙五十九年（1720 年）入遷，其他還有吳、羅、巫、邱、徐等客家氏族 [45]。榕樹凹本來亦屬於龍躍頭鄧氏，後來由担水坑溫氏所發展。這些客家宗族在社會組織及制度上不斷本地化，發展墟市的同時，亦認同自己的方言和生活習俗與本地宗族有所差異。當時沙頭角地區的新增人口統計現已無從查證，但從當時的「丁」數可見，新安縣人口在復界後激增。從梁方仲所編《中國歷代戶口、田地、田賦統計》中可見，康熙十一年（1672），即復界後三年，丁數不過 3,972 人，但到了雍正九年至嘉慶廿三年（1731-1818），已達 146,922 人。相信這大幅增長與沙頭角地區的客家人口被包括在內有關，而據清嘉慶《新安縣志》所記錄，官富司管屬客籍村莊已達 194 條 [46]，客家族群由此而起，距今已過 300 年。

## 客家族群形成

客家族群的歷史，最早可上溯至 17 世紀末清政府的復界政策。「客家」一詞本來是他稱，因為在客家的本居地，他們是土著。但為斷絕沿海居民接濟明遺臣鄭成功抗清，清廷在順治十八年（1661）頒佈遷界，後因此舉對居民為禍很大，在兩廣總督周有德及廣東巡撫王來任等官員的倡議之下，清廷終於在康熙廿二年（1683）逐步取

消遷界令，更鼓勵客族入遷新安以填補沿海空虛。嘉應州人士在復界政策的帶動下，遷徙至珠江三角洲包括新安縣（含香港地區）開墾定居，他們因方言、生活習俗與土著相異，故被稱為「客家」。入遷粵中、粵西以後，他們與當地居民比較，亦產生「客」這個意識，但「客家人」一詞先是他稱，後來才漸漸認可成自稱[47]。

根據以往學者的研究，客家被視作為一個華南的族群（ethnic group），與其歷史及文化意識有相當大的聯繫。Fredrik Barth 就族群的定義指出：「人群之間建立了邊界，便形成了族群團體，它可視為一種組織形式，是文化的載體，就像一種容器可以負載各種的內涵物。」[48] 從人類學的角度來說，客家成為一個族群，與其文化特性有密切關係，然而亦可被視為因特定歷史場景而成的一個群體。關於客家人的歷史與認同問題，有學者強調「客家」處在「中心——邊緣」的歷史論述中，彭兆榮便指出客家族群有追溯中原正統性的特徵，但也可說「這正是其邊緣性的真實寫照 —— 在特定的社會歷史環境下他們需要以反抗邊緣性這種方式對自身的歷史進行重構。」[49] 從族譜、方言、移居地以及社會文教的發展，可見這一支族群成為了華南漢族的重要組成部份。客家研究宗師羅香林教授的《客家源流考》在 1930 年代奠定了客家「中原南遷論」的基礎[50]。謝劍通過香港惠州社團的人類學分析，指出 1949 年來到香港的客家新移民（俗稱新客），其遷移過程和居住模式，與早已聚居新界的舊客不同，這個發現使從事客家研究的學者不可避免地要面對客家族群的內在差異。丘權政則追溯香港崇正總會的建立與一般香港僑商的關係。郭思嘉（Nicole Constable）亦試圖解答何謂「客家」的問題，她對香港

新界粉嶺的崇謙堂村進行過多年的田野考察，指出基督教在這條村落促成當地村民認同客家這個身份，而這種身份認同的堅定信念有助村民把兩種身份——即中國人與基督徒，聯繫起來 [51]。

然而自 1990 年代開始，羅香林所提出關於客家人在多次歷史事件中自中原向南遷徙的論述，受到各方面的挑戰，進而被修訂 [52]。如房學嘉提出客家共同體概念，認為他們是由古越族遺民與南遷中原人融合而成 [53]。許多學者亦轉移探討客家流徙，以及近年研究認同問題，例如東南亞各地有關客家移民與當地土著族群的關係。在第三屆國際客家學研討會中，學會會長鄭赤琰就指出東南亞客家研究是值得的，因為經過好幾百年的海外移民，學者可以藉由比較海外與國內的客家族群，了解其文化的韌性 [54]。

夏思義（Patrick Hase）的研究則以客家人聚居的沙頭角地區為主，針對其社會組織及政治，利用巴色會的檔案重構沙頭角墟市在英屬以前的歷史，其在研究期間發現有傳頌辛亥革命、以客家話所唱的歌謠，提供了香港客家學者另一個從中國現代史切入客家研究的觀點 [55]。此外，近年有學者從國民身份去探討客家本質化的問題，如陳永海就認為，對客家言說的國家因素的積澱要加以留意，因為這意味著當前客家認同問題有「國族事業」的成分 [56]。李志剛及夏其龍則是對客家基督教會的發展作出深入研究。李志剛透過對客家基督徒模範村崇謙堂村的研究，指出教會改用本地（廣府）話傳教，是客家族群走向本地化的過程 [57]。而夏其龍就指出，天主教神父在客家村提供教育及其他生活所需，反映天主教會重視鄉村傳教的心態 [58]。劉義章以教育事業為經，通過實地

沙頭角典型客家民居

考察，探討香港客家人興辦學校的歷史，認為教育族中子弟是客家人的優良傳統 59，使我們深入理解客家人的其中一項特點。

從歷史的深度而論，中港邊陲的沙頭角對本身的歷史經驗的論述，正好表明一種客家邊緣性的反映。筆者發現有關香港的地方史研究雖遍及新界各區，卻很少觸及鄰近中國內地的邊境村莊，這種不足最可能的原因，是很少學者能夠進入邊境禁區進行訪問及搜集資料。今次筆者獲得沙頭角鄉代表的協助，得以進行長期研究，希望有助填補邊界客家村落的文化傳統及身份認同的轉變，及其與深圳以至廣東其他地方在客家文化上的淵源。

# 客家人與沙頭角地域

香港的客家人與深圳以至廣東的客家人，同屬於嘉應州的客籍人士，根據內地學者的研究，受清代的遷界政策影響，香港新界的客家人大批由惠州遷入，形成許多單姓村落。此外羅香林在《客家源流考》中，亦描述江西、福建、廣東惠州及潮汕等地的客家人，主要經惠州淡水而至沙魚涌、鹽田及大梅沙等地，入遷沙頭角、大埔（舊稱大浦澳）、沙田至西貢等地，是客家人入遷的第一時期（香港開埠前）[60]。其中由於新界沙頭角與沙魚涌及惠州等地相接，相信應是廣東東部一帶客家人首先的聚居地，然後才陸續遷入新安縣其他山區開墾。在清嘉慶《新安縣志》中，在已知的範疇，沙頭角已有 32 條客籍村落記錄在案。

表一：清嘉慶《新安縣志》中所列官富司管屬客籍村莊，屬於今沙頭角或鄰近地區的村名：

| 縣志內舊村名 | 今稱 | 其他名稱 |
| --- | --- | --- |
| 蓮蔴坑 | 蓮蔴坑 | 蓮溪洞 |
| 香園 | 香園圍 | 上香園、下香園 |
| 鳳凰湖 | 鳳凰湖 | / |
| 蓮塘 * | 蓮塘 | / |
| 禾徑山 | 禾徑山 | / |
| 禾坑 | 禾坑 | 上禾坑、下禾坑 |
| 羅坊 * | 羅坊 | 羅芳 [61] |
| 萬屋邊 | 萬屋邊 | / |

| 縣志內舊村名 | 今稱 | 其他名稱 |
| --- | --- | --- |
| 麻雀嶺 | 麻雀嶺 | / |
| 鹽灶下 | 鹽灶下 | / |
| 七木橋 | 七木橋 | / |
| 平洋村 | 坪洋村 | / |
| 谷埠 | 谷埔 | / |
| 鎖腦盤 | 鎖羅盆 | 鎖羅盤 |
| 担水坑 | 担水坑 | 擔水坑、淡水坑 |
| 山嘴 | 山咀 | / |
| 平洋 | 坪洋 | / |
| 凹下 | 凹下 | / |
| 烏石 | 烏石角 | / |
| 南涌圍 | 南涌 | 南涌楊屋、南涌羅屋、南涌鄭屋、南涌李屋、南涌張屋 |
| 鹿頸 | 鹿頸 | 鹿頸黃屋、鹿頸陳屋、鹿頸林屋 |
| 烏蛟田 | 烏蛟騰 | 烏絞田 |
| 荔枝窩 | 荔枝窩 | / |
| 風坑 | 鳳坑 | / |
| 榕樹凹 | 榕樹凹 | 榕樹澳、榕樹坳 |
| 新村 | 新村 | / |
| 徑口 * | 徑口村 | / |
| 松園下 | 松園下 | 松園廈、松園吓 |
| 小梅沙 * | 小梅沙 | / |
| 吉澳 | 吉澳 | / |
| 沙崗墟 * | 沙崗墟 | 沙光墟 |
| 小莆村 * | 小莆村 | 小布 |

* 位於今深圳市

## 沙欄下吳氏

沙頭角的担水坑及山咀，是遷入廣東省的吳氏最初的聚居地。據羅
香林所藏的《香港新界沙頭角吳氏族譜》，吳氏始祖首先從潮州府
大埔縣，遷居惠州府博羅縣，然後再移入沙頭角沙欄下、担水坑、
山咀等地，其遷葬地亦及至印洲塘沿岸的牛屎湖（又稱牛池湖）及
榕樹凹：

> ……八十七世祖考均端公，姚李氏，生一子尚儒。公邑庠生，
> 原居潮州府大埔縣，遷居惠州府博羅縣，葬大埔縣外。八十八
> 世祖尚儒公，姚江氏，生一子希賢。公由惠州博羅，遷居寶安
> 沙頭角沙欄下為始祖。公與江氏姚，同葬榕樹澳三角咀，向癸
> 坐丁。八十九世祖希賢公，姚羅氏，生二子：長佳姬，次作姬。
> 公與羅氏姚同葬於峯下馬甲灣，乙山辛向。

> ……九十世祖考佳姬公，姚鄧氏。生二子：長世周、次世豪。
> 公與鄧氏姚同葬於山咀坑肚裏，壬山丙向……九十世祖考仁姬
> 公，姚盧氏。生二子：長世傑、次世傳。公與盧氏姚同葬於牛
> 屎湖，巳山亥向，即擔水坑之分支私祖也。

> 九十五祖考子容公，姚李氏，李季才之女。生二子：長奕亮、
> 次奕深。公一生樸實，寒苦起家。由沙頭角擔水坑、遷居元朗
> 八鄉大光埔，因居住不合，再遷丹竹坑。民國十年八月初三日
> 卯時，壽終丹竹坑。[62]

以上的宗支記述，反映當時清初復界後，官府招民開墾，使得吳氏到達沿海地區居住。根據中英街博物館所藏《吳氏族譜》記載，現在中英街內的沙欄下吳氏，其泰伯公第七十一世祖吳宥是宋朝進士，入翰林院，官至尚書，北宋熙寧年間（1068-1077）經廣東北部南雄入粵，遷潮州府大埔縣湖寮村開基。吳氏八十七世祖均端公於明朝末年遷居惠州府博羅縣。康熙年間，其子八十八世祖尚儒公從博羅遷至新安縣大坦桐（即今沙頭角山咀村），為沙欄下村開基始祖 63。當地村民以漁樵為生，為方便出海，後把村落遷至地勢較高的長形沙壩，故取名「沙欄下村」。吳氏崇拜天后，今華界沙頭角沙欄下村有一座天后宮，據說建於清嘉慶二年（1797 年），由「三鄉七村」所成立的「三和堂」籌建，由三甲代表分兩年輪流管理 64。當地客家人崇拜天后，每逢農曆三月廿三日天后誕及九月初九「天后升天日」，均會舉行隆重的祭祀活動。以前人們祭祀多為求子、求雨及求出海平安，如今則包括燒香、上供、祈拜、擲問卜、許願及添油香等。每年重陽節，吳氏村民或已遷出的子孫均會回到沙頭角祭祖。現時吳氏仍保留祭祖習俗，「重陽祭文」則藏於中英街博物館。

客家人到南洋工作多時，離鄉別井多年，索性在當地養妻活兒，成家立室，這種習慣稱為「娶番婆」或「娶暹羅婆」，特別之處是在吳氏族譜亦有記載。此外，吳氏仍保留與天后崇拜關係密切的魚燈舞，更成為國家級非物質文化遺產。沙頭角魚燈舞是沙欄下村吳氏世代相傳的傳統民間舞蹈，至少有 300 多年歷史，不僅傳承了客家傳統民間文化，更反映了當地的民俗風情，其舞姿獨特，動作以「低馬步」為主，配合「鏟沙」、「竄水」和「飛躍」等幾組動作，以及魚群

圍繞黃鱲角「獻祭」的主題，在福建及廣東地區的魚燈舞中獨具特
色 65。在音樂方面，魚燈舞以鑼鼓伴奏開場，呈現其舞蹈的原始性，
隨後轉以「大開門」、「得勝令」等粵曲伴奏，氣勢磅礡，成為沙頭角
的民間藝術活動及傳統表演。

## 担水坑溫氏

另外一個在復界後遷入沙頭角落籍的是担水坑溫氏，根據溫氏宗祠
碑記所載，該族原籍山西太原（故其堂號名太原堂），唐末為逃避
「黃巢之亂」，從江西南昌遷至福建長汀，再輾轉南遷，至廣東惠
陽縣鎮隆泮瀝洞布尾村。清康熙年間，其先祖嘉琦公之子，信昌、
敏昌及惠昌兄弟三人携眷，再度遷居沙頭角担水坑村及榕樹凹村開
基立業，並於担水坑村建立祠堂，從此「兒孫蕃昌，家業興盛」。
溫氏在担水坑村植根已 300 多年，從其碑記及口述傳統，其中一房
族人曾居於原屬龍躍頭鄧氏的榕樹凹村（今沙頭角海南岸），據父老
所云，當初在該村立業時，曾受到鄧氏所阻，但始終建立了基業，
現時溫氏亦視榕樹凹村為其分支（另一說指曾分支至西貢大埔仔），
宗祠內仍供奉有該房始祖的木主。從以上所述，溫氏亦是復界後才
因應朝廷的招墾，入遷沙頭角沿海地帶開荒。在村口可見其宗祠及
旁邊的兩間家祠，每年農曆正月初二，溫氏合族均會舉行祭祖儀式，
在正月十五日前後，更會在已停用的鄉村學校「群雅學校」的籃球
場，舉行寓意九子登科的客家傳統「九大簋」宴會，邀請鄰村的鄉
里一同參與，年長婦女高唱客家山歌，添上喜慶氣氛。

沙頭角客家民居的魚漏雕塑

担水坑溫氏於清代已在上担水坑建立書塾，積極教育族中子弟，以提高族人的社會及經濟地位。據溫氏村長云，其父親曾在東和墟開設藥局，並有牌匾「復我春暉」，收藏於中英街歷史博物館，因此，溫氏亦積極參與建設東和墟及在墟市開舖經營。担水坑溫氏的代表文化還有客家山歌、釀黃酒及醫藥方面。

## 烏蛟騰李氏

汀州上杭李氏於 300 年前復界後，亦從廣東五華、紫金分支到新安縣烏蛟騰。根據《李氏族譜》所載，始祖李虎仕北朝有功，封為隴西公。至十六世祖梗而，諱明亮，葬於新安縣烏蛟騰。十六世祖明芳公（生卒不詳），名李茂侍，字克明，號廷勇，先居長樂縣，後移居永安縣，又遷居歸善縣，最後擇居新安縣烏蛟騰開村。

担水坑「九大簋」宴會的「客家炆豬肉」

據李氏所撰建村歷史，烏蛟騰始祖李火德，生於宋開禧二年（1206），壬辰科進士，原名炳鳳，號閩海，別號伯莊，乃唐太宗李世民之廿四世孫。李火德之先人珠公，由北方移居江西後，南宋末年再南遷至廣東，分為金、木、水、火、土五房，排第四的李火德即為福建一支的始祖 66，根據《李氏族譜》所記，傳至十六世祖明芳公於烏蛟騰開基，生二子景茂、景先 67。另該族譜又載：

> （明）芳公法念，即名李茂侍，字克明，號廷勇，先居長樂縣錫坑村，後移永安縣下二約水口村，居住數年又還居歸善縣龍崗上寮，被耕軍田不能昌盛，非我先祖之久居是，又擇居新安縣烏蛟騰，樂居斯土，始為蕃衍，日後子孫必能光前裕後矣，今公卜葬於土名大窖村 68，左側寅山申向兼甲庚，曾妣葬於土名橫嶺頭癸山丁向，兼子午地形羅裙埔地，碑載丙子丙午分金。69

約在康熙三十四年（1695），第十七世景茂公由長樂錫坑村遷永樂縣水口村，再輾轉遷至歸善縣龍崗上茶寮及新安縣烏蛟騰[70]。傳至第四代，人口繁衍，李氏後裔另選當時向官租耕的地，名為「九擔租」田，再立新村，因而名之。其後經過 300 年，李族發展成為沙頭角區大族之一，文武科皆人才輩出。除李氏外，烏蛟騰還有王、劉二姓，皆來自博羅[71]。

烏蛟騰主要由七條村落組成，分別是新屋村、新屋下、嶺背、老圍、田心、河背及三家村，以李、王姓為主，村屋中有宗祠五間，分別為李氏三間，劉氏及王氏各一間（村北三家村）。各宗祠皆為兩進天井的單層式建築，正堂為歷代祖先神位，旁為觀音大士。李氏三間宗祠分別奉祀明芳公、景茂公及捷興公。以景茂祖李氏祠而言，「李氏堂上始高曾祖神位」列於堂中，神龕貼有四字橫額「奕世其昌」，兩旁對聯曰：「溯先祖之遺踪始基長樂，念後嗣而報本葉創寶安」，宗祠重建於 1987 年 3 月，牆壁上立有《李景茂祖祠重建序》云：

> 夫木有本，水有源，人有父母，誠崇祖德，敬先人，立祠供祭祀，乃為人子孫者應盡之本份，亦慎終追遠之意也。溯我先祖明芳公自落居烏蛟騰以來，至景茂公始開基發展，三百多年歷史，六房子孫蕃居各區有數千餘人，在農工商學各階層中均有良好之成就，誠可喜也。近年因太公嘗田無人耕種，故全無收益，兼且祖祠年久失修，牆穿瓦塌，若不重加修葺料有崩塌之虞，同人等有見及此，經承一九八五年十一月十二日，召開六房父老共同商議，一致通過將祖祠重新改建，一連兩間，

並且成立籌建委員會負責重建事項，除向本祠子孫募捐，另印佈捐冊寄旅外僑商，我六房子孫，聞風興起，慷慨解囊，至一九八六年底，共籌得款項三四拾萬元，而祖祠重建任務得以完成，祠貌巍峨，美侖美奐，六房子孫亦有榮焉，特此立扁以誌留念。

重建委員會（略）

司理人　李源昌

一九八七年三月四日立 [72]

李氏先祖甚為篤信風水信仰，請來堪輿師尋覓風水龍脈，結果終於尋得一處山脈為「生龍口」（即蛟龍），名為「生龍活虎」的地穴，故此得名「烏蛟騰」。但後來由於耕地不足，為了維持後人的生活，部份李姓後人舉家遷往其他村落，包括新界的塔門、橫嶺頭、赤徑、大灘、黃竹洋、十四鄉、荔枝莊、深涌、粉嶺、上水、沙田瀝源及作壆坑 [73]、大埔頭、九龍坑、元朗、亞媽笏、涌尾、大窩等村。李氏的分遷是客家宗族流動性的典型代表，反映客家人自新界東北部（即沙頭角及大埔一帶）向西部（元朗）及南部（沙田、西貢等）伸展的遷移模式。

李氏在清初遷界後，經過輾轉南遷，清中葉才於沙頭角地區定居，再向不同區域拓展，並將兩考妣墳墓於嘉慶及道光年間重修。定居下來後，將先人安葬在風水名穴，並建立宗祠，除了是整合宗族的舉動外，亦代表對在地文化的認同，表示在此地扎根，經過族譜的文字記述下來，成為客家宗族歷史的一部份。

# 與其他漢族的互動

客家族群在沙頭角區定居，無可避免要與其他族群互動，但客家人從中原南遷而來的傳說，令其建立正統性需要透過宗族來維持，而這宗族對當地的開發，會否因此跟自古以來華南地區的水上人有一定程度的融合呢？

客家人與水上人共同擁有的流動性，似乎令他們較易合作，相比起新界東北部有歷史的大宗族如鄧氏或廖氏等，他們的合作基礎更有實際需要，以抗衡大族的壟斷。在歷史上，相較於與本地人在爭奪土地和水源時的利益衝突，客家人與水上人的關係是較平和的。在社會結構上，我們看到在香港的地域，客家人與水上人共同組成的社區較多，如大埔、西貢、筲箕灣及離島諸如蒲台島、吉澳等，均有由水陸居民共同組成的鄉事會或村公所之類的社會組織。在民間信仰的層面，他們會共同組織賀誕，如天后誕或洪聖誕等祭祀海神的活動。在經濟作業上，客家人有時亦會參與水上人的經濟活動，例如負責接收從漁民得來的魚類，在墟市經營售賣或幫助他們作批發等，互惠互利。在文化上，水上人亦通曉客家話，能唱以客家話為主的鹹水歌。到了清初，由於遷海政策，導致沿海村落真空，海禁等措施令出海捕魚成為被禁之列，沙頭角地區的水上居民部份轉為陸上居住，從事農業活動，並與客家人進一步融合。整體上，客家人與水上人的協作，是整個沙頭角的社會、經濟或文化的主要模式。

## 水上人

以上，我們探討過沙頭角的先民主要居住在沿海一帶，有學者亦指出，古南越族人均是沿海而居，自宋代以來，漸漸被漢族同化，但不能排除的是，部份古越族人仍堅持以水為居，成為一支獨特的民族——水上人。他們傳統在船上生活，或稱「疍民」，亦有以職業作別稱，一般也稱為漁民[74]。客家研究宗師羅香林便提出：「蜑族原即越族遺裔」[75]。張壽祺指嶺南很多地方稱呼蛋家為「定家」，亦有不少地方稱之為「鄧家」，疍家之名傳承於古南越音，原意是指以小船或艇進行作業並棲於水上的族群，不含貶義[76]。

「疍家」、「蛋家」或「蜑家」均被作為貶損之詞，反映出時人對此族群的歧視，因此現時學界多用「水上人」泛指在水上居住的族群。據清《南越筆記》中述：「疍家本鯨鯢之族，其性嗜殺，彼其大艚小艑出沒江海上，水道多岐，而罟朋之分合不測，又與水陸諸凶渠相為連結，故多疍家賊云」，可說是歧視水上人的代表[77]。在沙頭角至大埔海一帶，自宋元開始有「疍戶」所作的養殖珍珠及製鹽行業，但現時已沒有遺址可尋，只能從一些地名知道曾有水上人在此定居。如西貢北岸的青螺角及荔枝莊，皆生產鴉（丫）螺珍珠，元代曾下令探珠，官家給餉「疍戶」，三年一次在該地採珠[78]。西貢半島北岸有灣名「蛋家灣」，可能與當時聚集採珠的水上人有關。大鵬灣的吉澳曾有新興人工養珠場，但生產量不多，多以藥用為主[79]。

雖然水上人沒有開發土地，但康熙遷界令禁止他們出海捕魚，因此「疍

民」亦曾抗爭遷界政策。康熙二年（1663）十一月，番禺縣「疍民」、漁民在首領周玉、李榮領導下率先反抗，很快便擁數百漁船，被遷地的「疍民」及漁民紛紛響應，捐資援助。起義軍攻下順德縣城，並燒毀番禺、新會、香山等地的清軍哨所，搶走官府的倉庫物資 80。由於他們的流動性，官府對他們歧視日深，亦間接助長他們對抗朝廷的氣勢。

水上人雖然會說廣東話，但帶有特殊口音。沙頭角的水上人沒有關於其來源的傳說，他們是否自古在此一帶居住，已無從稽考。然而如以上所述，沙頭角地區的養蠔、採珠及捕魚是特定的古老行業，均與水上人有密切的關係，因此可相信他們是最早定居沙頭角的族群之一。由於生活習慣及語言的差異，昔日沙頭角的水上人與陸上客家人的社會分界明顯。水上人的一生大多在船上度過，只在販賣新鮮漁獲、購買日用所需及修理機械時才會上岸處理。但 1926 年的一場颱風，改變了不少水上人的生活模式。當時他們不少賴以生活的船隻都被吹翻破壞，部份無家可歸的水上人待風暴過後，便翻轉爛船，推上地勢較高的鹽田壆或岸邊，以船底作頂蓋，用木柱支撐，搭成杆欄式建築的簡陋篷屋棲身，開始陸上生活。

於沙頭角，水上人較為集中的地區為吉澳及鴨洲。吉澳位於沙頭角之東，與深圳鹽田及大小梅沙相望，根據 1955 年的人口統計，吉澳人口為 4,000 人，主要以捕魚、農耕及經營商店為主，現時漁民多已遷往陸上，並以魚排為生。自 1960 年代開始，村民多到海外謀生或到市區求職，至今只餘下十餘戶 81。相傳吉澳的名字，源自當大鵬灣風高浪急時，漁船均可在吉澳灣避風，故此取其吉祥的灣

泊在沙頭角海的舢舨小艇，右為沙頭角邨。

澳之意[82]。鴨洲在吉澳之西，在 1955 年的人口統計中有 645 人，全是漁民。為改善水上人的生活，政府於 1960 年代，建造了多間兩層式樓房供他們居住。鴨洲居民現時以養魚、經營海產小店為生，只有十餘戶仍然在此島居住。

在文化方面，鹹水歌是水上人的歌謠，在中山的沙田區、斗門、順德及南海等地均有流傳。鹹水歌一般由兩個樂句組成樂段體，是抒情的曲調。現在沙頭角的鹹水歌會夾雜客家話山歌，一同在節慶中表演，歌手往往出口成歌，對答如流。每逢酬神活動後，水上人在岸邊一同詠唱，其他村民亦趨來賽歌，好不熱鬧[83]。

## 鶴佬人

鶴佬人，又稱福佬人、學佬，操閩南語系的福佬話。香港的鶴佬人，大多數來自潮陽、揭陽、海陸豐（即汕尾）沿海鄉民，有從事捕魚、商人或一般工人[84]。遠至 1898 年，有鶴佬漁民十數家人，駕船由汕尾和海陸豐一帶南來，抵達沙頭角海一帶作業，為了方便捕魚，聚居在新樓灣（新樓後街海邊，又稱海皮街）一帶，昔日曾有超過 1,000 人。昔日大鵬灣外海、萬山群島亦是沙頭角、吉澳及鴨洲漁民遠海捕魚的地方，漁獲主要有石斑、鮑魚、黃花魚、蟹等。沙頭角墟西南面濱海處，昔日為鹽田，原有鹽寮下村，聚居於此的亦有從汕尾經鹽田入遷沙頭角的鶴佬，已有 100 年歷史。他們與吉澳、鴨洲劉氏及西流江郭氏的鶴佬，都是在相近時間遷入的，殖民地時代沙頭角的警司曾確認他們的原居民身份，因此他們亦享有漁民代表的地位。

現時這些村民已搬入公共屋邨沙頭角邨，主要姓李、蘇及徐，亦有少數是石或鍾氏。他們的原居民權利之一，是可以擔保親友進入禁區，但後來制度改變，警方現只允許父親（戶主）及長子有擔保人地位。李氏是鹽寮下村的主要姓氏，據村民表示，鹽田鎮曾有李氏先祖墳墓，於宣統三年（1911）所修，墓碑亦有紀錄，但該墓現已不存。鹽寮下村的鶴佬以鹽田為生計，引水曬鹽，與大澳及西貢鹽田梓的做法相近[85]。1950 年代，鹽寮下村人口繁盛，居民有 2,500 人，有不少水上人，亦有來自香港仔及鹽田港的漁民，將漁獲賣到附近岸上的魚市場（現沙頭角魚市場側），亦曾接受鹽田港黨委教育

1990 年代西流江的漁民聚落，背景為印洲塘三寶之一的筆架洲。

更有效的捕魚技術。沙頭角漁民小學原設在今巴士站，其通訊地址
為香港李寶椿大樓市場部，現已拆卸 86。

另外一支屬於何氏，原居於沙頭角吉澳，遠祖由內陸遷移過來，均
從事漁業。當中三子，一子居於吉澳，另外兩子居於塔門及大埔
三門仔，遠祖則葬於塔門漁民新村後山，至今已超過十二傳。於
1990 年代，三條村共有男丁約 1,200 人，婦女約 700 餘人。村民
近年由捕魚轉行至養魚排、到市區工作或從事商業活動 87。

鶴佬人亦從潮州帶來信仰，他們崇拜天后，每年的天后誕都會演戲

酬神。沙頭角區現存六座天后廟及三座關帝廟,沙頭角邨居民仍會按傳統每年舉行天后誕。自 1997 年香港回歸中國後,鹽寮下居民每十年都會舉辦一次酬神活動,多於農曆十月舉行[88],包括舞獅、天后出巡、「陸上行舟」龍船舞及盆菜宴。鶴佬婦女的龍船舞,是一項難得一見且日漸式微的風俗,原是鶴佬婚禮中的儀式,男家的女性親屬以「扒龍船」在海上划艇迎親,後來鶴佬人搬上岸後,改為陸上行舟,以「龍船舞」代替。今天所見,婦女頭戴裝飾鮮艷的竹帽子,身穿淺藍至深藍的上身衣服,下身穿黑褲,由較年長婦女帶頭敲響鑼,其他婦女則整齊列隊,以划艇姿勢向前邁進,場面十分熱鬧。另外為預備盆菜宴,當天會在海邊架起數個大爐烹煮,由 30 多位婦女合作,不少更是遠道從外國回來參與,她們邊煮盆菜,邊唱以客家語為主的山歌,可見與客家文化的融合。2007 年 11 月舉行的酬神,有近 200 圍盆菜,據村民表示,當天來賀誕的村民有從英國、德國、荷蘭及泰國回來的。5 時吃過盆菜後,便會舉行神功戲。原本由鶴佬人主辦的天后誕活動,隨著新的天后廟建成,變得活躍起來,更有多條客家人鄉村參與,成為水陸居民共享的節慶活動。

昔日鹽寮下村附近有碼頭,除漁民將漁獲送上岸外,亦有街渡穿梭沙頭角一帶的島嶼如吉澳、鴨洲,及沙頭角東部客家村如荔枝窩、谷埔及鎖羅盤等。鹽寮下村全部是鐵皮的高腳棚屋,縱橫交錯,村民均以橫水渡作為交通工具。到了 1960 年代,隨着聚居的鶴佬船日增和「疍家」艇從四方八面湧入,漁船多達數百艘。漁民的大規模上岸,要數 1962 年颱風溫黛襲港後,漁民為解決燃眉之急,便聯袂在壆上搭建木屋居住,自此寮屋區的範圍不斷擴大,一直伸延

2017 年鹽寮下村的龍船舞

至海邊，人口更一度高達 2,000 多人，成為區內有數的較大村落。
直至 1980 年代，政府為改善漁民的居住環境，將寮屋清拆，將漁
民搬到新建的沙頭角邨居住，自始鹽寮下村成為只在天后誕賀誕時
社區的名字。

從本章所述，沙頭角可被視為一個客家族群社區，但其與其他族群
的互動仍不容忽視，因為他們一方面認同本身的習俗及信仰，又以
其影響力去促進其他族群的融合，使客家族群成為整合社區的重要
元素。

# 註

1　古物古蹟辦事處：《2002 年沙頭角蕉坑小型屋宇考古調查暨搶救發掘一期報告》，2002 年（待刊稿，現存古物古蹟辦事處，參考編號 ND22）。

2　楊耀林：〈深圳咸頭嶺史前文化遺存初步研究〉，載深圳博物館編《深圳文博》（北京：人民出版社，2001），頁 7-17。鹽田區是 1997 年 10 月經國務院批准，1998 年 3 月 30 日正式掛牌成立，是深圳市最年輕的一個行政區，東起大鵬灣背仔角與龍崗區相連，西接羅湖區，南連香港新界，北接龍崗區。轄區總面積 72.36 平方公里，戶籍人口三萬人（2003 年）。下轄沙頭角、海山、鹽田、梅沙四個街道辦事處，東和、海濤、永安、濱海等 17 個社區居委會。區內有四大國際深水中轉港之一——鹽田港，還有沙頭角、鹽田港兩個保稅區和一街兩制的中英街。

3　楊耀林、文本亨：〈從深圳青銅時代遺址管窺廣東先秦時期的社會特質〉，載鄒興華編：《嶺南古越族文化論文集》（香港：香港市政局，1993），頁 64-79。

4　咸頭嶺遺址位於深圳大鵬新區疊福村，距今有 6,000 多年歷史，是珠三角區新石器時代中期重要的考古遺址之一。2006 年被評為「全國十大考古發現」之一。見大鵬所城博物館，《大鵬所城簡介》（深圳：大鵬所城博物館，年份不詳）。

5　同上。

6　見宋方義等：〈廣東封開黃岩洞洞穴遺址〉《考古》，1983 年第 1 期；邱立誠等：〈廣東陽春獨可仔新石器時代洞穴遺址發掘〉《考古》，1982 年第 5 期；莫稚：〈略論廣東舊石器時代文化及其若干問題〉《史前研究》，1985 年第 3 期。

7　有關新村遺址的出土文物的說明，詳見古物古蹟辦事處：《香港沙頭角新村遺址小型屋宇 610B 號工地考古調查報告》（2001 年）（待刊稿，現存古物古蹟辦事處，參考編號 ND4）；莫稚：《香港沙頭角新村遺址考古發掘報告》，載《香港考古學會會刊》（*Journal of the Hong Kong Archaeological Society*），第 15 期（1999 年 1 月），頁 65-77。

8　古物古蹟辦事處：《新界大埔、沙頭角地區考古覆查工作報告》，2000 年（待刊稿，現存古物古蹟辦事處，參考編號 ID16）。

9　（漢）班固撰：《漢書‧地理志》，卷二十八下《南海郡條》。

10　見香港考古資料系統－沙頭角新村。見康樂文化事務署古物古蹟辦事處網頁：http://hkaas.lcsd.gov.hk/hkaas/artefactdetail.jsp?artefactID=520&lang=2

11　蕭國健：《香港前代社會》（香港：中華書局，1990），頁 64。

12　古物古蹟辦事處：《全港文物普查第七地區（大埔區）工作報告》（待刊稿，現存古物古蹟辦事處，參考編號 TP1-4），頁 143；*Report of the Hong Kong Archaeological Survey Volume III Part I, Summary Site Data Sheets and Volume IV Part I; The Hong Kong Archaeological Survey: Subsurface Investigation Reports*, pp. 9-18. 轉引自：中港考古研究室：〈可資建設 M＋的本地文化資源——關於西九龍文娛藝術區核心文化藝術設施的思考〉，2007 年 10 月 8 日修訂本（立法會西九龍文娛藝術區發展計劃小組委員會 2007 年 10 月 9 日會議文件）。

13　考古隊經鑽探後再開兩條探溝探掘，發現有深達兩米左右的五層沙層堆積，惟無史前遺物出土。在首層沙層出近代陶瓷瓦片；第二、三層沙層無遺物，第四層沙層出

明代陶瓷瓦片。見古物古蹟辦事處：《新界餘下偏僻村落供水計劃第二期考古調查工作報告》，2000 年（待刊稿，現存古物古蹟辦事處，參考編號 ND3）。

14　（北宋）王存：《元豐九域志》（上海：上海古籍出版社，1987）。

15　《元大德南海縣志》〈鹽課〉。見廣州市地方志編纂委員會辦公室編：《元大德南海志殘本》（廣州：廣東人民出版社，1991），頁 18。

16　疊福墩遺址，位於大鵬鎮或咸頭嶺村東北求水嶺的山坡上，亦名「疊福烽堠」，明洪武年間設置。墩台呈方斗形，用石頭疊成，曾發現有瓦上遺物，築在高約 250 米山丘，俯瞰大鵬灣。

17　見古物古蹟辦事處：《新界餘下偏僻村落供水計劃第二期考古調查工作報告》。

18　同上。

19　同上。東澳灣遺址於 1998 年發現，面積 4,500 平方米，出土宋代陶瓷碗、盆、罐、壺、爐、瓦當、格瓦等，以圈足碗為大宗，胎色多為灰白、灰黃。施青釉，有的呈青白、青黃、青綠等色。口沿瓷片外壁有的飾草葉紋，有的施篦劃紋等。見中港考古研究室：〈可資建設 M＋的本地文化資源——關於西九龍文娛藝術區核心文化藝術設施的思考〉，2007 年 10 月 8 日修訂本（立法會西九龍文娛藝術區發展計劃小組委員會 2007 年 10 月 9 日會議文件）。

20　蕭國健：〈本地文物教育與初中中國歷史科新修訂課程〉（教育署輔導視學處與古物古蹟辦事處合辦教育研討會專題論文）（年份不詳）。

21　石橋頭考古遺址於 1998 年第二次全港考古普查時，在村內採集得少量的繩紋夾砂陶片，2000 年的調查又在村西面的山崗上出土硬陶網墜、硬陶片、宋代及明代的瓷器碎片。見古物古蹟辦事處：《新界北區考古調查報告》，1998 年（待刊稿，現存古物古蹟辦事處，參考編號 ND1）。頁 34。

22　見賴德劭，〈深圳市文物保護單位概述〉，2004 年 5 月 17 日，blog.yahoo.com。

23　見 Empson, Hal, *Mapping Hong Kong* (Hong Kong: Government Information Services, 1992), pp.82-83.

24　可見是侈口淺盤，矮圈足，釉不及底足，白胎厚釉，釉色瑩潤，綠釉青中泛白。

25　見古物古蹟辦事處：《新界大埔、沙頭角地區考古覆查工作報告》，2000 年（待刊稿，現存古物古蹟辦事處，參考編號 ID16）。

26　蕭國健：《香港前代社會》（香港：中華書局，1990），頁 61。

27　（明）鄭若曾撰：《籌海圖編》（北京：中華書局，2007）。

28　Empson, Hal, *Mapping Hong Kong*, p.86.

29　同上，p.87。

30　同上，pp.90-91。

31　邱體乾：〈萬曆十五年初修《新安縣志》序〉，載深圳博物館編：《明清兩朝：深圳檔案文獻續繹》（廣州：花城出版社，2000），頁 485-486。

32　清康熙《新安縣志》，卷之一，輿圖志，見張一兵校點：《深圳舊志三種》（深圳：海天出版社，2006），頁 228。

33　同上。

34　*Report by Mr. Stewart Lockhart on the Extension of the Colony of Hong Kong October 8, 1898* in Eastern No.66 Colonial Office, 1900, p.68 & 70.

35　《龍躍頭鄧氏譜系》，頁 29，見蕭國健：《香港新界家族發展》（香港：顯朝書室，1991），頁 35-52；及《香港新界北部鄉村之歷史與風貌》（香港：顯朝書室，2010），頁 18-22。亦見 2012 年 12 月〈担水坑溫華安訪談錄〉及 2012 年 12 月〈上禾坑李春林訪談錄〉。

36　橫眉山即今粉嶺畫眉山。

37　根據口述傳統，龍躍頭鄧氏在元末明初開基之地乃原由彭氏所居，由於被鄧氏佔有，彭氏後來遷居粉璧嶺（今粉嶺）。

38　《龍躍頭溫氏族譜》。根據招子明的分析，此譜是假借「溫氏」之名掩蓋由龍躍頭鄧氏宗和房六世孫鄧觀文所寫的事實，因為他的直言，後人怕惹來文字獄而對其題目作出竄改。見招子明，〈龍躍頭鄧氏：一個古老又年輕的宗族〉，載陳國成主編：《香港地區史研究之三：粉嶺》（香港：三聯書店，2006），頁 45-84。

39　龍躍頭五圍六村老圍，屬法定古蹟及列為「龍躍頭文物徑」的景點，是五圍中最早建立的聚落。老圍四周築有圍牆。原先的圍門是北向，但由於風水理由，圍門被改建為東向。老圍雖曾經歷多次改建，但其原本的圍牆結構和圍村布局仍基本保存完整。見古物古蹟辦事處，http://www.amo.gov.hk/b5/monuments_64.php

40　招子明，〈龍躍頭鄧氏：一個古老又年輕的宗族〉，載陳國成主編：《香港地區史研究之三：粉嶺》（香港：三聯書店，2006），頁 45-84。

41　杜臻，《粵閩巡視紀略》，卷一、二、三，引自蔣祖緣、方志欽主編：《簡明廣東史》（佛山：廣東人民出版社，1993），頁 330。

42　見《龍躍頭溫氏族譜》。

43　同上。

44　同上。

45　古物古蹟辦事處，歷史建築評核報告。亦見蕭國健：《香港新界北部鄉村之歷史與風貌》（香港：顯朝書室，2010），頁 20-21。

46　清嘉慶《新安縣志》，卷之二，輿地略・都里，見張一兵校點：《深圳舊志三種》，頁 665-668。

47　劉鎮發，《客家：誤會的歷史、歷史的誤會》（廣州：學術研究雜誌社，2001），頁 4。

48　F. Barth, "Introduction" in F. Barth (ed.), *Ethnic Groups and Boundaries: The Social Organisation of Culture differences (Results of a Symposium held at The University of Bergen, 23rd to 26th February 1967)* (Boston, MA: Little Brown, 1969), 轉引自謝劍：〈從人類學視野試析客家族群的特徵〉，載陳支平、周雪香主編：《華南客家族群追尋與文化印象》（合肥：黃山書社，2005），頁 1-18。

49　彭兆榮：《邊際族群：遠離帝國庇佑的客人》，（合肥：黃山書社，2006），頁 6。

50　有關香港的客家研究發展，參看陳麗華：〈香港客家研究綜述〉，載劉義章編，《香港客家》（桂林：廣西師範大學出版社，2005），頁 1-18。

51　Constable, Nicole, *Christian Souls and Chinese Spirits: A Hakka Community in Hong Kong* (Berkeley: University of California Press, 1994); Constable, Nicole eds., *Guest People: Hakka Identity in China and Abroad* (Seattle and London: University of Washington Press, 1996). 另根據粉嶺崇謙堂會史，1903 年開始，來自寶安縣布吉鄉巴色會的凌啟蓮牧師偕同長子凌善元牧師，向墟戶及附近客家人傳播福音，至 1905 年冬即有十數人決心歸主，凌牧立即請求巴色總會差派傳道人到崇謙堂村開基立堂。見張瑞榮：〈基督教香港崇真會粉嶺崇謙堂會史〉，載百周年紀念特刊編輯委員會：《基督教香港崇真會粉嶺崇謙堂百周年紀念特刊》（香港：粉嶺崇謙堂，2005），頁 14-17。

52　凌劍波：〈羅香林客家源流觀的再認識〉，載《嘉應學院學報》，2007，第四冊。

53　房學嘉：《客家源流探奧》（香港：中流出版社；廣州：廣東高等教育出版社，1995），頁 155-157。

54　鄭赤琰：〈序言〉，載鄭赤琰編：《客家與東南亞：第三屆國際客家學研討會專輯》（香港：三聯書店，2002），頁 III-IV。

55　夏思義：〈十約：沙頭角地區的定居與政治〉，載劉義章編：《香港客家》（桂林：廣西師範大學出版社，2005），頁 72-98。

56　陳永海：〈作為中國國族事業的客家言說 —— 從近代客家文化認同性質的變遷〉，載劉義章編：《香港客家》，頁 19-37。

57　李志剛：〈香港客家教會的發展和貢獻〉，載劉義章編：《香港客家》，頁 136-153。

58　夏其龍：〈香港客家村落中的天主教會〉，載劉義章編：《香港客家》，頁 154-177。

59　劉義章：〈香港客家人與教育事業〉，載劉義章編：《香港客家》，頁 178-191。

60　見溫憲元、鄧開頌、丘杉主編：《廣東客家》（桂林：廣西師範大學出版社，2011），頁 149-155。亦見羅香林：《客家源流考》（中國華僑出版公司，1989），頁 29。

61　見《深圳市地名志》第二章「羅湖管理區」：在黃貝嶺之西南約三公里的深圳河上游北岸，講客語、廣州話，因村民多姓羅、方而得名，村民歷代均有到對河香港新界打鼓嶺耕地。引自張一兵校點：《深圳舊志三種》，頁 669。

62　見該譜宗支。引自羅香林：《客家史料匯篇》（台北：南天書局有限公司，1965），頁 8、59-71。

63　見《沙欄下村吳氏族譜》，中英街歷史博物館藏。

64　三鄉即沙欄下、担水坑及山咀，七村指山咀、担水坑、沙欄下、塘肚、新村、木棉頭、榕樹凹。三鄉另一說則指山咀、担水坑及塘肚。見劉麗川：《深圳客家研究》（深圳：海天出版社，2013），頁 238。

65　香港的大坑舞火龍及九龍的大角咀福全街廟會，亦源自當地的洪聖或觀音崇拜，也會表演類似吳氏魚燈舞的夜光魚舞。另外，澄海亦有鼇魚舞的民間舞蹈，魚身坐上扮演龍女的少女，由五人操作表演。見中共廣東省委宣傳部文藝處及廣東省文化廳社會文化處編：《廣東省群眾文化工作常識》（廣州：嶺南美術出版社，2006），頁 114。

66　李添福：《新界客家村情懷》（香港：超媒體出版，2009），頁 15。

67　見光緒三十四年（1908）歲次戊申長樂錫坑李廷爵：《李氏族譜》（一九七四年歲次甲寅季秋月吉日重訂）。香港中文大學香港歷史與社會網站藏。http://hkhiso.itsc.cuhk.edu.hk/history/node/85

68　屬船灣六鄉，亦稱大滘。六鄉由大滘、小滘、金竹排、橫嶺頭、涌尾及涌背村組成，除了金竹排村是王姓之外，其餘皆為李姓，同屬敏公後裔孫。見李添福：《新界客家村情懷》，頁 48。船灣六鄉亦與其他附近村落組成南約，為沙頭角十約的「第十約」。由於 1960 年代，港府選擇了六鄉的海灣興建船灣淡水湖，六鄉居民共 1,150 人被遷往大埔墟，另建六鄉新村，現時大埔墟六鄉里的十多幢多層樓宇便是新村物業，同茂坊有一間祠堂名為涌背村李氏宗祠，其基石門框是從舊村搬來的。雖然六鄉已沉於水下，但每年水務署均會安排船隻接載該些村落的後人到位於淡水湖北岸的祖墳祭祖，如上述位於橫嶺頭的開基祖妣墓。

69　見光緒三十四年（1908）歲次戊申長樂錫坑李廷爵：《李氏族譜》（一九七四年歲次甲寅季秋月吉日重訂）。香港中文大學香港歷史與社會網站藏。http://hkhiso.itsc.cuhk.edu.hk/history/node/85。

70　李添福：《新界客家村情懷》，頁 20-21、110。

71　見烏蛟騰海外聯誼會：《成立二十週年暨第十一屆執行委員就職特刊》（曼城：烏蛟騰海外聯誼會，2004），頁 11、16-17。

72　轉引自李添福：《新界客家村情懷》，頁 26。

73　根據《李氏族譜》所載，李氏十九世祖諱君弼，長子贊於道光八年（1828）遷居蘆源沙田頭村。十九世祖諱君祿，於道光三年（1823）與子由烏蛟騰遷至沙田作壆坑村開基創業。香港中文大學香港歷史與社會網站藏。http://hkhiso.itsc.cuhk.edu.hk/history/node/85

74　根據吳永章、夏遠鳴的研究，長江流域的水上人在古代文獻中被稱為「蜑」、「蜑民」，而在嶺南居住的水上人在明清以後則多被稱為「疍民」或「蛋家」。羅香林的《百越源流考》諸書一律寫作「蜑」，因為「蛋」或「疍」是後世才採用的，而陳序經先生《疍民的研究》則採用「疍」字。由於「蛋」乃貶稱，故不主張使用此字眼，惟由於在歷史著作中，不乏此類稱呼，本文在引述時為了忠於原著，會在適當時候在此詞加上引號，以表示其引述之意。本書採用今天的規範字「疍」。見吳永章、夏遠鳴：《疍民歷史文化與資料》（廣州：廣東人民出版社，2019），頁 1-8。

75　羅香林：《唐代蜑族考：上篇》，中山大學：《文史學研究所月刊》第 2 卷第 3、4 期合刊，1934。轉引自黃淑娉主編：《廣東族群與區域文化研究》（廣州：廣東高等教育出版社，1999），頁 362。

76　張壽祺：《蛋家人》（香港：中華書局，1991），頁 590-640。

77　清《南越筆記》，載綺等撰、林子雄點校：《清代廣東筆記五種》（廣州：廣東人民出版社，2006），頁 291。

78　蕭國健，《香港前代社會》（香港：中華書局，1990），頁 65。

79　同上，頁 66。

80　深圳博物館編：《明清兩朝：深圳檔案文獻繽繹》（廣州：花城出版社，2000），頁 542-543。

81　武法東等：《吉澳與鴨洲》（香港：郊野公園之友會、天地圖書，2011），頁 5。

82　其英文名 Crooked Island，則為英人所稱，因從高空所望，其像反寫之「之」字，故名之。同上，頁 7。吉澳的「澳」的用法，均與大鵬灣附近的古地名相通，如龍船澳（見此章第一節）。從澳的意思來說，吉澳可能是古時灣泊軍船之地，相信與「大澳」及「屯門澳」古時是軍船駐軍地有相同作用。

83　見中共廣東省委宣傳部文藝處及廣東省文化廳社會文化處編：《廣東省群眾文化工作常識》（廣州：嶺南美術出版社，2006），頁 109。

84　邱東：《新界風物與民情》（香港：三聯書店，1992），頁 84。

85　現時由政府所劃定的漁民代表選舉區域範圍中，仍沿用「鶴佬」作為其中一個漁村或漁港的選區。

86　香港教育年鑑編輯委員會：《香港教育年鑑 1963》（香港：香港文化事業公司，年份缺），頁 163-164。

87　邱東：《新界風物與民情》（香港：三聯書店，1992），頁 5-6。

88　根據漁民代表說：傳統上如舉行十年一屆的打醮，以後便要按年繼續舉行，但酬神活動則可按照實際情況如資金去決定是否主辦。《漁民代表徐勞來訪談錄》（2017 年 9 月 21 日）。

# 傳統的民間鄉約

鄉約是一種地方自治的組織，透過宣揚禮儀和道德規條，在官府政治力量薄弱的地方，把屬行道德教化的思想傳達到鄉村，維繫朝廷對地方的權威性，促進社會和諧。

# 明清鄉約與地方的關係

自北宋的《藍田呂氏鄉約》，就訂有關於「德業相勸、過失相規、禮俗相交、患難相恤」的互助內容。至明清時期，朝廷於各地推廣鄉規民約，王陽明任職贛南巡撫時推行鄉約法，均是古代推行鄉約教化的例子。一般家法族規多有一至二款涉及外族、地方、社會以及國家的關係，包括「和睦鄉鄰」、「規避詞訟」、「不損他人」、「防止衝突」、「捍衛宗族」、「嚴懲盜賊」及「保護環境」等規則[1]。張晉藩認為，鄉規民約既是一種道德規範，亦含有民事法律內容，採用屬地原則，具有清代自治規約的性質[2]。時至今日，鄉規民約仍然是維護民間秩序的基礎。究竟一般鄉規民約在地方的實施是怎樣呢？民間法被認為是傳統的習慣法，在維護鄉土社會秩序方面起著重要的作用。民間法的形式有鄉規條約、家法族規、行會規約、禮俗、勸錄、族禁、社禁等，多收錄在族譜、帖式、譜牒、碑記中，而族規或宗規可算是昔日民間法的最典型形態[3]。清代華南地區，有眾多護林議約及保護青苗的規約，或保護道路、風水、村廟、禁止外人侵犯的規條，但研究清代民法的學者一向著墨不多。

清康熙年間（1662-1722），廣東陸豐的葉氏先祖在新安縣沙頭角蓮蔴坑定居[4]，其後更與其他家族組成蓮溪鄉，其一鄉的格局，有自成一國的意味，代表當時沙頭角區的典型「鄉約」形態。當時蓮蔴坑村曾訂有多條鄉規，至今仍收藏在村民的帖式或銘刻於碑記中，如《禁牛遊田畦》、《為嚴禁山林以護圍場事》、《嚴禁壆頭中樹木》、《為嚴禁偷竊以敦風俗事》、《禁田土笞》、《嚴禁溺女》、《為嚴禁

竹木以衛宅場以端風俗事》等。想當時村民看著告示或禁碑，同心
同德，要子弟們誦讀村規，朗朗上口，反映這條鄉村崇德向善，有
一種很自發性的行為準則。

本章嘗試以清朝沙頭角蓮蔴坑村為例，探討一條客家村落在執行鄉
規方面與地方習慣的關係。筆者認為蓮蔴坑村成功地將皇朝系統
的權威，通過合鄉保持地方完整性的策略及自然制約方式，維持對
地方秩序的控制，從而形成一種自我界定的道德規範體系。要了解
蓮蔴坑村為何訂定這麼多的鄉規民約，需要從明清華南地區的「鄉
約」説起。

自北宋「熙寧變法」實行保甲法數年之後，於熙寧九年（1076）發明
了鄉約制度。鄉約一詞，最早出現在由理學家呂大鈞所設計及推行
的《藍田呂氏鄉約》中，由於保甲法和鄉約兩種相互配合的制度，
符合理學的政治倫理中重視教化及禮法等觀念，因此，儘管其在北
宋末年受到衝擊，南宋以後仍大受朱熹等理學家的推崇。朱熹將之
修訂成《增損呂氏鄉約》，並歸納為四個主要範疇：「德業相勸」、
「過失相規」、「患難相恤」及「禮俗相交」。明朝時期，鄉約已經
成為民間化的制度，長期延續下來。鄉約組織在清代再得到政府的
大力倡導，順治九年（1652 年），朝廷頒「聖諭」六條，每月初一
及十五要鄉人聚集在公所，由縣官至生員擔任宣講，內容為「孝敬
父母」、「尊敬長上」、「和睦鄉里」、「教訓子孫」、「各安生理」、
「毋作非為」。鄉約獲授予支持教育與科舉、應付差徭、經營共同
財產及置田買地等權利，但嚴格來説，它最初不是一種行政制度，

而是由地方士紳自發性地通過鄉規民約的制訂，幫助朝廷維繫地方
道德規範和社會秩序，是鄉村為了一個共同目的，如禦敵衛鄉、勸
善懲惡、廣教化、厚風俗、保護山林或應付差徭，依據血緣或地緣
關係而結成的民眾組織 [5]。

廣東省新安縣位置華南邊陲地區，鄉村在一定程度實行自治，在這
種背景下，民間為各種目的，或需要自行訂立規章。在清代，有
種類繁多的鄉規民約，有合族所遵守的，亦有數個宗族共同守衛，
又或由數條以至數十條村共同組織起來的地方盟約。在新安縣範圍
內，「鄉」或「約」一般是指由數條以至數十條同姓或雜姓村落組成
聯盟的社會組織 [6]，其功能有祭祀性的，亦有防衛性及與經濟活動
（如墟市）有關的。鄉約的負責人為約正一人及約副二人，普遍推
舉鄉村的年高有德者擔任，以一圖或一族為一約，小村則可依附大
村而成一約 [7]。為了擴充勢力，尤其是大族較少的客家人，每每會
由幾個約再組成一個大的鄉約聯盟，例如沙頭角西面的打鼓嶺六
約，便由區內六個小鄉約組成，此外還有沙頭角十約、沙田九約、
大埔七約等，都是由區內大大小小鄉約組織而成。至於在城市，鄉
約則以坊里相近者為一約。內容上，有護林規約、禦盜合約、禁賭
公約、族產和祖墳禁約、族規家法、會社規約、議事合同、興教公
約等；而在形式上，有告示性、禁止性、獎勵性、懲戒性及議事性
的民約鄉規等 [8]。

## 十約：由客家人構成的鄉約聯盟

清初遷界後，沙頭角地區是新入遷客家人的主要聚居地，他們為了
自保及與大族抗衡，遂建立以十條鄉約所組成的民間聯盟。綜合地
方誌、《新安縣全圖》及學者的研究資料，當時「十約」的成員應包
括沙頭角大約 50 條鄉村 9：

| 約份 | 約名 | 所屬村落 |
| --- | --- | --- |
| 第一約 | 沙魚涌 | 沙魚涌（又名鯊魚涌）各村 |
| 第二約 | 鹽田鄉 | 鹽田墟、鹽田村、坳背、黃安園、菜洋園 |
| 第三約 | 上下保、六鄉 | 欄窩、暗徑、沙井頭、元墩頭、官路下、山咀 |
| 第四約 | 蓮溪社 | 蓮蔴坑、塘肚山、徑肚、新桂田、長嶺 |
| 第五約 | 三鄉、三和堂 | 担水坑、新村、木棉頭、塘肚、沙欄下、榕樹凹 |
| 第六約 | 麻雀嶺 | 上下麻雀嶺、石橋頭、鹽灶下、大塱、烏石角 |
| 第七約 | 禾坑 | 上下禾坑、坳下、萬屋邊、崗下 |
| 第八約 | 南鹿約、南鹿社 | 南涌、鹿頸、雞谷樹下、南坑尾、七木橋、石板潭 |
| 第九約 | 慶春約 | 荔枝窩、鎖羅盆、三椏、梅子林、蛤塘、小灘、牛池湖 |
| 第十約 | 南約、南約洞、南沙約 | 烏蛟騰、橫山腳、阿媽笏、涌尾、涌背、金竹排、橫嶺頭、大小滘、九擔租、苗田仔、紅石門、坭頭石 |

沙魚涌（又名鯊魚涌）位於大鵬灣北岸，入海口水深浪小，有利船
艇停泊，村落包括沙魚涌、疊福及溪涌（葵涌）等，從涌口的大黃
沙出土文物看，四、五千年前已有人定居。此地的食鹽與海產出品
豐富，在歷史上佔有重要的經濟地位，成為沿海港口的物品集散地，

也是一直以來走私猖獗的地方。康熙中期以後，有關當局設有沙魚涌、鹽田、長洲三處檢查站，稱為子埠，各置巡船六艘，負責查緝走私活動，到光緒十三年（1887 年），九龍海關成立後，設沙魚涌分關，還管轄疊福、溪涌等 [10]。

鹽田鄉的墟市名為沙頭墟，位於大鵬灣北岸，該區的範圍廣闊，包括沙頭、沙崗墟、黃必榮、鴻崗圍、凹腳下、屯圍、江屋、龍眼園、石頭、小莆、凹背及西山下等。曾有學者指出，鹽田雖然是「十約」成員之一，但未知是否實質獨立成為一約，抑或跟沙魚涌組成較大的聯盟，無論如何，鹽田鄉是以墟市作為中心。

上下保包括由數條村組成的六鄉，即欄窩、暗徑、沙井頭、元墩頭、官路下、山咀，亦分佈著不少單姓聚居的村莊，如葉屋、陶屋、丘屋等。以上沙魚涌、鹽田鄉、上下保三個約份，其範圍主要在華界，亦有少部份村落如山咀，曾位於租借後的新界內。

蓮溪社以葉氏宗祖為主，本身獨特之處是以設立社禁民規為聯盟的核心，而非以村中關帝廟的祭祀為主，自成一約，與其結盟的都是其派生較小的村落，如長嶺、徑肚、塘肚山村及新桂田等（在下一節會有詳述）。

三鄉由担水坑、沙欄下及其他數個不同姓氏的村落組成，亦稱為三和堂，以位於華界沙欄下的天后廟作為聯盟的中心 [11]。

2019 年南鹿約舉行十年一屆太平清醮

麻雀嶺則以烏石角天后廟為鄉約聯盟的中心，參與村落包括麻雀嶺、石橋頭、鹽灶下、大塱及烏石角等，根據《新安縣志》記載，麻雀嶺渡是當時沙頭角地區往來大鵬灣北岸如鹽田墟市的渡口，麻雀嶺位於較近海處，但隨著村民開闢沿海田地，其渡口後來可能遷移到烏石角天后廟附近的岸邊，街渡由廟宇的嘗產營運。

禾坑是李氏宗族的聚居村落，宗族分支出上下禾坑、禾坑大朗、坳下等村，主要是以宗族為聯繫的祭祀組織。

南鹿約由南涌、鹿頸兩條沙頭角海南岸的大村組成，南涌羅氏及李

氏先祖最先在老龍田山谷開闢梯田及建屋，後來才遷到南涌河畔；鹿頸陳氏建上下圍，另有黃氏及朱氏分別建立鹿頸黃屋及南坑尾，在雞谷樹下則有藍姓村民聚居[12]，各村以南涌天后宮為聯盟的中心。

慶春約由荔枝窩村及附近六村組成，最大的是荔枝窩村，以曾氏及黃氏為主要族群，其後黃氏在第四代分遷到沙頭角海南岸的鎖羅盆村。村民在清末至民初出入沙頭角墟的方法，是以山路上分水凹到谷埔，然後搖船或步行往墟市，現時分水凹路旁仍存 1920 年石碑一塊，名為「創修荔枝窩村直達東和墟大路小序」[13]，文云：

> 竊以道路崎嶇，桑梓之交通未便，關山修阻，行人之道路維艱。即如荔枝窩村邊一路直達東和，毗連南約，踰山越澗，曲比羊腸，附葛攀藤，窄如鳥道；使不為之修治，則熙來穰往，每嗟蜀道難行。惟是修築之費頗巨，非綿力所能勝任；今幸仗諸公慷慨，肯解善囊，種斯土之福田，無分畛域；俾得化險如夷，坦途共履，載馳周道，平蕩同遵，豈不懿歟！是為序。

> 謹將發起值理及捐題芳名，備列予左
> 發起人：黃建常、黃建文
> 值理人：黃建彰、曾世傳、曾世往、曾進昌、黃有倫、曾惠昌
> 民國九年仲冬月吉旦立

此碑記不僅顯示慶春約出錢修路通往東和墟，是鄉約的職責所在，而且文中提到的「毗連南約」，是指另一鄉「南約」的村民亦因這次

修路而受益。

南約的成員除了最大的烏蛟騰外，亦包括小滘、大滘、金竹排、橫嶺頭（包括橫嶺背）、涌尾及涌背等六條鄉村組成，原稱船灣六鄉，分佈在船灣北岸，主要從事捕魚、耕田種菜、打柴及採集帶子為生。除金竹排村是王姓外，其餘五村同為李姓客家村落，金竹排王氏及橫嶺頭和大滘的李氏，均從烏蛟騰分支而來。船灣六鄉約於乾隆中葉建村，1950 年代以前均前往沙頭角投墟，村與村之間原有通道連接，可細分為上三鄉（小滘、大滘及金竹排）及下三鄉（橫嶺頭、涌尾及涌背），以三光公立小學為分界，而南約就時指毗鄰荔枝窩的烏蛟騰及其他有聯繫的村落。1960 年代，因為政府需要興建船灣淡水湖，把船灣六鄉遷徙到大埔墟建立新社區，改稱為六鄉新村 14。

在英國租借新界的初期，舊有的村落聯盟仍然有一定的影響力，但到了戰後，港英政府積極發展新界，推動村落組成鄉事委員會，以主理村務及與政府聯絡，這種制度漸漸取代鄉約，成為鄉民與政府溝通的橋樑及鄉事糾紛的仲裁單位，鄉約的存在價值差不多只餘下傳統民間信仰的祭祀功能。現時，十約中只有慶春約及南鹿約仍然活躍，會十年一屆舉行太平清醮，最近一次是 2019 年。有些村落如蓮蔴坑、沙魚涌等，最初均以獨立一條村為約，反映其經濟實力雄厚，相當於其他數條村共同組成的一約，村民亦指，如果任何獨立一約缺席十約會議，也會出現流會，其影響力可見一斑。然而沙頭角地區有一些大村，如谷埔和鳳坑，雖然也是客家村落，卻未有參與十約組織。

沙頭角十約範圍

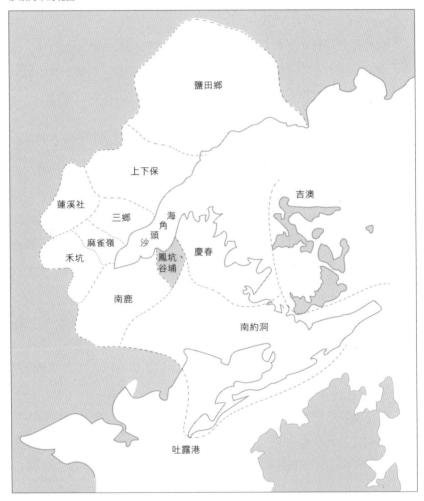

鹽田鄉

上下保

蓮溪社

三鄉

海頭角

沙

麻雀嶺

鳳坑、谷埔

禾坑

慶春

吉澳

南鹿

南約洞

吐露港

*因位置遙遠，第一約「沙魚涌」不在地圖中。至於鳳坑、谷埔及吉澳，當時未有入約，原因有待查證。

## 東和總局的鄉約規條

十約中的第五約「三鄉」，由担水坑、新村、木棉頭、塘肚、沙欄下及榕樹凹組成，以沙欄下天后廟為中心，該廟為約首（即鄉約的首長）會址，設有公秤，以調解買賣所產生的糾紛[15]。文獻記載，沙欄下天后廟始建於清嘉慶年間，由三鄉籌建，每年舉行寶誕，逢十年一屆舉行醮會，後來各鄉紳同意成立三和堂，分三甲每年輪流管理廟產。自英國租借新界後，沙頭角被一分為二，第一及二約歸入華界，其餘八約則劃入英界，第五約亦一分為二，沙欄下被劃入華界，故英界的担水坑等村民經常要越界到沙欄下祀拜天后。1958年，內地發生破四舊，三和堂成員便將天后像從沙欄下天后廟遷移入英界的圓墩山，暫時祀拜，及後在鑼鼓地側再建廟宇。後來因沙頭角發展，三和堂司理向政府及華人廟宇委員會申請遷拆重建，最後在沙頭角海濱建成新的天后宮。三和堂現時仍按習俗共同管理該廟，並在每年天后誕舉行慶祝活動[16]。天后信仰在華南及台灣地區盛行（台灣稱為媽祖），誕辰是農曆三月廿三日。傳說天后原名林默娘，生於福建莆田，曾跟道士學法，可替人治病。17歲時，她救起墮海的船員，22歲成功為福建一帶求雨，28歲升天成神。她最初的封號為「夫人」，至元朝被提升為天妃，到清康熙二十三年（1684）正式被封為天后，及至道光十九年（1839）被封為天上聖母[17]。

沙頭角的村民習慣稱呼沙欄下的天后為「天后聖母」，吉澳及暗徑的天后是其兩個妹妹[18]，此說在蓮蔴坑村民收藏的東和墟祭祀聖母（即天后）的禱文中獲得佐證，顯示天后廟舉行過五日六宵的建醮

活動 [19]。根據學者的研究，沙欄下村直至 1940 年代，仍有舉行十年一次的太平清醮，並有天后出巡的遊行，從沙欄下村出發，經山咀、担水坑兩條三鄉的村落，再回到沙欄下 [20]。今天，雖然東和墟的天后信仰已因墟市沒落而轉移他處，但十約的村民每年仍會被邀請，參加沙頭角鹽寮下村的天后誕活動及十年一次的酬神慶典 [21]，通過參與地域性的祭祀保持聯繫。天后是水神，成為客家人在海外謀生時的信仰依靠，因此華人及華僑供奉天后也是自然的事。

另一值得留意的是，十約父老後來又建立文武二帝廟，每年舉行春秋二祭，除了因為文昌帝及關武帝與考取功名有莫大關係外，文武廟亦有助東和墟增強其在區內的仲裁者角色，漸漸成為沙頭角鄉村的政治中心。十約父老和村中一些有功名的士紳，及後在這基礎上成立了「東和總局」，在東和墟的學校後院舉行會議，由於這些領袖有一定文化水平，又獲村民敬重，他們制定的規則亦因此得到知縣的肯定。有趣的是，東和總局的建立，某程度上與深圳墟另一個由本地人組成的議局成為對照，反映十約已擺脫了深圳墟大族的影響，自成一個士紳階層，管理地方事務 [22]。因應文武二帝廟的建立，十約會首將三和堂天后宮的公秤移至文武廟，使之正式成為十約的仲裁之所，負責管理墟市的公秤、街渡、更練、衛生及禁忌等。東和局的成立，既反映當地客家人走向自立及擺脫深圳墟等本地人的操控，亦令客家人增加向官府爭取權利的力量。

## 蓮蔴坑的鄉規民約

蓮蔴坑村大致在清朝康熙庚寅年（1710 年）[23] 或之前已建立，相信
是清廷取消遷界令後入遷的客籍村莊。為斷絕沿海居民接濟明朝遺
臣鄭成功，清廷在順治十八年（1661）頒佈遷界，沿海五十里的居
民須遷入內陸，即新安縣內今香港的範圍，從西北新田等村，至東
北沙頭角等地為界，其南部村莊皆在被遷之列。清廷曾在沙頭角附
近的麻雀嶺設墩台，派兵駐守 [24]，該墩台及汛營相信位於現鄰近邊
境的麻雀嶺（沙頭角公路北面），證明此區是清廷海防的重要一環。
後因遷海對居民為害很大，在兩廣總督周有德及廣東巡撫王來任等
倡議之下，清廷終於在康熙廿二年（1683）取消遷界令，更鼓勵客
族入遷新安，以填補沿海空虛。蕭國健指當時自廣東之東、西、韓
江流域及閩贛二省的客籍農民，相繼入遷新安 [25]。

清康熙廿七年（1688）及清嘉慶廿四年（1819）的《新安縣志》中皆
有記載蓮蔴坑，在後者中被編入廣州府新安縣官富司所管轄的客籍
村莊 [26]。新安縣是當時廣州府的邊陲，縣城設在深圳南頭城。蓮蔴
坑昔日亦稱為蓮蔴坑鄉、蓮溪鄉、蓮溪洞等，屬新安縣治管轄的六
都範圍，是一條複姓村落，但一直以葉氏為大多數，佔了九成居民，
因此村務都以葉氏為首，其餘則有官、曾、冼、張及劉氏等。根據
《沙頭角蓮蔴坑葉氏族譜》記載，葉氏祖籍廣東陸豐，廿世祖達濱
公於康熙庚寅年（1710 年）自東莞松園下遷居新安蓮蔴坑，距今約
300 年。劉氏始祖遷居蓮蔴坑的年份尚待考證 [27]，官、冼及張姓等
亦紛紛遷入，逐漸發展為複姓村落。蓮蔴坑村民原用客語，自古以

來就成立了鄉約組織，以管治本身村莊及鄰近地區，主要以務農為生，開闢附近河谷平原為耕地及屋地。

清末時，蓮蔴坑曾參與建立沙頭角的東和墟，獨立成為一約[28]，可見其在該區的重要地位。根據蓮蔴坑村民收藏的一份估計為清代同治年間（1862-1874）的帖式，該鄉原有的村落應還包括「上下坑」、「塘肚山」、「桃源洞」及「新屋」等土名，但除了塘肚山外，其餘土名的位置至今已難以考證。而有村民表示，昔日蓮蔴坑的範圍應包括蓮蔴坑村、塘肚山村、新桂田、深圳長嶺村及徑肚等地。

因為十約成員的身份及功名帶來的社會地位，蓮蔴坑的客族頒佈了一些約束日常行為的鄉規、民約或族規，逐漸發展成客家社會的道德體系。地方鄉紳借助本身的社會地位及來自官方的權力，立下全村都要恪守的規則，以倡議者的角色教化村民，進行價值重整。這些民約往往反映出地方的文化特色或社會基層的構建。

如蓮蔴坑這一類偏遠山區的聚落，均有一些約定俗成的規矩，就用水、伐林、建屋、收割、喜事、喪事等，由父老訂立規則，人人得以服從，目的是令村民安居樂業、守望團結。然而一些影響比較大的事項，往往亦要得到官府的認可才得以確立，如有關防止殺嬰的規則。上述東和局的會議除了處理經濟糾紛外，一些教化人心的政策亦相當重要，當時在重男輕女的客家村莊，殺嬰風氣極盛，父老針對這與「東方和平」精神相違背的陋俗，成立「救嬰總局」進行打擊。從村民收藏的文獻，我們推想蓮蔴坑在清中葉形成士紳階層

後，藉著在科舉考試中贏得官職，成為管理十約事務的其中一位總
理，作為有功名的村落，應負有重責去執行措施，以起領導作用。
我們現在雖無從得知當時的推行成效，但有理由相信會遇到不少阻
力，而對蓮蔴坑的精英階層來說，推行任務亦有助提升他們的社會
地位。

## 禁止溺嬰

為了使蓮蔴坑鄉成為十約的典範，當地鄉紳特別針對重整一些客家
社會陋俗，以制約民眾的行為，如拋棄女嬰。如前文所述，蓮蔴
坑的氏族是以東和墟文武二帝廟為基地的鄉議組織東和局的成員。
蓮蔴坑所保存的清代帖式中，收錄了一則東和局所立禁止殺嬰的條
文，以作為當時蓮蔴坑父老對鄉民的訓示：

**文武二帝諭飭各鄉紳耆實力舉辦並奉**

新安縣正堂出示曉諭。居民人等嚴禁溺女。務宜設法撫養。
倘敢故違禁令致被告發定即嚴行拘案。照故殺子孫例究治。茲
我蓮蔴坑鄉及上下坑等處齊集同志。倡為救嬰之法以除溺女之
風。家貲富厚者生女多少不必給。不撫養若貧窘無力育女者。
生一嬰報知首事。查明每月給錢壹千文至五個月。共給錢伍千
文為度。為或一月或二月。有人要抱撿為娘。令其抱養不取聘
金。既配之後毋庸給錢。若未配合仍按月給錢至伍千文止至。
生女不能自育其家無人報知首事。有即行走報者。同往查明

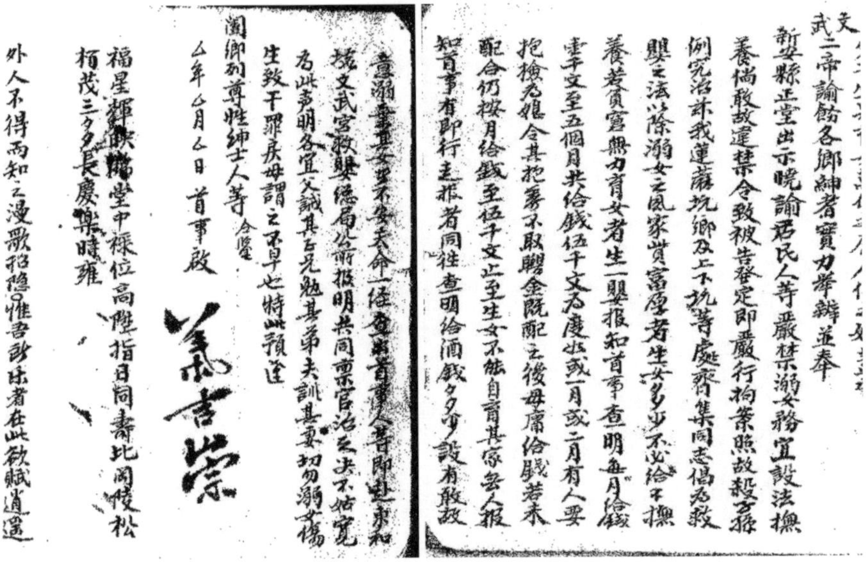

蓮蔴坑葉吉崇收藏的帖式內有關禁止溺嬰的族規

給酒錢多少。設有敢故意溺棄女不安天命。一經查出首事人等即赴東和墟文武宮救嬰總局公所。報明共同稟官治之。決不姑寬。為此聲明各宜父誡其子兄勉其弟夫訓其妻。切勿溺女傷生致干罪戾。毋謂之不早也。特此預遵

闔鄉列尊性紳士人等全鑒

△年△月△日首事啟[29]

救嬰總局附設在東和墟文武廟，是禁止殺嬰的仲裁機構，奉新安縣告示，嚴屬執行上述規定。在打擊殺嬰陋俗的同時，總局亦資助鄉

民撫養棄嬰，每月給錢一千文，為期五個月，共給錢五千文為止；如果願意領養女嬰，不收取任何聘金；故意將女嬰浸死者，一經查出，必會送到總局究治。救嬰之風與宗教有一定關係，蓮蔴坑的士紳亦曾一同到敬修書塾壇前，向天庭諸神上表救嬰一事，足見蓮蔴坑村民希望得到神靈庇佑，解決殺嬰之風，亦是表達對神靈的崇拜：

伏以
大德巍峨護眾庶以生男之福
王靈赫濯佑諸婦以育女之恩
本博愛以為仁廣嗣念切
秉好生而為德保赤情殷
今據
大清國廣東道廣州府新安縣第六都官富司屬蓮蔴鄉爰處沐
恩郡庠生△名職員△姓名州同△監生△信士△姓名等，為救嬰
命事切思，附近鄉村星羅雜處，狃於積習，無論貧富之家生女
即行溺棄，生等仰好生之德，體保赤之誠，不忍溺女傷生有乖
陰陽之育，致干天地之和，故集本鄉及上下坑各姓同志，簽題
勸諭，設法撫養，倡為救嬰之會以除溺女之風，是以卜取△年
△月△日，合鄉紳士等誠心虔具果品微儀，恭向
大王壇前稽首上表，傾心昭告救嬰一事，並請
尊神臨敬修書室壇中，舉救嬰首事一名副理四名，損資生息，
繕貯不艮，保養窮戶女嬰，實力舉辦，有私天厭，謄註案內簿
中，懇求申奏
天庭

諸神鑒察庶虺蛇夢入，欣占女子之祥魚縶，鄉深免赴河神之
召。俾倒繃而無慮，亦撫育而有資，合鄉紳士等不瞻

恩仰

德激切屏營之至，謹拜

表恭

進以

聞

天運△年△月△日蓮蘇坑紳士等百拜上表


這反映出習慣法與宗教有密切的關係，同治十一年（1872），蓮蘇
坑的首事及副理亦齊集一同，向文武二帝及諸神禱告，表達對拋棄
女嬰事的關注：

同治十一年十弍月初六晚救嬰事，降乩舉首事、副理
仝列 蓋聞聚沙成山，積水成池，今欲成其美舉，斷非三五之
力所可支，故必端賴闔潭各姓善士同扶其事，則女嬰幸甚爾，
各姓亦幸甚，此乃文武二帝及諸神之厚望也。吾欲各姓舉一
人，爾等以為何如，雖事一舉非舉之艱，實行之艱，爾等欲舉
首事一名、副理四名，而舉行其事，實欲永垂世世，正非一朝
一夕之計。爾各姓少有閒人能幹其事者，文庠葉榮林首事，葉
成琼、葉定欽、葉定麟、葉昌穎副理，爾各姓方名未能一一盡
舉者，須要共扶其事，不可有一毫怠惰之心。夫豈理事者始有
福耶，有心於此事者，吾即表奏於二帝之前，爾往毋忽，福有
攸歸去去。30

從以上兩份文獻所見，東和墟的文武二帝廟作為救嬰總局的仲裁之所，是村民聚會及實踐民間法的地方，亦反映出民約、宗教與道德的融合。在華南地區，特別是長江下游與東南部省份，溺斃女嬰的風俗由來已久，十分盛行，最普遍的方式是將女嬰頭部沉入大水缸或灰缸中，或將一張浸滿醋的紙放在嬰兒面上，後者的方法在廣州地區較為普遍。

殺嬰行為與經濟及文化因素有關。經濟方面，如太平天國時期（1850-1864），因為糧食短缺，個案數曾增加；而在文化方面，由於女兒出嫁需要嫁妝，傳統觀念上被認為是「賠錢貨」，但是隨著女性比例減少，求過於供，在 18 世紀，新娘亦曾十分「值錢」，不能一概而論 [31]。從 17 世紀開始，坊間有不同的「果報圖」，描寫阻止溺女行為會帶來善果，如兒子高中狀元或得到榮華富貴等，反之，溺女者必會受到惡報，如下世成為野獸或被老虎咬噬等。其中有婦人因為用金錢食物干預及阻止鄰居溺斃新生女嬰，文帝得悉此事，最終該好心婦人的兒子在科舉考試中舉，亦有婦人因阻止惡行，其兒子成為一位文官 [32]。在寧都直隸州的族譜內，也收錄了相近於打擊棄溺女嬰的規定：「如有擅斃其女者，立拘其夫，以故殺子孫論，無赦」，對收養女嬰則「城鄉紳耆，有肯給錢米存活十人以上者，報州給與匾額獎勵。存活廿人以上者，除已給匾外，存記檔冊，俟下屆修志，列入『義行』，永垂不朽。」[33]

昔日用金錢鼓勵移風易俗的方式，與現代政府以經濟利益作為誘因實施政策，有異曲同工之妙。蓮蔴坑作為清末時十約的創約成員，

最普遍的殺嬰方式是將女嬰的頭部浸入一個大水缸中以致窒息（原載 Fr Gabriel Palatre, *L'infanticide*, p.76）

有義務推行救嬰善舉，是客家宗族確定身份、認同本身社會地位的明證。從收錄在帖式的規定，可見葉氏是當時救嬰總局的主理人之一，而且村中應曾發生過這類殺嬰行為，故要由士紳出面，向村民解釋這種習俗的不當之處。蓮蔴坑有資格為公所訂立條文，相信與當時其宗族成員均有功名有關，因而得到新安縣官府承認作為執法機關，這亦是清代地方民事習慣的反映，對我們進一步研究民法有積極參考之用。除了地方政府的認可外，客家宗族為了確立本身的社會地位，均會遵照官府所訂的法律，頒佈一些適合於本地實施的族規，收入族譜之內。

救溺神記

惜字一千

安陳氏幫同溺女，婦王氏力勸阻止。說不可助他錢米。明暗記怨生貴子。試文章主考表章，聞不可乃再拾忽了舉人聯捷進。康熙年間浙江事救人一命。報如此。

民間描繪救嬰有好報的果報圖（原載 Fr Gabriel Palatre, *L' infanticide*, p.111）

## 社禁

至於一些地方事宜，往往很難先獲得官府的認可才確立，因此蓮蔴坑亦有其約定俗成的規矩，由父老訂立，涵蓋用水、伐林、建屋、收割、喜事、喪事等。在蓮蔴坑村民所藏的帖式中，我們發現有眾多禁約，是由蓮溪社向村民公告的。蓮溪社中的「社」不僅有「田土」的意思，還有「疆土」的意義，祭祖表示血緣的關係，而祭社則表示地緣的聯繫 34。《禮記・祭法》說：「夫聖王之制祭祀也：法施於民則祀之，以死勤事則祀之，以勞定國則祀之，能御大菑則祀之，能捍大患則祀之。是故，厲山氏之有天下也，其子曰農，能殖

百穀；夏之衰也，周棄繼之，故祀以為稷。共工氏之霸九州也，其子曰后土，能平九州，故祀之以為社。」意思是指如神農、后土、舜、大禹等制定法令、制度、規章在民眾間施行的人，均應該給予祭祀[35]。這反映出古人報本及知恩圖報的思想，是古人社祭的來源，而這個社指社神。社亦指社區或者聚落，按《禮記·郊特性》，「唯為社事，單出里；唯為社田，國人畢作」，每一部份民眾都有一個地緣凝聚中心，圍繞著一個社神或土神，無論其是一個國家、一個州或是一個里[36]。

鄉約頒佈後，就分配到各社執行，由於約規含有禁止的成份，而「社」本身按地方傳統，實施種種禁令，便被稱為「社禁」，顧名思義，就是在「社」的層面實施的禁條[37]。此外「社」亦解作「會社」、「村社」或「社稷」等，與現今所稱的「社區」可算一脈相承。會社實則是一種基層自設組織，具有自願性質，同時有強制性，由「社」伸延出來的為「會」，多以特定目的為主，如以祭祀俗神或烈士為名的「土地會」、「關帝會」或「英烈會」等。這些「社」或「會」亦擁有義田作為經濟基礎，以維持本身的運作。「社」亦會借助節日聚會籌集捐款或祭奉，以維持治安或賑助貧困來實行一定程度的自治。如章有義的研究，徽州「會社」有兩種，一種是同姓組織，一種是異姓合伙組織，兩者的宗旨都以追求鄉村社會的穩定與協調為目標[38]。

隨著村落進一步發展，蓮蔴坑村民公認的一些禁忌，慢慢成為習慣法，由於村民對地方環境和風水的尊重，自清同治年間（1862-

古代的民間會社活動（轉載自王日根，《明清民間社會的秩序》）

1874），以「社」的名義將不少護衛山林的禁忌訂為禁令，並成為
一些有準則的規範。民族學家楊堃指：「法律的起源是和道德、宗
教的起源同時的，即在原始氏族社會階段，但這時的法律還不是體
現統治階級意志，由國家立法機構制定，並由國家用強制的辦法保
證執行的成文的行為規則，而僅僅是作為維持一定的社會關係和社
會秩序。」[39] 趙華富在徽州進行宗族調查時發現，大多數宗族都有
關於保護林木的成文或不成文規定，而且罰則異常嚴厲，有些更將
封山禁令鑴刻在石碑上。在蓮蘇坑收藏的撰於清同治年間的帖式
中，亦有類似成文法則的告示，發佈保護林木的公告：

為嚴禁山林以護圍場事。蓋聞圍場賴樹木以抵殺，干戈不動；
籍樹木以生泉，收成有望。我圍四處山光，泉源涸竭。眾公酌
議，特申嚴禁。凡為父兄者，各誡子弟遵循規矩，不得入山偷
盜樹木，如有不遵，一經捉獲，決不姑寬，特此示知：
一禁橫逕山 [40]。此乃發水源之祖，所賴非輕。如有偷盜者，公
罰金數千，報信賞金數百。
一禁背扶山 [41]。此乃圍場圍衣，所關甚重，如有偷盜者，罰格
照上。
一禁水口山 [42]。此乃蓄水之區，所繫不小，如有偷盜者⋯⋯
一禁牛王爺左右面前 [43]。此乃圍場收氣所在，如有偷盜者⋯⋯
一禁通鄉松山竹木，河邊樹木。一概施行。

以上公告顯示，不經宗族同意，任何人均不准在蓮蔴坑附近的峰巒，
包括現今稱為水口山、背虎山、禾徑山一帶砍伐一樹一木，因為這
些山均是水源之處，任何人亂伐樹木，處以罰金數千，整個蓮溪社
全人均要遵守。其中一條「一禁牛王爺左右面前，此乃圍場收氣所
在」，有尊重當地風水之意，可見村民對「氣脈」的注視及「牛王
爺」這土神或伯公的敬奉，而這種對形而上法則的尊重，被轉變成
有條文的民間法雛形。這種育林禁令，跟現今保護自然生態和村落環
境的意念互相映照。蓮蔴坑的宗族到了清代末年，更將類似的成文規
則鎸刻於石碑上，由公告形式進一步確立至一種鄉規民約。因此，蓮
蔴坑以葉氏為首訂立鄉規以管理本村，可説是十約之中的典範。

中文大學收集的《新界文獻 — 北區文獻》中有葉吉濤村長收藏的帖

蓮蔴坑另一規範——禁龍眼

式，當中亦可見另一條禁令，就是禁止村民，尤其小孩偷摘龍眼：

> 禁龍眼：為嚴通告。各宜須知此中龍眼稔實於時，茲經投出預
> 達，諸兒自禁以後，勿犯我規，如有不法膽敢施為盜摘我菓，
> 不拘是誰一手合手獲，定罰重資，耑此特布，言□法隨，各當
> 使□，莫作兒嬉，凜遵斯法，幸毋或欺，一公議捉盜□即花紅
> 銀……，二公議罰盜□花紅銀……

從現存村的圍門——啟明門內一塊清光緒二十年（1894）的《修整圍
場碑序》所記載，由於人口繁衍，當時有村民未得同意，在村外亂

建房屋，引致風水閉塞，影響氣脈，因此蓮溪社集眾公意見，決定
出錢將圍村以外房地買斷，打成坪地作為永遠通衢大道，免致旺氣
被塞，並立碑於門樓內，警告如再有人私自在界內外造屋阻塞，會
被「鳴鼓而攻」，「決不容寬」：

為嚴禁門外樓外後復造事。竊思莫為之前，雖美不彰；莫為之
後，雖盛弗傳。茲我蓮蘇坑村，自落居之初，堂構從容，界限
從容，界限早有定制；龍砂護繞，氣脈無不貫通。故水秀山環，
人材因之鵲起；地靈人傑，富貴自由蟬聯。迫後生齒日繁，連
雲比屋，遂致界外糊行起造，村中漸見頹微。竟謂盛衰升降，
氣運循環，豈知人事壞其天事。父老傳聞，言猶在耳。革其弊
以與其利，安能置之度外乎？現集眾酌議盡善，將門樓外有牆
屋阻塞者，出銀同他買斷，拆坪作為永遠餘地。門樓內有牆屋
阻塞者，亦出銀同他買斷，拆坪作為永遠通衢。則蔽障能消，
元氣可納。然欲其久遠無弊，必須設立良規，斷明日後村中人
等，不得霸佔眾地，私造屋廁、私置糞堆、私作石壆、私種園
籬、私堆柴草及塞界水等弊。此乃籌劃盡善以杜後患。故勒碑
並豎界石為限，以誌永垂不朽云爾。

一、議門樓外長有壹拾二丈二尺，正前以葉袁氏水芋壆為
界，左以葉定璋數門前石壆下為界，又以葉吉琳、葉成敏
山邊廁屋一帶廁門為界。此係買斷屋廁拆坪，作為永遠餘
地。斷明日後不得私堆各物，霸佔等弊，以塞旺氣。如有
抗頑犯禁者，決不容寬。

一、議門樓內葉定祥數家門前餘地,亦係同他買斷牆屋拆
坪,作永遠通巷。斷明日後不得堆塞柴草各物霸佔等弊,
以阻往來行人之路。如有抗蠻犯禁者,決不容寬。

一、議資眾地以築禾場者,每年資要納妥。如有恃強不納
者,任由眾人鋤去,不得反向大眾補回工費等項。

一、議界外各人餘地,有礙村中風水及塞門樓旺氣者,日
後不得起造。如有恃蠻犯禁者,速即鳴鼓而攻之可也。

一、議對面草屋永遠不準做油榨;東門內不準做屎坑。


總理人葉成達　　　副理葉昌晉　葉昌隆　官火保

　　　　　　　　　副理葉昌寵　葉昌崇　曾雲清


副理人:葉成康　冼世發　葉成暲　葉成永　葉定欽　葉成奎

　　　　葉成瑤　冼其發　張鼎常　葉定麟　劉大基　劉維常


光緒二拾年仲春月,蓮溪社眾公啟。[44]


從《修整圍場碑序》顯示,當時蓮蘇坑村除村前有坪地(即打禾的地
方)外,四周均以牆屋圍繞,東門應該是該圍的主要出入口,現時
仍有一道啟明門,可能就是昔日東門的位置,而這道門亦是蓮蘇坑
藏風納氣之方向,因此蓮溪社唯有出資買下修整,以保其氣脈暢
通。葉氏將這塊已破損的碑記重新裝回啟明門,是當時各姓組成聯
盟的一大明證。

蓮溪社作為雜姓村的共同管理組織，葉氏宗族成員具有領導地位，19 位總理及副理中有 12 位姓葉，可見葉氏在清末時已掌握了村內發展的控制權，有理據以風水為由，限制和管理村內事務。啟明門附近仍保留了一塊石碑，上書「此屋左右不准做屎坑」，建造年份不詳，但從其刻字剝落的情況估計，亦有數十年的歷史，可能就是《修整圍場碑序》內「東門內不準做屎坑」的明證，因為東門有通風之效，遂禁止在此建糞渠以阻礙通道，破壞風水。1988 年，蓮蔴坑以「蓮溪」的名義重建東門樓，並一同清理村前的風水塘，根據當年春季所立的「蓮溪重建東門樓暨疏濬魚塘捐款芳名錄」，蓮蔴坑葉氏及其他姓氏共捐英鎊 18,130 及港幣 95,500 元，顯示葉氏海外華僑與本村村民共同重建東門，以維持該村藏風納氣、氣脈暢通的風水格局。

總括而言，鄉約是一種地方自治的組織，亦是一種促進社會和諧的機制，旨在透過禮儀和道德規條，教育民眾及控制意識形態，在新安縣這種官府政治力量薄弱的地方，把屬行道德教化的思想傳達到鄉村，維繫朝廷對地方的權威性。蓮蔴坑客族在清末時，藉著十約成員的身份及功名帶來的社會地位，頒佈了一些約束合鄉日常行為的鄉規、民約或族規，並逐漸發展成客家社會的道德體系。地方鄉紳借助本身的社會地位及來自官方的權力，立下全村恪守的規則，以倡議者的角色教化村民，進行種種價值重整。這些民約往往反映出地方的文化特色或社會基層的構建。

從蓮蔴坑的例子可見，清末在地域上及由官府倡議的鄉約，與以地

方屬性及自然環境為主的鄉規民約，在內涵上縱使有所差異，但民間社會在實施自治性質的盟約中，亦會借鏡從官方而來的一種規範，反映出地方管治及制約可以獲得官方的確認。而從將民約鐫刻在石碑以護圍場的發展，可見作為廣東新安縣客家村落的蓮蔴坑，在維持地方秩序上逐漸發展出自我界定的道德體系。

## 註

1　費成康、方小芬、許洪新、劉華副主編：《中國的家法族規》（上海：上海社會科學院出版社，1998），頁 87-93。

2　張晉藩：《清代民法綜論》（北京：中國政法大學出版社，1998），頁 24。

3　范忠信、鄭定、詹學農：《中國式法律傳統》（香港：商務印書館（香港）有限公司，2013），頁 277。

4　蓮蔴坑亦作「蓮麻坑」，參見劉蜀永、蘇萬興主編：《蓮麻坑村志》（香港：中華書局，2015）。本書採用地名蓮蔴坑，是按照《沙頭角蓮蔴坑葉氏族譜》原載「蓮蔴坑」為原有地名，特此註釋。

5　陳柯雲：《略論明清徽州鄉約組織》，載《中國史研究》，1990 年第 4 期。

6　有關新界的鄉約，參考 John A. Brim, "Village Alliance Temples in Hong Kong" in Arthur P. Wolf (ed), *Religion and Ritual in Chinese Society* (Stanford, Calif: Stanford University Press, 1974), pp. 93-104；P. Hase, "The Mutual Defense Alliance (Yeuk) of the New Territories" in *Journal of the Hong Kong Branch of the Royal Asiatic Society*, Vol. 29 (1989), pp.384-388。

7　沈大明：《大清律例與清代的社會控制》（上海：上海人民出版社，2007），頁 201-203。

8　董建輝：《明清鄉約：理論演進與實踐發展》（廈門：廈門大學出版社，2008）。

9　梁炳華，《北區風物誌》（香港：北區區議會，1994）；《寶安縣地圖》（深圳市檔案館收藏，1950 年代）；阮元：《廣東通志》；楊耀林：〈深港地區遷海復界以來的鄉約〉，載深圳博物館編：《深圳文博論叢》，頁 100-106；夏思義：〈十約：沙頭角地區的定居與政治〉，載劉義章主編：《香港客家》（桂林：廣西師範大學出版社，2005），頁 72-98；David Faure, "Local Alliance" in *The Structure of Chinese Rural Society: Lineage and Village in the Eastern New Territories, Hong Kong* (Hong Kong: Oxford University Press, 1986), pp.100-127；慶春約建醮委員會編：《沙頭角慶春約太平清醮》（香港：慶春約建醮委員會，1992），頁 10。

10　薛子奎：《沙魚涌口岸史話》，頁 70-75。

11　沙欄下，又名「沙欄吓」。本書部份地名如崗下，又稱「崗吓」，是因為「吓」為客語，即廣府話「下」或「廈」之意。凡有以上情況，本書統一用「下」。

12　鄭世亮編：《南鹿社己亥年（2019）太平清醮社區照片集》（香港：活耕建養地協會口述歷史工作組，2019），頁 16。

13　蕭國健、沈思：《香港華文碑刻集　新界編（一）》（香港：顯朝書室，1993），頁 5。

14　〈香港新界〉，香港客屬總會，http://www.hkhakka.com/page/1000053.html

15　楊耀林（深圳博物館）：〈深港地區「遷海復界」以來的鄉約〉，香港歷史與社會國際學術研討會（7-8.6.2007）。

16　在解放前，該廟的香火在沙頭角的天后廟之中是最盛的，除了本身三和堂外、水上人、十約的村民和墟市的居民也前來參拜，而且直至 1940 年代，十約還曾經以該廟為鄉約的中心廟宇，每十年舉行太平清醮，演戲酬神。但隨著解放後，香港新界與內地的聯繫減少，該廟的酬神活動便日漸式微。至 1980 年代港府發展沙頭角，鄉民以風水受破壞為由，向政府申請撥地，並由華人廟宇委員會資助，於沙頭角海濱重建天后廟，於 1993 年 10 月 2 日開光。見梁炳華：《北區風物誌》（香港：北區區議會，1994），頁 83。

17　見廖迪生：《香港天后崇拜》（香港：三聯書店，2000），頁 27-28。

18　劉麗川：《深圳客家研究》（深圳：海天出版社，2013），頁 240。

19　帖式（蓮蔴坑村葉吉濤村長藏），載《新界文獻：北區文獻第三冊》（Hong Kong: Hong Kong University Libraries, 1983- ）（香港中文大學東亞研究中心口述歷史計劃借予攝製）。

20　劉麗川：《深圳客家研究》，頁 242。

21　鹽寮下村，又名鹽寮吓村，原為沙頭角漁民村落，1898 年有鶴佬漁民十數家人，駕船由汕尾和海陸豐一帶南來沙頭角海作業，為方便作業，聚居在新樓灣（新樓後街海邊，又名海皮街），因與鹽田相毗連，故名，漁民大多信奉天后，並建天后廟以祀之。1988 年，政府將 2,000 多名村民遷入沙頭角邨，而天后亦搬到現時較大的廟宇，面向沙頭角海。見《沙頭角鹽寮吓村十年一屆酬神慶典特刊》（香港：2007），頁 2 及 37。

22　有關廣東土著與客籍人士的衝突，參見劉平：《被遺忘的戰爭：咸豐同治年間廣東土客大械鬥研究》（北京：商務印書館，2003）；有關珠三角地區及香港新界的客家與其他民系的械鬥，亦見瀨川昌久：《客家：華南漢族のエスニシティーとその境界》（東京：風響社，1993），頁 95-112。

23　葉于端編：《沙頭角蓮蔴坑葉氏族譜 [ 縮影資料 ]》（香港：葉于端，嘉慶 24 年 [1819]），頁 33。

24　蕭國健指出在復界的初期，清朝除了努力協助遷民重建家園外，亦增加了海防設施。據康熙年間靳文謨編纂的《新安縣志》卷八兵刑志墩堡條，列出新安沿邊奉設墩台 21 座，當中包括了「康熙七年設……蔴雀嶺墩台一座，設把總一員，安兵五十名」及「康熙二十年設……蔴雀嶺汛，把總一員，安兵二十名」，見蕭國健：《清初遷界前後香港之社會變遷》（台北：商務印書館，1986），頁 151-164。

25　蕭國健，〈清初遷海與香港區之關係〉，載蕭國健：《清初遷界前後香港之社會變遷》，頁 95。至於清初遷界與深圳客籍村莊的歷史，可參考劉麗川，《深圳客家研究》（海口：南方出版社，2002）。

26　清康熙靳文謨：《新安縣志》，卷之三，地理志，載張一兵校點：《深圳舊志三種》（深圳：海天出版社，2006）。清嘉慶舒懋官：《新安縣志》，卷二，輿地略（香港：1992 重印版）。

27　根據蕭國健的研究，劉氏大約在清乾隆至嘉慶年間移遷蓮蔴坑，見〈清初遷界前後

香港之社會變遷〉，載林天蔚、蕭國健：《香港前代史論集》（台北：商務印書館，1985），頁 220-221。惟民國期間重修的《劉氏族譜》記載，劉氏入粵始祖劉開七的後裔劉玉麟第三子劉鼎亮移居蓮蔴坑和徑肚，但沒有記載年份。見劉蜀永、蘇萬興主編：《蓮蔴坑村志》（香港：中華書局，2015），頁 69。

28　梁炳華：《北區風物誌》（香港：北區區議會，1994），頁 45。

29　《葉吉崇帖式》（蓮蔴坑村葉偉彰藏）

30　鳴謝葉偉彰博士提供《葉吉崇帖式》作研究及覆印之用，有關帖式的藝文內容，亦參見劉蜀永、蘇萬興主編：《蓮蔴坑村志》（香港：中華書局，2015），頁 364-368。

31　D. E. Mungello, "Female Infanticide in Nineteenth Century China" in *Drowning Girls in China: Female Infanticide since 1650* (Lanham, Md.: Rowman & Littlefield Publishers, c2008), p.9.

32　D. E. Mungello, *Drowning Girls in China: Female Infanticide since 1650*, p.9-44.

33　見鄒春生：〈災害救助與社區建設：從宗族互濟行為看鄉土社會道德體系的構建〉，載肖唐標主編，《農村宗族與地方治理報告：跨學科的研究與對話》（上海：學林出版社，2010），頁 67-74。

34　趙世瑜：《狂歡與日常——明清以來的廟會與民間社會》（北京：生活‧讀書‧新知三聯書店，2002），頁 233。

35　《禮記——祭法第二十三》，引自魯同群注評：《禮記》（南京：鳳凰出版社，2011），頁 168-169。

36　《禮記‧郊特性》，引自趙世瑜：《狂歡與日常——明清以來的廟會與民間社會》，頁 234。

37　在合族的層面上實施的名為「族禁」，如合江李氏的族規族禁，見費成康主編：《中國的家法族規》（上海：上海科學院出版社，1998），頁 332。

38　王日根：《明清民間社會的秩序》（長沙：嶽麓書社，2003），頁 381-382。

39　楊堃：《民族學概論》（中國社會科學出版社，1984），頁 291-292。引自萬建中，《中國禁忌史》（武漢：武漢大學出版社，2016），頁 408。

40　即禾徑山的舊稱，位於村的西南面，高 297 米。

41　背扶山，亦作背虎山，是蓮蔴坑的風水林所在地。

42　水口山，位於村西面近村口位置，即蓮蔴坑河流入深圳河的交界附近山丘。

43　牛王爺，即村口的牛王伯公神靈，伯公神壇有對聯曰：「牛德普四民迪吉，王恩廣萬物咸亨」。蓮蔴坑一帶多土地神位，在村內主要有五個伯公神壇：圍肚伯公、牛王伯公（西遊記中的牛王）、樟樹頭伯公、橋伯公及大王爺伯公。參考劉蜀永、蘇萬興主編：《蓮蔴坑村志》（香港：中華書局，2015），頁 348。

44　科大衛、陸鴻基、吳倫霓霞編：《香港碑銘彙編》（第一冊）（香港：市政局，1986），頁 256。

# 客家農民與開發土地

沙頭角的農民原本以種水稻為主，由於此地多山區，有些客家農民會在偏遠的山地開墾梯田，並在肥沃的河谷耕種，除上山打樵外，亦會以燒灰、捕魚作為經濟副業。

# 農耕經濟的特點

自清朝康熙年間，新入遷的客家人漸漸開墾沙頭角區，這地區平地少，山區多，耕作條件不利水稻種植，潮湧亦會淹沒沿海地區，究竟客家農民是以什麼方式開發土地？至 20 世紀，當客家人安定下來，經濟獲得發展後，又如何配合社會轉變，開闢墟市，從傳統的農產品經濟過渡到商品經濟呢？

沙頭角的農民原本以種水稻為主，由於此地多山區，有些客家農民會在偏遠的山地開墾梯田，並在肥沃的河谷耕種，除上山打樵外，亦會以燒灰、捕魚作為經濟副業。另外，農民更築堤圍灣，除了防止海水浸入禾田，亦可以在季節中養殖魚蝦。沙頭角農業發達的地區包括蓮蔴坑、禾坑、担水坑、荔枝窩、谷埔及榕樹凹等村。

沙頭角客家人多居於山區，大部份為山嶺起伏之地 [1]。客家人開發的土地包括水田 [2]、旱田 [3]、菜園、果園、松山及禾場等，興建的房屋則有瓦屋、草房及糞房等。沙頭角平地少，明清時期，在山區開發梯田佔客家人農業中一個重要地位，主要位於紅花嶺東面或西面，其下的河谷平原分佈水田。客家人亦築堤填海，製造田地，如在鹿頸一帶河溪流出沙頭角海的地方建築河堤，並加設水閘等水利設施，圍繞低窪地區，潮退時打開水閘以便溪水流出，潮漲時則將水閘關閉，以防鹹水流入禾田。此外，農民亦將沿海地方填成可曬鹽的土地 [4]。

沙頭角的田地主要分佈在河谷地帶，由於附近山脈有河溪流入沙頭角海，此地以農業為主，捕魚為輔。客家人以「陂」、「堰」、「圳」等稱呼水利設施，並加以演繹。清嘉慶《新安縣志》內亦列出一些村落有陂堰，如香港與深圳邊境就有「松柏蔭陂，在松柏蔭村側，自石湖陂流下，堰以灌田」、「蓮塘陂，在五都水蕉村側，源自白豪山流下，堰以灌田」、「河上鄉陂，在六都，自錦田、徑水、入古洞陂流下，堰以灌田」[5]。灌溉水田的山溪名為「坑」或「瀝」，故有山坑或河瀝等用語，不少村落均以「坑」命名，如蓮蔴坑、担水坑、禾坑、鳳坑或蕉坑等。這些坑或瀝一直流出河口，客家人在山坑上建設小壩，有「陂堰」或「陂圳」等水利設施（如荃灣有街道稱「二陂坊」），以水閘控制排放，防止水源流失，儲水並引導向田地，作灌溉之用，在沙頭角塘肚村及鹿頸、南涌等地仍可見其遺蹟。1954 年，沙頭角南鹿約的鹿頸村重建「大瀝陂」，是當時村內的大事，於鹿頸村往七木橋村的路旁立碑以誌，記述當時得到大埔理民府及理民官黎敦義（Denis Bray）等支持：

> 昔夏禹治水，功在國家，后稷教民稼穡，農民稱賴。今者□□，農民歉收；紳等有見及此，聯名呈懇政府派員測勘。幸蒙民政署長戴斯德先生，暨大埔理民府鐸慈、黎敦義、水利工程師伍夢衡先生，關心農事之發展，水利之重要，請求英屬發展福利基金撥款。斯陂圳得以重建一新，現已工竣完成，使附近八百禾田，藉資灌溉，水旱無患；其感人□者，豈止本村哉；特泐碑以留紀念焉。

　　　公曆一九五四年夏月，陳秉琅、陳成章、陳喜文、黃福等謹誌[6]

上一章提及，鄉約在維護村落利益的事宜上起積極作用，大瀝陂的重建可算一典範。最重要的是，該水利工程得到官方的支持及撥款協助，因為建設陂堰需要相當的資金，往往只有大宗族才可以負擔[7]。碑記所述「八百禾田」，反映在 1950 年代，沙頭角的稻米種植仍然興旺。山上的一些梯田亦會從附近的泉眼取水，幫補客家農民在旱季的用水需要。山上的蓄水池，客家人名為「山塘」，昔日農民亦會築引水道，以供灌溉之用。

沙頭角公路的担水坑、蔴雀嶺以至萬屋邊一帶村落，灌溉用水主要由紅花嶺及其支脈如長山等的溪流而來，多支山溪均向南滙流入沙頭角海。沙頭角東部的萬屋邊原是一條客家圍村，但現時只有圍門留存，村民包括鍾、傅、羅、張四個氏族，建有各自的祠堂，其中鍾氏與大埔林村的鍾氏同宗。村內原有四個其他姓氏，但現在已沒有族人在此居住，村中央的伯公神位則被視為八個姓氏的共同保護神，並有祖堂管理村校「萬和學校」及其魚塘，直至二次大戰，村民仍有「做社」的習俗。而在水口（即山溪）的位置，有村民供奉的「水口伯公神位」，仍留著將山溪水引到農田的輸水道遺址。萬屋邊在清朝十分積極參與地方鄉約，除了是沙頭角十約成員外，亦同時是「四約」的成員。四約是為抗衡日益強大的打鼓嶺「六約」而成立的，創辦人包括粉嶺地區的大宗族龍躍頭鄧氏及同宗的萊洞約，以孔嶺的洪聖廟作為祭祀及議事中心。四約曾於清朝同治年間跟六約械鬥，相信原因亦與水源有關[8]。

萬屋邊村將附近的溪水引到低地農田的輸水道

而南涌及鹿頸兩大魚米之鄉，則由禾坑及水門二山的山溪向北滙流入海。鹿頸有長約 2,000 呎的引水道，由政府資助維修，從高處山坡引水到田地。烏石角昔日主要依靠水井，乾旱季節時，村民會向附近的村落借水，體現村與村之間的互助精神，到 1950 年代，嘉道理農場幫助該村維修及增建新的水井。

## 沙頭角海沿岸的灰窰業

考古學家在南涌及鹿頸一帶的海岸發現了石灰窰遺址，沙頭角南部村落瀕臨海濱，海中的大量珊瑚可提煉成石灰，供建築或肥料之用，是清末民初沙頭角地區客家人的重要副業。石灰的用途包括作為建築材料、肥料、殺蟲劑、製糖、造紙及製革等 9，因為原料要使用貝殼或石珊瑚，燒造石灰的窰爐均分佈在沙頭角海南岸，從鹿頸、

昔日村民以疊石砌成的陂堰

南涌至鹽灶下一帶。考古學家在該地發現了四個古代灰窰，其中兩個為鹿頸村民張亞勝的祖父所建[10]，現時張氏家人已移民英國，其餘一個窰屬於羅氏家族，另一個則屬於陳氏家族，均有過百年歷史，被列為香港具考古研究價值地點[11]。

《天工開物》曰：「凡石灰經火焚煉為用。成質之後，入水永劫不壞，億萬舟楫，億萬垣牆，窒縫防淫是必由之」，「凡溫、台、閩、廣海濱，石不堪灰者，則天生蠣蠔以代之」[12]。灰窰的運作，是把珊瑚及貝殼等原料堆疊在窰內，再把燃燒物如木材、禾草之類放入火膛內生火，煙沿煙道通往窰外，其後封閉窰頂及火膛門，增加窰內壓力，令溫度上升至 1,000 度以上，持續燃燒 24 至 36 小時，使原料燒成灰燼，落在火膛底部，最後將石灰取出[13]。灰窰爐身的石隙間，仍殘留著珊瑚及貝殼碎片，很可能是燃燒原料時遺落的。

沙頭角南涌的古石灰窰

1985 年，橫嶺頭泥塘角村亦出土了八座相信是唐代的灰窰，發現
燒灰的痕跡，證明自唐代以來，便有先民於船灣一帶建造窰爐 [14]。

## 開墾荒區：築堤造田

沙頭角海位於新界東北部，是一個掩蔽海灣，客家村落如南涌、鹿頸、
谷埔位於海灣南部的低窪地帶，村落常被淹浸，因此曾聯手建造堤壩
防治潮汐。在較近內陸的禾坑、大塱、麻雀嶺等村，村民亦曾聯合在
土名「三門灘」的位置築建堤壩，防止潮漲淹浸田舍，更在沿沙頭角
海製造鹹田地，分成多份，成為昔日共同開發土地的典範 [15]。

上禾坑村座落在水門山北坡，村民以李氏為主，相傳於 17 世紀末，李德華與兒子權林遷居新安縣禾坑，風水名師李三友指示他們選擇「兩條龍脈」，即紅花嶺及鹿頸山水之地開枝散葉，原有的其餘四個姓氏則被迫遷出 16，李氏後人約在 1730 及 1750 年分支到較近海的村落，如大塱及下禾坑二村。李氏居住的河谷有三條河流，昔日可直接通往沙頭角海 17，環境優越，助長李氏發展為沙頭角區數一數二的客家大族，影響力及文化教育更是一時無兩，如創建地區高等學府「鏡蓉書屋」及豪華宅邸「發達堂」。鏡蓉書屋是新界少數專為教學而設的書室，建於清初，曾於乾隆年間（1736-1795）進行大規模維修擴建，是李氏族人為子弟提供教育的私塾，正門門額題字「同治十一年」（1872），證明書室曾於該年重修並命名 18。李氏祖先擇地而居，因風水需要，曾大量種植樹木，如枝葉茂盛的百年榕樹，並在適當位置設伯公神壇以守護村落。1960 年代後期，香港工業起飛，內地的低價農產品進口，本港農業日漸式微，到了 1970 年代後期，沙頭角有不少棄耕情況，禾坑的村民移民海外，遠赴歐洲如英國、荷蘭，或美洲的牙買加等國謀生 19。

而同位於沙頭角海沿岸的塘肚村，集賢堂的張氏家族歷史亦有以下記載：

> 吾先祖張良鳳乃是本家族（香港）之始祖，原居於寶安縣（原名新安縣）沙頭角古樓塘村遷徙到鹽灶下村定居（原名洋凹村）。良鳳祖育有三子：長子洪爵祖、次子美爵祖、幼子敬爵祖。於大清乾隆十三年（即公元一七四八年），先後於地段三十九約，位於

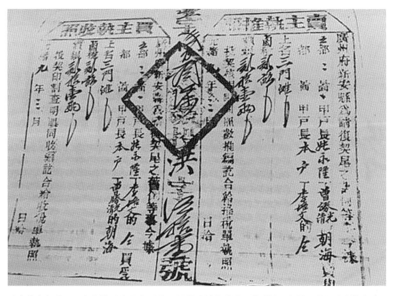

清光緒九年（1883）由曾氏賣予李氏的三門灘土地契據（原載《新界文獻：北區文獻》）

浪尾中心界買下田地共十斗種子（大約 72,600 平方呎）。其兒子洪爵祖等人與禾坑村、大塱村、麻雀嶺村等村民聯合在鹿頸海域（三門灘）築堤壩防止潮漲海水淹浸田舍並製造咸田地，其後築堤壩所得的咸田地獲分成八份半，吾第二代祖先與鹽灶下村林氏祖先，最後以名稱「林洪爵」合共分得咸田地合共一份。此後第三代祖先「仕寬祖」用上述名稱「林洪爵」和其他有份之村民共同繼承該祖業，名為永隆堂或八份半。後來錦字輩這一代即第四代開始先後由宗祠分居鹽灶下村，幼子文錦祖分別遷徙到塘肚村、長子勝錦祖麻雀嶺石橋村。直到二十世紀五十年代初，部份後人（第 8 代），先後遷徙到英國、美國等地方定居 [20]。

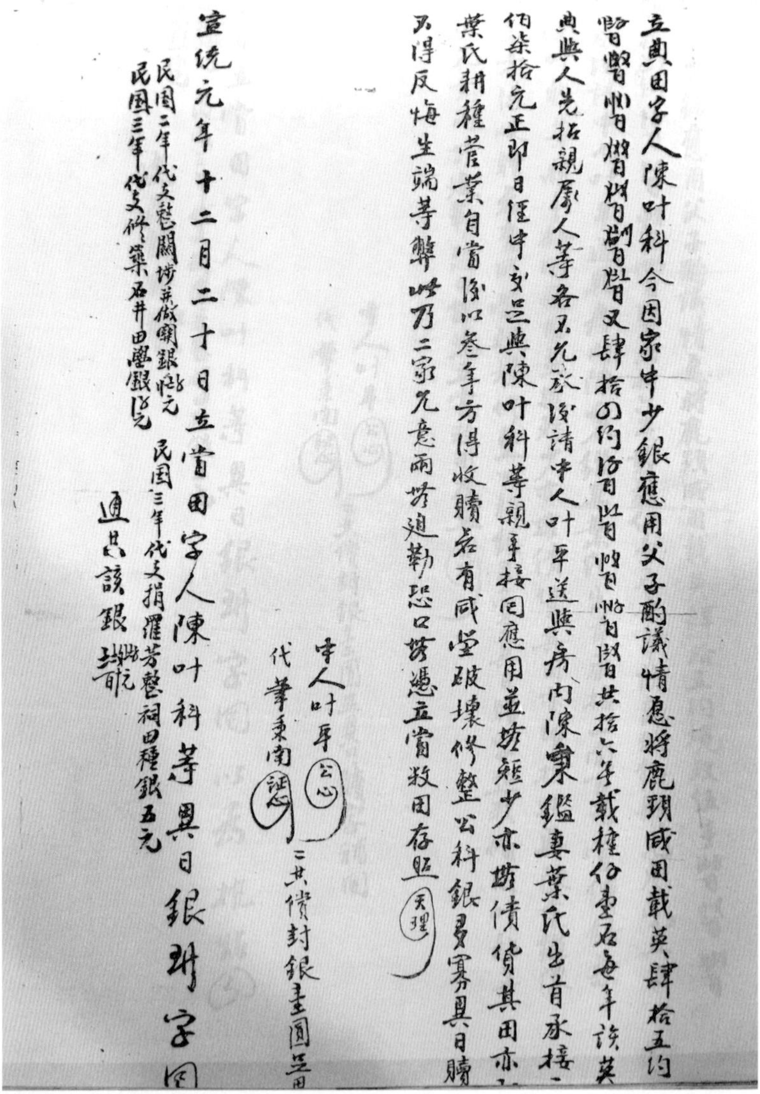

清宣統元年（1909）由陳氏將鹿頸一塊鹹田典當予同房陳氏之妻葉氏的契據（原載《新界文獻：北區文獻》）

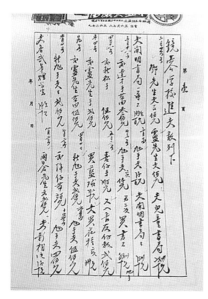

禾坑的鏡蓉學校進支列表（原載《新界文獻：北區文獻》）

塘肚村有一小溪，上有客家人建造的陂，以作引導水源之用，另有
石屎小橋一座，其旁奉祀有橋頭伯公，形制亦頗古老。

## 實驗農場與畜牧業

沙頭角農民均有養殖牛及豬等牲畜，1953 年，嘉道理農業輔助會
（Kadoorie Agricultural Aid Association，KAAA）幫助 3,590 個家
庭成為養豬從業員，輔助項目包括建設豬場，贈送 1,046 頭配種豬
隻（豬公）及免息貸款給新居民作為催肥之用。1954 年，第三期計
劃為 100 個新家庭提供預製豬欄 21。在 1960 年代，肉豬每擔大約

港幣 180 元，豬仔則每擔 275 元 [22]。

1960 年代，嘉道理農業輔助會曾分別在蓮蔴坑路及吉澳建立實驗農場，教授農民用現代方法養豬 [23]。吉澳農場由一位新界警官建議設立，養殖了 12 頭母豬及 1 頭伯克希爾（Berkshire）野豬，目的是促進警民關係。村民亦獲贈 100 頭豬作為禮物，由於養豬的主要成本是飼料，嘉道理農業輔助會提供六個月購買飼料的免息貸款。

## 養魚及捕魚業

自從 1970 年代農業式微以來，一些稻田改為魚塘，一些則荒廢成不同類形的濕地，如紅樹林、泥灘或淡水沼澤等。鹿頸紅樹林對面的鴉洲，1985 年被政府列入「具特殊科學價值地點」，有百多種鷺鳥在此繁殖。附近的南涌，是一條鄭、楊、羅、李、張等客家氏族聚居的村落，村名均以「屋」為名，如鄭屋、張屋、羅屋等。南涌昔日是魚米之鄉，南涌蓮藕是香港的地方名產，但自從 1960 年代，政府為了興建船灣淡水湖，將南涌河道的水源灌注水塘以來，部份農民因而棄耕，或租給別人種菜養魚，南涌的魚類養殖業日漸打響名堂，以烏頭、鯽魚及鯇魚遠近馳名。但隨著內地價錢廉宜的市場冒起，南涌的魚塘也日漸荒廢。直至近年，有有機農場因地制宜，重新種植蓮子、蓮藕及蓮蓬等 [24]。

沙頭角海岸線綿長，是一天然漁港，直至 1980 年代中期，當地仍有八個養魚區，分別位於沙頭角海、鴨洲、吉澳、澳背塘、西流江、

吉澳海灣仍有漁民在岸邊捕魚

往灣、印洲塘的長排頭及紅石門的長窩。為了使養魚行業合法化，
當局於 1983 年訂立《海洋魚類養殖（修訂）法案》，1983 年 4 月
29 日生效，以管制在不當地方如水質不好之處養殖魚類。新法案實
施後，長排頭及長窩均不獲指定為魚類養殖區，可能與養殖會影響
當地海洋生態有關，後來印洲塘一帶亦由漁護署設立為保護區 25。

三門仔的漁民村村長何鴻帶，曾於 1950 年代期間，用尼龍網將赤
門海峽的老虎笏海灣圍封，讓小魚自由出入，但大魚則困在圍內。
此養魚法本錢雖少，但由於海灣深闊，海底崎嶇不平，以網捕捉比
較難有收穫，不得不改效養珠法，設魚排養殖。魚排是指兩排浮水的

密封油桶，每排八至十個，將木架繫於其上，固定油桶成井字形，再以鐵網造成方形的鐵籠繫於魚排下，將魚苗放入鐵籠，每日投放飼料，直至半年至一年後可出售為止[26]。1968 年政府曾在吉澳設立漁業試驗場，以石斑及鱲魚等試驗多種海養模式，成績頗令人滿意[27]。

捕魚亦是沙頭角的重要行業，昔日大鵬灣外海及萬山群島是沙頭角、吉澳及鴨洲等地漁民遠海捕魚的地方，漁獲包括石斑、鮑魚、黃花魚及蟹等。昔日沙頭角墟西面靠近海邊設有魚欄，作為魚類批發之所。漁民在墟內批發魚類，須付百分之六的佣金予商會，用作運輸及社會福利，也可免息向商會借貸，但魚欄後來於 1980 年代政府設立漁市場時被取消。

## 經濟發展與業權買賣

面對地少人多的情況，不少客家人到海外謀生，但亦有不少僑居外地的客家人回流發展土地。傳統的鄉村社會均依賴大大小小的墟市，交易各種農產品。沙頭角區北部的富裕村落，包括禾坑、南涌、鹿頸、担水坑、山咀、蓮蔴坑及鹽田，均曾投資填築土地供墟市發展，這些村落成為領導者，建立以墟市為基的地域聯盟。除了沙頭角河附近的土地外，部份宗族如沙欄下村吳氏、蓮蔴坑村葉氏等，均在深圳河北岸擁有不少田地，與村中父老指田地一度伸展至華界的說法脗合，因為在清朝時，不少沙頭角居民均習慣到對岸開墾田地，這些田地不僅為個人擁有，獲發清政府的紅、白二契，不少則屬於祖堂地。

表一　沙頭角各村所登記的可耕地面積（英畝）[28]

| 村落 | 水稻田 (1) | 旱地 (2) | 可耕地面積 (1+2) |
|---|---|---|---|
| 風坑 [29] | 0.29 | 0 | 0.29 |
| 担水坑 | 15.58 | 1.22 | 16.8 |
| 崗下 [30] | 17.18 | 0.71 | 17.89 |
| 禾坑 | 3.89 | 0.15 | 4.04 |
| 榕樹凹 | 0.50 | 0 | 0.50 |
| 山咀 | 12.64 | 4.12 | 16.76 |
| 鹿頸 | 5.82 | 0.3 | 6.12 |
| 南涌 | 1.54 | 0.7 | 2.24 |
| 萊洞 | 1.12 | 0 | 1.12 |
| 麻雀嶺 | 0.13 | 0 | 0.13 |
| 大滘 | 2.02 | 0 | 2.02 |
| 沙頭角 [31] | 0.46 | 0.69 | 1.15 |
| 船灣 | 0.58 | 0.97 | 1.55 |
| 總數 | 61.75 | 7.89 | 69.64 |

根據從 1899 至 1903 年的土地測量後所繪製的丈量約份圖顯示，沙頭角墟附近村落如山咀村，除了有不少旱地依山開墾外，亦有不少新填的土地，是客家農民發展新土地的方式。其中一幅約份地圖，可見兩段狹長的伸延田地中有一水溪分隔，呈長方形，是眾村落為發展農業而新圍堵的田地，除了作水稻種植外，有部份亦開闢作魚塘[32]。

而分佈在沙頭角南部橫嶺南北面的耕地，主要以山谷盆地和沿海的

小河谷為主，如荔枝窩、鎖羅盆及橫嶺頭（已搬村）等。由於客家人所處山區土地資源有限，他們均積極拓展土地。

沙頭角的客家村民一直以來，均在深圳河兩岸發展土地及房屋，其中一批蓮蔴坑客家先民，人口最多時有 200 多戶，數千畝土地，有三分之二的土地在香港新界，大致上有山丘地、水稻、蔬菜種植等，而農田則在深圳長嶺村的庵泥坑、長嶺至伯公坳地段。蓮蔴坑居民昔日每日要徒步大約半小時才能到長嶺村耕作，後來大約在清朝咸豐十年（1860）前後，村民葉昌穎和他的兒子武秀才葉成永，在長嶺蓋搭了臨時作坊，其他蓮蔴坑村民紛紛仿傚，後來他們成為了葉氏在深圳的後代，華僑回流時亦會在深圳一方購買物業。在長嶺徑肚地段的物業登記表便有以下記載：

一、1898 年港英政府以深圳河為界，強租寶安縣（作者註：應是新安縣）部分地區為新界。儘管如此，中國歷代舊政府都承認新界蓮蔴坑村邊民、華僑在長嶺、徑肚地段擁有的房屋土地所有權；1949 年寶安縣（新安縣）解放後，人民政府也承認新界蓮蔴坑村邊民、華僑擁有長嶺、徑肚地段房屋土地所有權，發給蓮蔴坑村邊民過境耕作證（附式樣）並規定新界蓮蔴坑村邊民、華僑不參加土改，其土地也不列入土改範圍。深圳特區成立後，新界蓮蔴坑村民的大部分土改竟被賣給承建商建高樓而不用知會原業主，這種做法是否符合國家的政策呢？

二、解放前，蓮蔴坑村民、華僑的房屋土地證，統一由寶安縣

國民黨政府統管，有房屋土地者每年到寶安縣繳納稅款即可。祖國解放後，原由國民黨統管的房屋土地證，據說已由寶安縣人民政府封存，（目前蓮蔴坑有個別居民，仍保存有舊的賣買契約）。

三、參加土改的長嶺村民，人民政府發放的房屋土改證；在人民公社化時，已由政府收回燒毀。

據一份由蓮蔴坑整理的紀錄顯示，由 1949 至 1950 年初期，新界沙頭角蓮蔴坑村的原居民有 150 多戶，人口約 600 人，分佈在英方管轄的蓮蔴坑村及中方管轄的長嶺、徑肚。而蓮蔴坑世代耕種的土地則分佈於深圳河兩岸，即港方的蓮蔴坑村、中方管理的長嶺村、徑肚村、蓮塘村及西嶺吓村。新界蓮蔴坑村的土地幾乎全部在中方的長嶺至徑肚一帶，有近 1,000 畝，其中水田地約 400 畝，山坡地約 600 畝 [33]。有些村民現仍擁有清朝政府所頒發的房屋或田地契約，俗稱「紅契」[34]。

1912 年中華民國成立後，民國政府曾對前清政府所發出的契據進行換新契的手續，當時廣東省由大都督府議決，訂立 13 條飭令規條，要求土地持有人向廣東省政府登記舊契以換取新契（即土地契約證），新契樣式由財政司製定，名曰「廣東省財政廳驗契證據」或「改換斷賣新契紙」，交縣政府轉交給業戶。在毗鄰深圳的蓮蔴坑，原居民因有不少田地位於深圳，即當時國民政府的廣東省內，故亦有將這些契據拿到民國政府的土地廳登記，以換取新契，許多村民

現仍保留上述契據。當時他們每年都到深圳地政廳繳納土地稅，亦有村民為進一步確認土地所有權，前往廣東省政府地政局辦理產權手續，獲發「土地所有權狀」。當時一位投資深圳墟房地產的商人葉毓棠曾在深圳鎮購買面積 12 市畝 46 市分的土地，地價為港幣124,600 元。該證明狀列明：「為發給土地所有狀權事據寶安縣土地所有權人葉毓棠聲請發土地所有權業經審查公告無異准予登記合行發狀以憑執業此狀」。葉亦獲發由廣東省地政局繪製的地圖及「縣（市）地籍整理辦事處登記書狀費收據」。

表二、蓮蔴坑村村民在深圳河以北土地房屋登記表（例）

編號：C-4

原業主姓名：葉女士 [35]　　配偶及子女姓名：某某

| 次序 | 地名（包括曬谷場） | 房屋（屋地） | 數量 | 畝數 | 土地四鄰業權人的名字 | | | | 備註 |
|---|---|---|---|---|---|---|---|---|---|
| | | | | | 東 | 西 | 南 | 北 | |
| 1 | 大嶺 | | 1 | 1.00 | 葉氏 | 葉氏 | 萬氏 | 周氏 | 水田 |
| 2 | 長坑 | | 1 | 1.54 | 萬氏 | 葉氏 | 萬氏 | 萬氏 | 水田 |
| 3 | 長坑 | | 1 | 0.67 | 葉氏 | ／ | （馬路） | 周氏 | 水田 |
| 4 | 屋背 | | 1 | 0.12 | 葉氏 | （公地） | 葉氏 | 葉氏 | 筆 |
| 5 | 屋側角 | | 1 | 0.12 | （路） | 葉氏 | （禾場） | （公地） | 筆 |
| 6 | 橫頭當 | | 1 | 2.00 | （山頂） | 蕭氏 | 葉氏 | 葉氏 | 松山 |
| 7 | （15 行） | 瓦屋 | 1 | 0.04 | 葉氏 | 葉氏 | （禾塘） | 葉氏 | 房屋 |

水田：3 塊 =3.21 畝　山坡地：2 塊 =0.24 畝　松山：1 塊 =2 畝
房屋：1 間 =0.04 畝

深圳河以南的土地，由於受到英國人接管新界後頒佈的《田土法庭條例》（1900）影響，所有新界業主和土地使用人的土地權益，均被政府宣告為政府產業。1905年政府再訂立《新界土地條例》（*New Territories Land Ordinance*），業主擁有的永業權被香港政府通過的集體官批（Block Crown Lease）所取代，政府由1905年起將原有私人田地租批給認定的業權人，租期為75年，可續租24年（但減三日），即英國人將原有屬於宗族的私人地和祖堂地的永業權一律改變為承租權，業權人需要向政府繳付地租，即所謂「納糧」。惟深圳河以北的土地，就算業權人是香港新界的原居民，土地仍然可以通過官印「紅契」或民間交易的「白契」作自由買賣[36]。因此清朝至民國初年，跟其他廣東省東部社會相似，沙頭角民間社會均以介紹人方式承買土地業權，其底權（即所謂地骨）與面權（即所謂地皮）皆可以分離轉讓。故此社會業權可以經不同層面買賣，買生出「頂」、「贖」、「遜」、「讓」等形式，而賣按性質分為「活賣」、「杜賣」及「斷賣」等，由活賣派生出的有「贈」、「斷贈」、「找斷」等。另外還有「借」、「按」、「典當」等[37]。下舉文本資料為1947年蓮蔴坑葉氏宗族內部的土地轉讓例子，可說明「買字為據」的特點，亦涉及當時與沙頭角有密切關係的墟市──深圳墟東門，其位置與另一葉氏土地為鄰：

> 立招買地基字人葉東元母鍾氏汴有親置地基一段土名深圳圩東門合托介紹人定隆親送村長嶺葉毓棠允意承買時植實價落銀肆百大元正異日雙方交易妥當另行過葛名字恐口頭憑立招買字為據

此紙期限拾日逾期無效

批明此地段叁丈四活貳丈四尺

與葉吉芳相連　　　　　　　　　　　　　　　介紹人　葉定隆

　　　　　　　　　　　　　　　　　　　　　　　　　　　葉吉銘

　　　　　　　　　　　　　　　　　　　　　　招買人　葉鍾氏

民國叁拾六年四月初十日　立招買字存照

又以下舉文本資料為例，説明宗族內的買賣活動均以親疏有別為原則，即先賣親房人，是當親房人不能承接，才會向宗族內其他兄弟招買，這反映出傳統經濟活動均以宗族內部的關係為先。沙頭角民間社會的業權轉移，一般由會內或房族內部流通，按優先考慮向市場投放買賣，特別是嘗會，應在「盡問房親叔伯」或因「本房人等無力備價向贖」等情況下才轉移[38]：

立賣斷田字人定輝妻鍾氏將民身七月廿八日買來昌鳳祖貴霖母青貴田共叁柱坐落土名徑肚老茶寮面上有田一處種大小九坵今因家中少銀應用夫妻作議親身向到先招親房人俱不能承受浚托家兄定杰送與堂兄定湘允肯承買三面言明時值港銀壹千貳佰大元正此銀即日經定輝親手收足毫無短少家使用賣主即日將田推出徑中點明程子坵數交被定湘兄永管業弟有來歷不明一切與買主無涉賣百斷千烋無續異日定輝兄弟子孫親房人等俱生端反悔苟情并無迫勒之爭乃係我家允意恐口無憑立

位 定杰

接 定輝

民國叁伍年陸月初叁日　立字　存照

宗族支派又將其轄下的田地物業實行股份制,是民國時期客家民間社會中承繼的典型,就如會份、股份的買賣,是屬於血緣性宗族內使用權及管業權的承接方式。下舉資料則説明蓮蘇坑葉氏七世祖廷颺公其下三房:開東祖、開連祖與開翰祖,曾在民國十年(1921)訂下將先父遺下的「新基號」業權分成「四大份」予四兄弟,使彼此「不得紊爭」:

民國拾年十壹月吉旦　茂生茂華茂盛來發各兄弟,經請眾叔伯到場秉公,將各　先父共創新基號所置之屋宇草間田園崒地松山一切家產作四大份,肥磽互搭,美惡相兼,品匀均分,各自支持管業,不得紊爭茲謀善後載明,免滋異日執拗,共分關四大本,謄寫壹樣各執一本永遠存照△△△
成金△△定倫△△
在場秉公人成瑞△△定新△△
成蓉△△定隆△△
民國拾年拾壹月貳拾四日定隆筆

(一)來發份下:
一土名石狗印田種仔三斗

一土名峯吓　田種仔三斗

一土名塘肚口田種仔壹斗

一土名狗之岩田種仔四斗

一土名楓樹尾田種仔四升

一土名長嶺峯壹塊

一土名上官坑峯壹塊

一土名亞婆山園　壹塊

一深圳圩番薯行鋪壹間　現開倫讓

一補超德堂會重輕貳份

一上巷貳字式住屋壹間　與劉宅相隔

一成珍祖遺分住屋壹間

一社吓草屋壹間　買受寶梅的

共拾叁柱


（二）茂盛份下：

一土名管棚塊田種仔四斗

一土名塘肚口田種仔三斗

一土名黃沙份田種仔貳斗

一土名狗之岩田種仔四斗

一土名上官坑峯壹塊

一土名下官坑峯壹塊

一土名塘壆吓芋地壹塊

一深圳圩碗行街鋪壹間　現開端知府

一紅蓮祖會重輕共

一河塘唇貳字式住屋一間

一成珍祖遺分到莊屋一間

一背呼山草屋壹間　買受冼宅 [39]

共拾貳柱


（三）茂生份下：

一土名蕉窩田種仔三斗　茂生茂華共契

一土名崟吓　田種仔三斗　來發茂生共契

一土名楓樹尾田心井共田種三斗

一土名橫湖尾田種仔壹斗伍升

一土名隔瀝塊田種仔六升

一土名上官坑崟壹塊　在中心

一土名下官坑崟壹塊　在大地腦

一土名亞婆山園壹塊

一上巷住屋壹間　左邊與成瑞相隔

又連吓廊樓棚壹層　批明吓廊歸茂華管業分除廊地居四兄作踏

式家出入

一吓廊橫屋壹間　係成珍祖遺份

一深圳圩番薯行鋪壹間　現仝倫議呈相隔

一紹德堂會分重輕共式份　與茂華仝補

共拾叁柱

△△△△


（四）茂華份下：

一土名蕉窩田種仔三斗

一土名橫湖尾田種仔三斗

一土名官坑田種仔貳斗

一土名橫湖兼過塊共種仔壹斗六升

一土名石狗印田種仔壹斗伍升

一土貸寠　田種仔貳斗

一土名上官坑墿壹塊

一土名官坑凹墿壹塊

一土名嶺　園壹塊

一深圳圩上大街鋪壹間　現開永同奐號

一補紹德堂會重輕共貳份　與茂生仝補

一上巷住屋壹間　左邊與成常祖相隔

一面前吓廊地壹間　批明有樓棚壹層歸茂生管　此吓廊除出四只作貳家出

一對面草屋壹間

共拾四柱

△△△

△△△

△△△

△△△

新基號所剩之餘產四大份共管理

一油甘蒲周亞華耕田剩左三石

一黃坭喊古玉璋耕田利左伍名

一番練菓樹古玉璋耕田利左二十六石

一新樓面前古發耕田利左貳石

一竹篙　楊嬌耕田利左貳石六斗

一老坑片集芳耕田利左七十五石

一老坑片仁光耕田利左伍石

一鄧兆田頂福安耕田利左貳石

一深圳北門　慶窯街鋪壹間　開恒盛號

一深圳圩北門街鋪壹間　開祿成店

一集成壹資本銀元壹佰大元

共拾壹柱

連上共伍頁

上述物業包括屋宇、草間、田園、峯地及松山等分四大份，各有支持及管業，每位兄弟共分得 12 至 14 柱（即份），剩餘歸共同管理，其心有田種仔（田地）、街鋪、峯地、堂會股份（如紅蓮祖會）、芋地，其中有位於深圳墟北門，或另一處名為「番薯行鋪」（即賣番薯的店）及「碗行街鋪」（賣碗等雜貨店）的街鋪，這說明土地買賣在民國時期已然興盛，葉氏除了購置深圳河兩岸如鵝藪、橫湖、長嶺、楓樹尾等地的田地或峯地外，亦將財力投資在城鎮建設，積極拓展墟市，反映出沙頭角客家氏族從農村經濟過渡到商業經濟的發展。他們將影響力從東和墟的客家中心伸延至大城鎮，隨著他們在該地區勢力的擴大，原本以本地為主的深圳墟亦被染指，而呈現客家化 [40]。

據寶安區檔案館所藏於 1950 年代發出的土地房產所有證（存根）[41]，當時沙頭角華界部分屬於寶安縣沙東鄉（第六區），鄉內長嶺村某

戶主葉氏有土地座落在鐵門善、蓮塘及長嶺，種類有水田、輋、松山，地名有大嶺、長壠、屋背、屋側角及橫頭當，共錄有水田三塊（3.21 畝）、山坡地兩塊（0.24 畝）、松山一塊（2 畝）、房屋一間（0.04 畝）。1952 年 9 月 30 日發出給另一葉氏的土地房產所有證，列明第六區沙頭角鄉沙欄下村李氏（一位）及葉氏（三位）擁有地作為私有產業，有「耕種居住典賣轉讓贈與出租等完全自由任何人不得侵犯特給此證」字樣，並由縣長簽署。土地座落在葉屋門前及田心村，均為水田，地名為「長命」及「獨樹」，在沙頭角有平房一間。

寶安區檔案館所藏另一張土地房產所有證，一位葉氏村民擁有的長嶺村土地，種類包括水田、輋、菓園、松山，位於鐵嶺咀、堽心、田心井、對面輋、長坑壠、騎馬地及背夫嶺，而另一位定字輩族人的土地種類亦有水田、輋、旱田，而房產種類則有瓦屋、爛屋及禾場等，位處閘門、鵝藪、壠肚、墈背、洞尾，至於土地的分界線則以別人的物業或河壩、圳 42、河為界，以資識別，附屬物有菓樹六棵，非常詳細，充分反映此地客家人對自身土地的地理位置特點的重視及對耕地資源的記錄。

在深圳河流域的耕地，水田佔大多數，其餘則為輋地，再次之是一些松山或菓園。從這些地證所反映，至 1950 年代，客家人面對耕地不足，不斷開墾，已實際開發包括深圳河流域的客家地區。另外亦可見自清朝以來，深圳河流域已以梯田耕作的方式發展土地，地名亦保留有不少「畬人」或「畬民」所用的術語如「輋」、「洞尾」、「壠肚」等，並被客家人沿用。

# 過境耕作農民人口及田畝

從前從深圳進出香港，除了選擇羅湖、皇崗、文錦渡或沙頭角的一線口岸外，還有過境耕作口，是一種鮮為人知的「特別通道」，這些耕作口包括羅芳、長嶺、皇崗、赤尾等共 28 個（皇崗漁場其後併入皇崗，故為 27 個）。根據一份 1955 年的《過境耕作農民人口田畝統計表》，新界沙頭角的過境耕作人口共有 158 人，共有田地 235 畝 4 分，包括寶安縣及新界沙頭角的整個地區合計有 208 人，佔田畝 278 畝 2 分 3 厘。另根據寶安縣檔案館館藏資料，1980 年 12 月 5 日的「深圳市過境耕作隊數、人數計算」，沙頭角、新村及崗下是其中三個以港方沙頭角村落為名的耕作口，共有 156 位農民獲發證（根據港方數字則有 43 人），即表示在相隔 25 年的時間內，從港方沙頭角過境耕作的農民人口大致相若：

表三　1955 年過境耕作農民人口田畝統計表

| 地區 | 人口 | 田畝 |
|---|---|---|
| 二區赤尾村 | 315 人（外逃 73 人） | 1,953 畝 5 分 8 厘 |
| 新市場所： | | |
| 羅湖村 | 225 人 | 452 畝 8 分 |
| 蔡屋圍 | 1 人 | 6 畝 |
| 新市場所合計 | 226 人 | 458 畝 8 分 |

| 地區 | 人口 | 田畝 |
|---|---|---|
| 深圳所本縣（1）： | | |
| 羅芳 | 144 人 | 292 畝 8 分 |
| 向東 | 22 人 | 55 畝又 1 斗 8 升 |
| 向西 | 20 人 | 48 畝 9 分 |
| 塘尾 | 27 人 | 73 畝 8 分 6 厘 |
| 湖南圍 | 3 人 | 8 畝 6 分 3 厘 |
| 黃貝嶺 | 4 人 | 14 畝 |
| 徑肚 | 12 人 | 4 畝 |
| 長嶺 | 6 人 | 7 畝 7 分 |
| 蓮塘 | / | / |
| 小計（1） | 238 人 | 456 畝 9 厘 |
| 深圳所新界（2）： | | |
| 蓮蔴坑 | 113 人 | 242 畝 2 分 8 厘 |
| 新桂田 | / | / |
| 竹元村 | 4 人 | 4 畝 |
| 礦山 | 3 人 | 7 畝 4 分 |
| 小計（2） | 120 人 | 253 畝 6 分 8 厘 |
| 深圳所合計（1+2） | 358 人 | 709 畝 7 分 7 厘 |
| 沙頭角所本縣（3）： | | |
| 徑口村 | 44 人 | 37 畝 8 厘 |
| 元墩頭 | 6 人 | 5 畝 7 分 5 厘 |
| 小計（3）： | 50 人 | 42 畝 8 分 3 厘 |

| 地區 | 人口 | 田畝 |
|---|---|---|
| 沙頭角所新界（4）： | | |
| 山咀村 | 68 人 | 96 畝 8 分 3 厘 |
| 崗下村 | 25 人 | 38 畝 7 分 5 厘 |
| 担水坑 | 55 人 | 93 畝 2 分 5 厘（又 5 斗 3 升） |
| 中興街 | 8 人 | 3 畝 9 分 1 厘 |
| 榕樹頭村 | 2 人 | 2 畝 6 分 6 厘 |
| 菜園角村 | / | / |
| 荔枝村 | / | / |
| 小計（4）： | 158 人 | 235 畝 4 分 |
| 沙頭角所合計（3+4）： | 208 人 | 278 畝 2 分 3 厘 |

香港沙頭角的村民持有耕作證便可以過境作業，包括屬於深圳的蓮
蔴坑、新桂田、竹元（園）村、礦山，沙頭角的山咀、崗下、担水坑、
中興（英）街、榕樹頭、菜園村及荔枝村。而中方的村落，其過境
村民可獲允許進入沙頭角、粉嶺、上水、元朗及流浮山五個市鎮。
現時沙頭角村民仍保留由寶安縣公安局簽發的舊版「邊防區農民耕
作證」，而且均由女性領取，可見當時大部份的耕作都由客家婦女
擔當。在文化大革命期間，部份農民藉過境耕作口到港方邊區從事
活動。

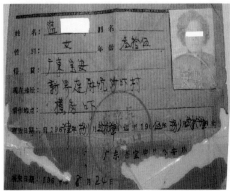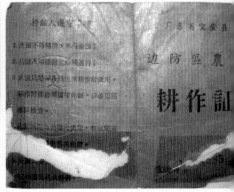

蓮蔴坑村溫氏所擁有的過境耕作證，顯示其耕作地點為橫崗下（有效期：1965 年 9 月 20 日至 1966 年 9 月 20 日）

## 表四　深圳過境耕作隊數、人數計算

| 隊別 / 項目 / 數字 | 已發證數 | 男 | 女 | 外逃扣證 | 現有證數 | 據港方數字 |
|---|---|---|---|---|---|---|
| 沙頭角 | 40 | 32 | 8 | 0 | 40 | 43 |
| 蓮塘 | 137 | 77 | 60 | 3 | 134 | 130 |
| 羅方（羅芳） | 70 | 31 | 39 | 1 | 69 | 92 |
| 黃貝嶺 | 89 | 28 | 61 | 8 | 81 | 100 |
| 湖貝 | 56 | 29 | 27 | 3 | 53 | 70 |
| 向東 | 107 | 38 | 69 | 5 | 102 | 106 |
| 羅湖 | 122 | 48 | 74 | 0 | 122 | 120 |
| 漁民村 | 44 | 28 | 16 | 0 | 44 | 44 |
| 菜農 | 15 | 4 | 11 | 0 | 15 | 15 |
| 新村 | 50 | 43 | 7 | 0 | 50 | 15 |

| 隊別／項目／數字 | 已發證數 | 男 | 女 | 外逃扣證 | 現有證數 | 據港方數字 |
|---|---|---|---|---|---|---|
| 布心 | 21 | 8 | 13 | 0 | 21 | 32 |
| 水貝 | 25 | 13 | 12 | 2 | 23 | 30 |
| 田心 | ／ | ／ | ／ | ／ | ／ | 28 |
| 笋岡 | 27 | 10 | 17 | 0 | 27 | 9 |
| 蔡屋圍 | 113 | 78 | 35 | 2 | 111 | 120 |
| 上步 | 226 | 105 | 121 | 6 | 220 | 227（包赤尾） |
| 福田 | 64 | 27 | 37 | 2 | 62 | 109 |
| 福田農業 | 18 | 18 | 0 | 0 | 18 | (併入福田大隊) |
| 岡廈 | 66 | 31 | 35 | 0 | 66 | 70 |
| 漁農村 | 73 | 35 | 38 | 0 | 73 | 69 |
| 皇崗 | 127 | 80 | 47 | 1 | 126 | 123 |
| 皇崗漁場 | ／ | ／ | ／ | ／ | ／ | (併入皇崗大隊) |
| 石下 | 107 | 58 | 69 | 7 | 100 | 100 |
| 沙尾 | ／ | ／ | ／ | ／ | ／ | 27 |
| 沙唄 | 40 | 31 | 9 | 0 | 40 | 41 |
| 新洲 | ／ | ／ | ／ | ／ | ／ | 39 |
| 上沙 | 32 | 29 | 3 | ／ | 32 | 35 |
| 下沙 | 50 | 43 | 7 | ／ | 50 | 58 |
| 總計 | | | | | | 26 個大隊 1,882 人 |

據寶安縣《深圳市革命委員會外事辦公室文件》［深外字（1980）61 號］，當時的港方首席代表保安司梅遜在「關於過境耕作證問題同港英舉行第二輪會談」時表示，中方曾向他們提了過境耕作證持

沙頭角瓦窰頭附近的魚塘

有人名單，提到當時有 2,000 人以下的持證農民有過境耕作的習慣。過境耕作口有 28 個，但持證人士除可以到耕作區外，亦可以出禁區到附近的市鎮出售、購買產品或辦理一些事情。沙頭角至深圳羅湖附近的過境耕作證持有人，允許進入上水和粉嶺[43]。

總括來說，客家人 300 多年來透過圍堰造地、開闢梯田、過境耕作等方式，在山地不斷開墾，更發展出灰窰、畜牧、養魚及捕魚等副業，為沙頭角地區的經濟打下基礎，並且邁向墟市的發展。

# 註

1 　清咸豐《嘉應州志增補考略》卷七《氣候》，引自溫憲元、鄧開頌、丘杉主編：《廣東客家》（桂林：廣西師範大學出版社，2011），頁 229。

2 　水田即在降雨和日光較豐富、灌溉水源充足的地區，耕地築有田埂，可經常蓄水，兼有水車方式，以種植水生作物，一般以水稻為主。香港因位於北緯 34 度，即秦淮以南地區，屬亞熱帶氣候，水稻可一年兩造，冬季則可以種植油菜花等經濟作物。見張記彪編：《文化地理》（北京：企業管理出版社，2014），頁 65-66。

3 　旱田又稱旱地，指在降雨較少又無灌溉條件的乾旱、半乾旱和半濕潤地區，主要依賴天然降雨和一系列旱作農業技術，以發展旱生或抗旱、耐旱的農作物為主。沙頭角一帶屬山區平地少的地區，遠離水源，故有大片旱地耕作。同上，頁 66。

4 　見 Elizabeth Johnson, "North District", *Recording A Rich Heritage: Research on Hong Kong's "New Territories"* (Hong Kong: Leisure and Cultural Services Department, 2000), pp.151-152.

5 　載張一兵校點：《深圳舊志三種》（第 1 版，深圳珍貴史料叢刊）（深圳市：海天出版社，2006），頁 713。

6 　蕭國健、沈思合編：《香港華文碑刻集　新界編（一）》（香港：顯朝書室，1993），頁 18。

7 　饒玖才：《十九及二十世紀的香港漁農業傳承與轉變：下冊農業》（香港：天地圖書，2017），頁 42-44。

8 　Elizabeth Johnson, *Recording A Rich Heritage: Research on Hong Kong's "New Territories"*, pp.154-155; see also Yuen Chi Wai, *Competition for Interpretation: Politics of Heritage in Hong Kong's Northern New Territories* (Hong Kong University of Science and Technology, Thesis of Master of Philosophy, 2005), pp. 42-73；見阮志，《中港邊界的百年變遷：從沙頭角蓮蔴坑村說起》（香港：三聯書店，2012），頁 27-31。

9 　饒玖才：《十九及二十世紀的香港漁農業傳承與轉變：上冊漁業》（香港：天地圖書，2015），頁 203。

10 　1978 年，70 歲的鹿頸村民張亞勝訪談（古物古蹟辦事處的考古調查）。又於 2001 年 4 月 15 日，考古調查隊員訪問南涌村的八十餘歲村民李林才先生。

11 　古物古蹟辦事處：《香港具考古研究價值地點》（2012 年 12 月）。

12 　（明）宋應星著，潘吉星譯：《天工開物》（上海：上海古籍出版社，2013），頁 155-157。

13 　古物古蹟辦事處研究報告。

14 　《大埔風物志》，頁 18 及 34。而瀕臨大埔海或吐露港的內灣亦曾有出產不少珊瑚蠔蠣。

15 　在未建堤壆前，有河道一直由禾坑通至沙頭角海，今沙頭角路旁舊稱「晒船角」，就是因為村民將船反轉晾曬而得名。

16 　現時在李氏「二房祠」仍供奉有李三友的叔祖神位。

17 　Elizabeth Johnson, *Recording A Rich Heritage: Research on Hong Kong's "New Territories"*, pp.155-157.

18　〈香港法定古蹟：沙頭角上禾坑鏡蓉書屋〉，古物古蹟辦事處，< https://www.amo.gov.hk/b5/monuments_44.php >（取用日期：2020 年 9 月 15 日）。

19　Elizabeth Johnson, *Recording A Rich Heritage: Research on Hong Kong's "New Territories"*, pp.155-157.

20　見《鹽灶下村張氏良鳳宗祠家庭歷史簡介》。

21　W. J. Blackie, *Kadoorie Argicutural Aid Association*, pp.38-39.

22　見余其心：〈肉豬飼養記錄的分析〉，載香港新界農業會編：《農報》，1961 年第 7 期。

23　農業輔助會於 1951 年由羅蘭士勳爵及賀理士爵士建立，提供包括農務投入、免息貸款和培訓、為社區建行人路、豬舍及小屋等。見《嘉道理農場暨植物園 2005/2006 年報》（香港：嘉道理農場暨植物園，2006），頁 2。

24　蘇文英、鄒崇銘：《近田得米：香港永續生活新煮意》（香港：印象文字，2015），頁 44-46。

25　見《北區星報》，1984 年 9 月份第五頁。

26　邱東：《新界風物與民情》（香港：三聯書店，1992），頁 99 至 100。

27　饒玖才：《十九及二十世紀的香港漁農業傳承與轉變：上冊漁業》，頁 182。

28　以土地註冊處有關沙頭角墟附近村落（DD. 40）的集體官契記錄為例。部份地段的描繪（Description of Lot）因兼有其他非可耕地用途，故不在本統計內。

29　風坑今作「鳳坑」。

30　又作「岡下」。據《説文解字》：「『岡』，山骨也。从山网聲。」《説文解字注》釋：「岡，山脊也」。「崗」沒有被收錄在《説文解字》中，但後世的《正字通》則釋作：「崗，俗『岡』字」。換言之，「崗」乃「岡」的別字，是後世將部首「山」加諸於「岡」。

31　這裡的沙頭角是指狹義的「沙頭角墟」，當時吳氏家族已在沙欄下村建村達 300 年，當地亦發展為重要墟市。

32　DD40L, Lot. 627，由鄧卓霖祖擁有的土地被闢作「塘」（Pond）。

33　根據香港新界沙頭角蓮蔴坑村原居民葉維里提供的過境耕作資料。

34　沙頭角的客家人亦有收藏田地買賣的契據，這類契據為數不少，在 1980 年代中文大學歷史系的調查中被搜集回來並編入《新界文獻》中，本文的沙頭角契約部份來自私人收藏，部份摘自《新界文敵》之〈北區文獻〉，現藏於香港中文大學大學圖書館內香港特藏。

35　原登記表有記載全名，為保障個人資料，現將名字刪去。

36　見劉蜀永、蘇萬興主編：《蓮蔴坑村志》（香港：中華書局，2015），頁 109。亦見薛鳳旋、鄺智文編著：《新界鄉議局史：由租借地到一國兩制》（香港：三聯書店，2011），頁 190-193；Malcolm Merry, *The Unruly New Territories: Small Houses, Ancestral Estates, Illegal Structures, and Other Customary Land Practices of Rural Hong Kong* (Hong Kong: HKU Press, 2020), pp.34-35.

37　房學嘉，《粵東客家生態與民俗研究》（廣州：華南理工大學出版社，2008），頁 28。

38　同上，頁 34。

39　洗氏為蓮蔴坑的原居民，據口述傳統，當葉氏先祖到蓮蔴坑定居後，洗氏請葉氏祖先當「長更」（意指看更），後來並得到指點在現址建立祠堂，因而日後繁衍下去。據前村代表表示，洗氏後來遷至沙頭角石橋頭居住。

40　事實上，卡姆（Kamm, 1977: 208）亦認為在新界地區，隨著周圍客家勢力的擴大而開始客家化。見瀬川昌久著，河合洋尚等校譯：《客家：華南漢族的族群性及其邊界》（北京：社會科學文獻出版社，2013），頁 142。

41　據 2004 年 12 月 15 日複製檔案。

42　「圳」是客家人的水利建設，規模可大可小，圳的修築彌補了陂塘的不足，增加山區
　　農業的用水量。見《廣東客家》，頁 231。

43　《深圳市革命委員會外事辦公室文件》（深外字（1980）53 號）：關於過境耕作證
　　問題同港英舉行第一輪會談的情況報告，頁 3。

# 從墟市到鄉鎮：海關、宗教與商業

沙頭角區的村落大部份以務農為生，所種植的稻米及蔬菜均會在東和墟出售，鹽田、橫崗以至惠陽一帶鄉民均會來此地趁墟，至 1930 年代商號林立，市況十分興旺，成為人口流動及與鹽田進行貿易的重鎮。

## 租借新界與九龍關設置

沙頭角自清初康熙復界後，發展為一個客家農村社會，及至嘉慶年間，社會及經濟發展漸漸成熟。道光年間，當地建立墟市及不同市集，加上交通發達，令墟市連同附近的區域，成為新安縣東部繼深圳墟以外一個相當發達的地方。然而自兩次鴉片戰爭後，清朝勢力進一步衰落，加上 1898 年英國租借新界，社會和經濟受到英國人及其他西方國家帶來的制度與文化衝擊，令客家社會必須轉變。本章將會從政治、經濟及社會文化三方面，探討西方人對本區的衝擊及客家人如何面對這種改變。

近代中國的珠江口一帶是個多事之地。1840 年中英爆發第一次鴉片戰爭，兩年後，中國被迫與英國簽訂《南京條約》，割讓了新安縣屬下的香港島。1856 年，英國發動第二次鴉片戰爭，迫使清廷割讓九龍半島界限街以南的地方。1895 年中日甲午戰爭爆發，英國又趁火打劫，迫使清政府於1898年簽訂了《展拓香港界址專條》，並通過次年的訂界談判，強行租借界限街以北、深圳河以南的土地及附近 230 多個島嶼，統稱「新界」，租期 99 年。

根據《展拓香港界址專條》，英國接管新界的時間訂為 1899 年 4 月 16 日。新安和東莞的鄉民知悉事態後，感到非常憤慨，強烈反對。港英政府準備接管新界時，鄉民派發抗英揭帖，燒毀大埔警棚，並阻撓英國軍警，在新界爆發了「大埔之戰」、「林村之戰」和「上村之戰」。兩廣總督譚鍾麟就此奏報：「新安民風強悍……一旦聞租與

英國管轄，咸懷義憤，不願歸英管。」抗英鬥爭最終雖然失敗，卻
對港英政府造成沉重打擊，打消了其進一步侵略新安縣其他地區的
意圖。歷次的戰事如下：

| 戰事 | 時間 | 地點 | 原因 |
| --- | --- | --- | --- |
| 大埔之戰（一） | 1899 年 4 月 14 日 | 大埔（新界） | 東莞、新安、惠州 2,000 多名抗英志士抗擊英軍接管「新界」，後因傷亡過多而退卻。 |
| 大埔之戰（二） | 1899 年 4 月 17 日 | 大埔（新界） | 2,000 多名抗英志士向英軍駐地發起猛烈攻擊，後因傷亡過多而退卻。 |
| 林村之戰 | 1899 年 4 月 17 日 | 林村（新村） | 東莞、深圳等地 2,000 多名抗英志士在林村進行伏擊戰，後因傷亡過多而退卻。 |
| 上村之戰 | 1988 年 4 月 18 日 | 上村（新界） | 東莞、深圳等 2,000 多名抗英志士，向聚集在上村石頭圍的英軍發起反攻，後因傷亡過多而退卻。 |

隨著鄉民的抗英鬥爭失敗，英人便陸續部署接管新界的工作。1899 年
8 月 2 日，港督卜力爵士（Sir Henry A. Blake）在大埔墟與新界鄉紳
會面，解釋管治新界的原則。8 月 4 日卜力再與屏山鄉紳會面，並
發表演說，輔政司駱克亦有出席。英國接管新界後，英人為了有效
管治，在各鄉的一些山崗上建立警署，除了有防衛的需要外，亦有
體現接管新界各鄉村的象徵性意義。1900 年，沙頭角石涌凹一山
崗上建立了沙頭角警署，是英國人最早建成的邊境警署 [1]。

## 中英劃界

1898 年，兩廣總督譚鍾麟委派廣東補用道王存善為中方劃界委員，英方則是輔政司駱克，由兩人負責探勘劃界。沙頭角陸地勘界於1899 年 3 月 18 日結束，英方推翻了原與清政府商定的北部界限，更迫使王存善於 19 日簽訂《香港英新租界合同》（下稱《合同》），將租借地北界劃在深圳河北岸，嚴重違反「以航道中心線為界」的國際規例。港英當局簽字後，即藉口《合同》內有「潮漲能到處」的字眼，經常派船駛入大鵬灣及深圳灣（即后海灣），從入海口駛入內河村莊。1901 年 5 月 31 日，英國駐廣州總領事司格達（Benjamin C.G. Scott）才按照港督卜力的意見，照會兩廣總督陶模，表達「新租界水面英國之權至何處一事……本港政府並不認為英權可至流入海灣之河港與流入租界深圳河之河港，但可至各海灣潮能到之處，與深圳河全河至北岸潮漲能到之處耳。」陶模指此說尚屬公允，惟「各海灣潮漲能到之處，與深圳全河至北岸潮漲之處為英權所至，語頗空泛」，其後通過雙方照會，終定立新界大鵬、深圳兩灣及與深圳河毗連各河港，俱以「水盡見岸處」、「口門兩岸相對直線」為界[2]。從此，在沙頭角一條乾涸的河道上留下了「大清國新安縣界」的界椿。

中英劃經沙頭角的界線是這樣的：「北界始於大鵬灣英國東經線一百一十四度三十分潮漲能到處，由陸地沿岸直至所立木椿，接近沙頭角即土名桐蕪墟之西，再入內地不遠，至一窄道。左界潮水平線，右界田地，東立一木椿。此道全歸英界，任兩國人民往來。由此道至桐蕪墟斜角處，又立一木椿，直至目下涸乾之寬河，以河底

新界勘界委員會，攝於 1899 年 3 月 11 至 14 日會議期間。參與勘界的中英官員：英方為駱克（前排右二），清政府為王存善（前排右一）。

之中線為界線。河左岸上地方歸中國界，河右岸上地方歸英界。」

沙頭角在這次劃界中被一分為二，位於英方的範圍稱「新界沙頭角」，主要指沙頭角墟及鹽寮下、崗下等村，中方的則稱「華界沙頭角」，主要指桐蕪墟及沙欄下村。在沙頭角這一段邊界豎立了 20 塊界石，兩面有文字，如第二號界石，中方一面刻有「中英地界第二號光緒二十四年」，英方一面刻有「ANGLO-CHINESE BOUNDARY 1898 NO.2」。雖然如此，中英邊界的劃定，並不阻礙兩地人民互相往來。後來由於兩地經濟的發展及交往頻繁，逐漸形成了一條特殊的街道，那就是「中英街」（詳見第 8 章）。

1899 年 3 月，駱克與王存善在沙頭角海的岸邊豎起第一塊界樁：「大清國新安縣界」。

1902 年，英國海軍開始勘測中英海域界限，由港英政府工務署負責組織和實施。勘測人員分別在深圳西涌大鹿灣黑岩角東經 114 度 30 分、香港大嶼山北東經 113 度 52 分、大嶼山狗嶺涌各豎立一塊界碑（亦稱方尖碑），以標明新界東西方的中英海域分界。這是英國從維護香港殖民管治出發，繼 1899 年沙頭角陸地勘界後採取的海域劃界行動。1905 年，工務局單方面將沙頭角界樁換成了界石。至此，新界北部勘界工作全部完成，英國將新勘劃的 977.4 平方公里的中國領土轉變成「新界」。

## 九龍海關的來歷與九龍新關

英國租借新界後設立了「九龍關」，這個海關與九龍的關係是什麼？為何在香港各地設立的海關會統稱九龍關？九龍半島屬於丘陵地形，其北部橫亙著主要由九座山峰所組成的山嶺，分別是慈雲山、飛鵝山、獅子山、大老山、東山（又稱中山）、雞胸山、鷹巢山、琵琶山及筆架山。原居民以其山勢如「九龍飛舞」，亦稱為「九龍群峰」，而築於九龍群峰以南的城堡則是「九龍城」。九龍城又稱為九龍城寨或九龍城砦，建於道光二十七年（1847），有東、西、南、北四門，南門門額石匾上刻「九龍城寨」四字。後來「九龍」又成了九龍半島南部的泛稱。

廣東自清康熙二十四年（1685）開放海禁，設置粵海關。同治七年（1868），其時英國已擁有九龍界限街以南的土地，清政府在九龍邊界的東西兩面及澳門進口設立六個釐卡，由廣東省釐金局管轄，負責徵收鴉片釐金及查緝走私，民船上每箱僅徵收釐金 16 兩，做法頗有成效。於是同治十年（1871 年）六月在香港周圍建立了四個關廠，即汲水門（又名急水門）、九龍城、長洲、佛頭洲 ³。

光緒十二年（1886），中英雙方簽訂《管理香港洋藥事宜章程》，對「洋藥」即鴉片作出限制，為了收取鴉片稅，中英雙方決定以地名「九龍」為名，設立中國稅關，英國政府正式認可了中國九龍稅務司的合法地位。這反映出清朝的積弱，因為設立九龍關本來就是清政府的主權範圍 ⁴。光緒十三年（1887）三月九日，九龍關正式成立，關署駐香港島維多利亞城皇后大道中 16-18 號銀行大廈二樓，

由英人赫德（Robert Hart）任總稅務司管理，所以九龍關又有「洋關」之稱 [5]。九龍關包括了急水門、九龍城、長洲、佛頭洲、深水埗五個關廠，共有員工 373 人，其中外籍員工 23 人，其餘全為華人。由英人控制中國的海關，是一個非常諷刺的決定。

光緒二十四年（1898）四月二十一日，李鴻章與英國駐華公使竇納樂（Claude Maxwell MacDonald）在北京簽訂《展拓香港界址專條》，租借九龍半島界限街以北、深圳河以南，租期 99 年，中英界址內遷。於是，九龍關屬下的關廠翌年後移至大鏟、伶仃、三門、沙頭角、東澳，稱為「九龍新關」，再翌年又建立鹽田、沙頭角、下沙等 13 處緝私關廠，九龍新關逐漸龐大起來，劃出一條不可逾越的領土界線。隨著香港的邊界由界限街遷到深圳河，原有的急水門、九龍城、長洲、佛頭洲、深水埗五個關廠失去實際作用，代之而起的是「九龍新關」，沙頭角的關廠便是位於中英街海岸邊，成為歷史見證。

## 民國時期的九龍關及九龍關的過渡

清宣統三年（1911），由英國人任總工程師、華人詹天佑任顧問的廣九鐵路建成通車，於羅湖橋畔又設立了九龍車站關廠，並增設蓮塘等三處關廠，從此深圳墟的地位也特殊起來，逐漸成為一個邊城重鎮。民國時，九龍關總部設在香港中環的公主行，整個海關包括了垃圾尾、大鏟島、南頭柱廟、白石州、沙頭、文錦渡、羅湖、蓮塘、沙頭角、大鵬南澳、沙魚涌、澳門、三門島 13 個支關和蔡屋圍檢查站，共有 1,600 多名官員。

戰後 1946 年，國民黨重新恢復九龍關稅務公署，同年 3 月 18 日，沙魚涌及沙頭角兩個支關重新辦公，所有經由大鵬灣區進出中國境內的貨物，除一律向支關報請查驗，及完納應繳稅項外，不許在區內其他地點起卸或裝運，違者均由海關按照緝私條例處罰[6]。

在 1949 年解放前，中共地下黨組織已在各地的國民政府海關展開活動，包括針對九龍關[7]。1948 年，地下黨員兼關員林大琪、李國安等根據中共指示，在關內舉行讀書會或座談會等以建立聯繫，團結一些嚮往共產主義的關員，並以「保護關產、迎接解放」為目標，打好群眾運動的基礎，以期迫使英籍稅務司交出關產和稅收。1949 年 2 月，有關員成立「九龍關護產小組」，成員有十多人，以二等監察長黃昌燮為領導。由於香港政府在戰後禁止十人以上的集會，他們只可秘密進行解放戰爭的宣傳。10 月 17 日，即深圳解放前兩天，黃昌燮奉命從香港前往深圳緝私總部，並以稅務司代表的身份，用無線電向邊境各支關講話，要求各關員堅守崗位，保護好關產，等待與中共接管人員進行移交。19 日，深圳解放，「沙頭角、深圳及寶安軍事管制委員會」成立。21 日，軍管會接管了緝私總部，總部和邊境各支關同時豎起了中華人民共和國五星紅旗。英籍的總關稅務司經蔚斐立即致電中央人民政府海關總署，宣告斷絕與台灣海關總稅務司署的關係，接受海關總署的領導，同時召集在港海關員工開會，宣讀給北京的電文，至此中國順利接管了九龍關。九龍關的 1,135 名員工保護和接管了大批黃金、貨幣、槍支和財產，由國民政府的經濟機構順利地過渡到中華人民共和國海關總署。同年底，經蔚斐辭職，海關總署於 1950 年 2 月 25 日批准，並發給他六

1899 年建成的沙頭角關廠

個月的薪津及全家返英的旅費以示獎勵，從此，九龍關將總部機構由香港撤回深圳。1950 年 1 月，九龍關更名為九龍海關。1997 年 7 月 1 日，香港回歸，九龍海關更名為深圳海關。

## 清中葉沙頭角的社會及地區經濟

1820 年以前，沙頭角的客家人還未在本地建墟，主要是前往鄰近深圳河以北的深圳墟（今天稱東門）進行交易，亦會到上水石湖墟趁墟。在清嘉慶版《新安縣志》中，深圳墟被列為新安縣的墟市之一，沙頭角的客家人均於農曆二、五、八日走山路趁墟。南頭城東南面的石湖墟在清初建立，清康熙版《新安縣志》中原稱天崗墟，由於嘉慶年間遷移至「石湖」一地，故名為石湖墟 [8]。

表一：《新安縣志》內所列墟市

| 康熙版《新安縣志》所列墟市 | 嘉慶版《新安縣志》所列對應的墟市（嘉慶二十四年） | 康熙版《新安縣志》所列墟市 | 嘉慶版《新安縣志》所列對應的墟市（嘉慶二十四年） |
|---|---|---|---|
| 城內市 | 城內四牌樓市（與城內市合併） | 下步墟 | |
| 牌樓市 | | 月崗屯墟 | |
| 南頭新、舊、中三市 | 南頭新市、南頭舊市、南頭中市 | 大橋墩墟，附峰圓朗 | |
| 西鄉大廟前市 | 西鄉大廟前市 | 深圳墟 | |
| 和平墟 | | 天崗墟 | |
| 白灰洛 | | 大步頭墟 | |
| 周家村墟 | | 清湖墟 | |
| 疍家朗墟 | | 平湖墟 | |
| 雲林墟 | | 永豐墟 | |
| 望牛墩墟 | | 塘頭下墟 | |
| 黃松崗墟 | | 葵涌墟 | |
| 碧頭墟 | | 鹽田墟 | |
| 茅洲新、舊二市 | | 清溪墟 | |
| 沙頭墟 | | 塘勒墟 9 | |

## 東和墟的建立

東和墟建成前，當地居民主要往深圳墟及上水石湖墟進行交易，但兩墟的距離甚遠，農民擔挑農作物，需經石橋頭跨越深圳河到東門（即深圳墟），或經竹山凹過禾徑山，出坪輋而至石湖墟 10，來回需時一整天，行程十多公里，十分不便。沙頭角沿海一帶居民每逢

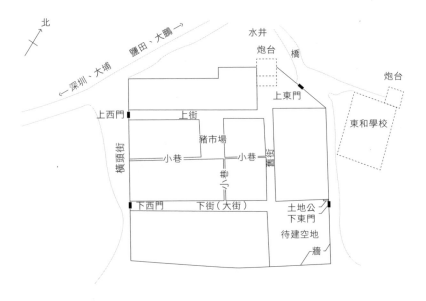

東和墟示意圖

二、五、八日赴深圳墟，買賣農副產品，而石湖墟則逢一、四、七日開市。清代，沙頭角十約鄉紳提出在當地建墟，先定名「桐蕪墟」，清末至民國初年易為「東和墟」（東方和平市場）。桐蕪墟建於清道光十年（1830）[11]，由於墟期也是農曆一、四、七日，與石湖墟形成競爭，與深圳墟則形成互補狀態。清中葉以前，該墟已經是一個相當熱鬧的市集，有雜貨布匹、油鹽柴米、山貨藥材等商店，四面八方的鄉民都前來趁墟。

東和墟位於今華界沙頭角鎮橫頭街一帶，大致呈長方形，內有三條街道，兩條呈東北－西南走向，一條呈西北－東南走向，後來三條

1956 年上水石湖墟

街道被稱為上街、下街（或大街）和舊街。墟市被圍牆包圍，形成一個圍堡，並設有長老、更夫。為防止盜匪侵擾[12]，自 1854 年後，十約在墟市的主寨門兩側增設了兩座碉樓。墟內 72 間店舖，除經營山貨藥材、海鮮魚乾、海鹽大米、火油香煙外，還有藤器編織、縫補、釀酒、造船等手工業作坊，水上人也會在此出售新鮮魚類。據估計，在 20 世紀初該墟每月人流達到 12 萬人[13]，成為深圳墟以外新安縣的重要市集，墟內還有一間小學名為「東和學校」。組織墟市需要一定的資金，十約鄉紳能夠成為東和墟的創建成員，反映出他們的經濟條件。

民國時期，東和墟隸屬寶安縣（新安縣在民國時期改稱寶安）的東和鄉，鄉的範圍包括了沙頭角及鹽田兩地，鄉政府則設在鹽田，因此鹽田、橫崗以至惠陽一帶鄉民均會來此地趁墟。至 1930 年代，東和墟商號林立，市況十分興旺，成為人口流動及與鹽田進行貿易

的重鎮，此時於英方地界建成的新樓街，便是民國初年的建築。

沙頭角區的村落大部份以務農為生，包括非沙頭角十約的成員如鳳坑及谷埔等，他們種植的稻米及蔬菜均會在東和墟出售。雖然谷埔本身也有一個很小的海邊市集，但依然以東和墟為交易的集中地。至 1938 年，颱風摧毀了整個東和墟。

隨著貫通廣州與香港的鐵路開通，深圳墟再度成為新安縣的主要墟鎮。據《粵海道尹王典章巡行日記》記載：「深圳墟是寶安商業最為繁盛之區。為保護商家利益，商人自發於民國元年成立商會，會址設於安仁善堂。民國六年商會改組，會長為梁鏡湖，副會長為唐翅初，會董十八人。墟內商店二百四十家。產物以蠔豉為最佳，油、糖、花生、菠蘿、沙梨、蘿卜、荔枝等亦出品之宗云。」深圳墟與香港地區的商業貿易最為頻繁，因有廣九鐵路貫穿省港，商業信息靈通，交通便利，深圳成為香港與內地商品的集散地。商家從深圳輸出農副產品及水產品，並由香港購回紡織、日用品、化工產品等物資運銷各地。當時商旅進出口岸主要有沙魚涌、鹽田、沙頭角、落馬洲等處。

二十世紀五六十年代，上水石湖墟是邊境禁區農民的主要集散地，農民在稻米收成後會賣去石湖墟，每擔約幾十元（當時每兩牛肉約幾角），在石湖墟有米機，可去穀殼成為白米，以便售賣。水上人則多以物易物，將魚類售出。由於港府於 1950 年代將沙頭角大部份地區列作禁區，令許多農民，尤其是沙頭角公路沿線的村民，減少到新樓街墟市（後述）趁墟。

現在還有人稱中英街、新樓街及菜園角三個部份為「沙頭角墟」，
但是墟市已經不復存在。除了 1980 年代於海旁新建的街市大廈外，
偶然也會見到有小販在菜園角一帶擺賣魚類或海產等。

## 信仰與墟市的地方社會

現時沙頭角沙欄下村仍有一座天后廟，傳聞建造於清嘉慶二年
（1797），是最接近東和墟的一座[14]。該廟由沙頭角的「三鄉七
村」籌建，三鄉即担水坑、崗下及沙欄下，其後成立「三和堂」，
由三甲代表每年輪流管理。三鄉的客家人崇拜天后，每逢農曆三月
二十三日天后誕和九月九日天后升天，當地均會舉行隆重的祭祀活
動。過去祭祀多為求子、求雨、求出海平安，如今則包括燒香、上
供、祈拜、擲杯、許願及添油香等。三鄉原屬十約中的第五約，由
於宗族繁衍，有其他村落加盟，成為七村，包括担水坑、崗下、新
村、木棉頭、塘肚山、沙欄下及榕樹凹[15]。

此外，山咀村有一間供奉關帝（又名協天大帝）的協天宮，於道光
年間興建，與東和墟的建墟時間相若，光緒二十二年（1896）重修
完畢。廟中的《重建協天宮碑記》開首提到，此廟原名「關聖帝古
廟」，建於大坦洞清溪外，東和墟舖號和附近一帶村民均有捐資興
建，包括新金山（澳洲墨爾本）車打道埠及維亞居勝埠、檀香山各
吓那埠、老金山（美國三藩市）流王山埠和其他埠的華僑名字，可
見當年有不少村民遠赴海外謀生，亦不忘捐款[16]。碑記部份內容節
錄如下：

東和墟各舖號題銀芳名開列於後

| | | | | |
|---|---|---|---|---|
| 和興當助銀五大元 | | 永隆店 | 永記號 | 吳子廷 |
| 全興號助銀五大元 | | 仁安堂 | 榮昌號 | 寧生堂 |
| 黃華文助銀五大元 | | 裕隆號 | 永祥號 | 茂生店 |
| 冼門鍾氏助銀拾大元 | | 寶和號 | 福昌號 | 達記號 |
| 東興泰 | 茂珍號 | 春生堂 | 東興號 | 聯興號 |
| 永愉盛 | 張泰順 | 同福堂 | 黃林發 | 宋三全 |
| 德興店 | 新隆號 | 曾世集 | 黃二發 | 禎泰號 |
| 以上六名助工銀叁大元正 | | 新利號 | 興和號 | 昌吉號 |
| 鄭銀泰 | 公興號 | 仁和號 | 昆合號 | 文利號 |
| 源盛店 | 禎記店 | 三利店 | 昆泰店 | 大生堂 |
| 錦春華 | 全順號 | 以上貳拾名助工銀一大元正 | | 以上十名助銀一中元正 |
| 新盛隆 | | 華盛號 | 發昌號 | |
| 以上七名助工銀貳大元正 | | 同裕號 | | |
| 大筆李振敏助銀五大元 | | 以上叁名每助銀一元半 | | |

| | | | | |
|---|---|---|---|---|
| 鹽田沙頭墟各號題銀芳名開列於後 | | | | 永勝店 |
| 長興號助銀六大元 | | 新記店 | 源興號 | 福興店 |
| 義昌號 | 永祥號 | 鴻興店 | 仁記號 | 成興店 |
| 安昌號 | 義祥號 | 就利店 | 泰興店 | 黃德輝 |
| 新勝號 | 怡和店 | 永吉店 | 永利店 | 謝有德 |
| 同記店 | | 吉利號 | 順昌店 | 福泰店 |
| 以上七名每工銀貳大元 | | 應昌店 | | 怡昌店 |
| 聯盛店助銀叁毛 | | 以上十一名每助銀一大元 | | 以上七名助一中元 |

徐炳福

何肇槐　　邱彬瑞

總理黃文彬　副理黃永泰仝立

黃佐章　　巫兆龍

羅貴賢

從以上碑記可見捐助者有以店舖為單位，如永記號、茂生店等，亦
有以個人名義捐助，如宋三全、黃德輝及謝有德等，捐助協天宮的
店舖來自東和墟及鹽田的沙頭墟，均是沙頭角十約的範圍，反映出
關帝信仰對兩地墟場店舖的重要性，以及宗教與商業的關係。

韋永福牧師（Rev. Philipp Winnes）1850 至 1853 年居於沙頭角，
撰寫了英文版《1853 年之東和墟》一書。據該書記載，大約在 1820
至 1830 年間，當地一些較富裕的村落組成了最早的村落聯盟，後
來發展為「十約」。十約設在東和墟文武廟內，初期只有十一二個
自然村落，後來發展到五十多個。十約將東和墟東西的鄉村編為上
下保，東為上保，西為下保。上保的村落主要包括暗徑、官路下和
元墩頭，下保則包括山咀村 [17]。

1898 年英國租借新界後，沙頭角十約的南郊八約被劃入英界，第
一約沙魚涌及第二約鹽田各村則歸華界。由於東和墟位於華界內，
而當時沙頭角設有九龍海關，出入邊境均須繳收關稅，村民往來不
便，令東和墟逐漸衰落，不少商戶索性遷入英界繼續經營，促成了
「中英街」的建立。中英街原名叫「鸕鷀徑」，原是梧桐山下一條小

山咀協天宮

河及河邊小道，1899 年英國接管新界後，河道兩岸開始有人填土整基，蓋起房屋經營商店。

自清中葉以降，由於沙頭角墟的海路交通比較發達，不少天主教神父及基督教牧師亦經沙頭角進入惠陽、橫瀝等地傳教。例如瑞士籍的韓山明牧師（Rev. Theodore Hamberg）和德籍的黎力基牧師（Rev. Rudolf Lechler）自 1849 至 1853 年居於沙頭角，是客家地區傳教工作的開創者。他們在 1846 年接受瑞士巴色傳道會的委派，從瑞士巴塞爾出發，橫渡地中海、印度洋，翌年 3 月 19 日到達香港，分別學習客語及潮語，準備向華人宣教 [18]。

韓牧師學習客語，專向客家人傳道，還編寫了一部《德客辭典》。他到港後不久即到惠陽及淡水傳教，1848 年夏天又於沙頭角租住兩間房子，向該地居民傳教，由於韓牧師懂醫術，不少居民均到其住處求醫，故其居室又名「慈善醫院」。1851 年 9 月，他借了浸信會位於上環街市附近，地名「掘斷龍」的兩間破屋，經修葺後成立「客家聖會」，是香港首間客家教會[19]。韓又創辦了首間客家小學，解決教會客家子女的教育問題。1852 年 5 月，他先後在沙頭角及新安縣布吉兩地開設宣道所，翌年 3 月進駐布吉，惜一年後因心臟病不治，於 4 月至 5 月間逝世，享年 35 歲[20]。

黎力基牧師本來學習潮語，在潮屬汕頭、普寧等地傳道，建立鹽灶教會，但後來屢遭當地居民驅逐，故轉而到布吉與韓山明牧師同工，開始學習客語，向客家人傳教，創立香港崇真會[21]。韓去世後，他接替了韓在香港、沙頭角、布吉、李朗等地宣道所的工作。1854 年秋，黎牧師在李朗購買土地建禮拜堂，翌年 3 月舉行開幕禮，是基督教會在內地建立的首間客家禮拜堂[22]。

新界租借後，香港的傳教區域大幅擴展，倫敦傳道會皮堯士牧師（Rev. Thomas W. Pearece）和威禮士牧師（Rev. Hebert R. Wells）在新界展開佈道工作，並與當時的華人自理教會「道濟會堂」合作，成立「新界傳道會」[23]。倫敦會派黃述芳牧師到沙頭角時，因為當地沒有公路或鐵路連接，他惟有用水路從港島出發，乘帆船出鯉魚門，經佛堂門向東北而上，經東平洲到吉澳，再轉入沙頭角，這亦是早年巴色會傳教士入新安工作的航道。黃牧師到達沙頭角後，徒

步經禾坑、丹竹坑到達石湖墟，然後經古洞、新田、竹園、沙埔到元朗，向鄉民傳講福音，後來成立中華基督教會元朗堂[24]。1920至1930年代，西方傳教士乘福音船到來，向沙頭角墟附近的漁民傳福音。因沙頭角是當時的漁業重鎮，傳教士們1933年在此地成立堂會，教會位於新樓街。

## 民國初年發展：新樓街市集

香港沙頭角現時只有約1,000名居民，以清初遷入的客家人為主，但亦有土地是由本地宗族開墾，其他族群如鶴佬（福佬）及水上人（疍家）亦從潮汕一帶移居此地，形成自成一角的小社區。另外，清政府在此建立九龍關分關，由英人管理，可想其地位重要。

新樓街在1924年建成，有22幢相連的兩層高平房，地下為商店，二樓一般租給其他住客，閣樓則作自住。這些樓房分別屬於22家人，昔日的領袖是第20號戶主，只有其閣樓是用混凝土及石材建造，其餘樓房的閣樓則用木板。據村民表示，新樓街的發展商原計劃建設兩列樓房，分別在英界與華界，隔河相望，但當時的國民政府反對建華界部分，因不想樓房的背面向着東和墟市，影響風水，故最終只在英界建樓，這解釋了樓宇設計比較突兀及並非向海的原因。然而在1949年內地解放後，英界居民對過境到華界倍感不便，遂倡議在新樓街發展一個新的墟市，於1954年落成啟用，同年亦建成沙頭角村警崗。

1950 年代，多座社區服務的建築圍繞着沙頭角墟陸續建成，如沙頭角皇家免費醫局、郵政局及漁民子弟學校。客家人主要從事商業及貿易活動，從九龍進口米、火水、油及其他食糧，在墟市販賣給本地村民。有些客家人在墟內設米機，租給農民將稻米去殼，磨成白米，一擔大概兩元左右。這些米機生意尚算不錯，農民亦可將未磨的稻穀出售，以換取較次等的稻米自用，但每擔稻穀只可換取六七十斤米。整體來說，營商農民每天可賺取 100 元收入，相當不俗。墟市還有製衣（如長褲、衲衫），出口至澳洲等地，亦有售賣家庭用品（如肥皂、毛巾、牙膏）等商店，每天約有 10 元收入，但由於村民較窮困，有部份商舖支持不到每月約 100 元的租金，索性搬到新開設的粉嶺聯和墟繼續經營。

剛才提及的新樓街式樓房主要是富裕人家，低下階層一般聚居在新樓街旁用木板蓋搭的簡陋房屋，現時在新樓街仍存有數間。

到 1966 至 1967 年，邊界的新樓街及附近墟市被嚴密封鎖，形同「死市」，沙頭角鄉事會曾倡議放棄新樓街市集，在石涌凹設沙頭角新墟，並陳述了九大理由：（一）新樓街北與華界相連，經常有暴民潛伏其中，擲石叫囂，商民感到不安，而且逃避不易；（二）雖然有碼頭作泊船登陸，但受擄俘（包括警員）等暴力干擾；（三）新樓街已為華界暴民利用，遷往石涌凹新墟可堅壁清野，一可拯救民於水火，二可建超生之路；（四）沙頭角民眾非與暴民有密切聯繫，不敢投資該街營商；（五）政府在新樓街的建設已沒有索求價值；（六）暴動份子可自由往來中英街一里內地區，新樓街已失價值；

新樓街建築

（七）只有山咀、崗下、担水坑、新村的少數民眾仍在新樓街買賣，
石涌凹市集建成後，可吸引居民置業或造就工作崗位；（八）只有
「毛欀」垮台，新樓街才會有奇跡；（九）開建新市集可使民眾安
居樂業，並非示弱 [25]。大埔理民府最終雖然沒有接納此計劃，惟政
府其後亦在石涌凹的新填地（在檢查站處）建立了沙頭角診所，規
模較沙頭角墟內的皇家醫局為大。

至 2000 年代，新樓街 1 至 22 號的店舖許多都沒有開業，只有數間
士多、金行、茶餐廳仍會每日開業，店舖的店號依門牌列出為：

1970 年代的新界墟市

一號：中英茶餐廳

二號：五旬節聖潔會沙頭角堂

三號：大新鐘錶行 / 健利達

四號：復祥添記 / 復祥鋼鐵

五號：萬生堂國藥行

六號：王昌泰傢俬

七號：新隆金行

八號：鉅光號

九號：萬和聯合貿易公司 / 花王產品中心

十號：鍾記金行

十一號：海樂屋（前身恒安電器貿易公司）

十二號：順興公司（疋頭、洋服、罐頭、雜貨）

十三號：同華公司

昔日行走墟市與村落之間方便鄉民出入的鄉村車（俗稱街車）

十四號：永隆珠寶金飾

十五號：華星公司

十六號：大眾瓷器山貨

十七號：同興

十八號：逸生昌：生油糖米、油渣火水

十九號：珍珍百貨（時裝百貨、名牌西裝、足金首飾、名廠鐘錶）
／傑成水電（前身：溫新記）

二十號：光亞行（家庭用品、五金及漆油）（二樓：魚商會）

二十一號：協記罐頭食品、糧油白米（前身為售賣各廠電子鐘錶高
級傢俬家庭用品）

二十二號：協記食品罐頭白米糧油

這些商舖大部份由客家或鶴佬人經營，自 1980 年代出現金行生意

或出入口貿易，亦有電器生意，希望能分享中英街在中國改革開放時的繁榮，惟沙頭角墟的界線除了取消宵禁外沒有任何改變，生意仍然大不如前。

## 註

1　阮志：《入境問禁：香港邊境禁區史》（香港：三聯書店，2014），頁 70。

2　劉存寬：《香港歷史問題資料選評：新界租借》（香港：三聯書店，1995），頁 91-93。

3　九龍海關編志辦公室編：《九龍海關誌 1887-1990》（深圳：廣東人民出版社，1993），頁 67。

4　劉存寬：《香港歷史問題資料選評：新界租借》（香港：三聯書店，1995），頁 88-89。

5　從設立至 1950 年的 63 年歷史中，共有 65 名英國稅務司管理過九龍關。

6　《香港工商日報》，1946 年 3 月 30 日。

7　有關國民政府在港機構起義，參見劉智鵬、劉蜀永編著：《香港史：從遠古到九七》（香港：城市大學出版社，2019），頁 307-308。

8　清嘉慶《新安縣志》，卷之二，輿地略‧墟市。

9　清康熙《新安縣志》，卷之三，地理志，載張一兵校點：《深圳舊志三種》（深圳：海天出版社，2006），頁 268。

10　清嘉慶舒懋官、王崇熙的《新安縣志》〔嘉慶廿四年（1819）版〕卷二輿地略已記錄了深圳墟及石湖墟，註釋石湖墟由舊版縣志〔即康熙廿七年（1688）版〕所記的天岡移至石湖。據稱石湖墟初期只有一條稱為「咱婆街」的小巷，店舖八間。「咱婆」是客家方言，意即姐婆（外祖母）。見饒玖才：《香港舊風物》（香港：天地圖書有限公司，2001），頁 139-143。

11　另一說由夏思義提出，他指沙頭角墟（東和墟）約在清嘉慶二十五年至道光十年（1820-1830）間成立。見〈十約：沙頭角地區的定居與政治〉，鍾文典、劉義章：《香港客家》（桂林：廣西師範大學出版社，2005），頁 83。

12　夏思義：〈十約：沙頭角地區的定居與政治〉，載劉義章編，《香港客家》，頁 85。

13　見梁炳華，《北區風物誌》（香港：北區區議會，1994），頁 86；Elizabeth Johnson, *Recording A Rich Heritage: Research on Hong Kong's "New Territories"* (Hong Kong: Leisure and Cultural Services Department, 2000), pp.149-172.

14　沙頭角共有四間天后廟，分別在暗徑、沙欄下、鹽寮下和烏石角，除暗徑的天后廟於 1954 年內地「破四舊」時遭拆毀外，其餘廟宇仍存或經過重建。

15　根據口述傳統及村內溫氏宗祠的木主，榕樹凹與担水坑為同一個溫氏的宗族。

16　山咀協天宮曾於 1920 或 1930 年代前改作福德學校，教授傳統儒家卜卜齋與自然

科學等現代科目。1938 年，廣州淪陷於日軍，協天宮曾成為嶺南書院的課室。日軍曾於佔領期間徵用協天宮，審問涉嫌反日的游擊隊員。1959 年，協天宮側廂曾改作山咀公立學校辦事處及課室。見古物古蹟辦事處，〈1444 幢歷史建築物簡要〉，Number: 338：新界沙頭角山咀村協天宮，http://www.aab.gov.hk/b5/historicbuilding.php。有關《重修協天宮碑記》全文，見科大衛、陸鴻基、吳倫霓霞：《香港碑銘彙編》第一冊（香港：香港市政局，1986），頁 262-280。

17　上下保的名稱相信與清朝時的保甲制度有關，由於村落的位置習慣以東為上，西為下，故此東和鄉的東西兩面鄰近村落分別稱為「上保」和「下保」。

18　雷雨田、馬健釗、何方耀等著：《廣東宗教簡史》（上海：上海文藝出版總社、百家出版社，2007），頁 449-450。有關巴色會歷史，參見基督教崇真會救恩堂教會歷史，網址：www.kyc.org.hk/history.php。

19　見基督教崇真會救恩堂教會歷史，網址：www.kyc.org.hk/history.php。

20　雷雨田、馬健釗、何方耀等著：《廣東宗教簡史》，頁 449-450。

21　有關西營盤崇真會的發展，見劉粵聲：《香港基督教會史》（香港：香港浸信教會，1941）（1996 年重排增訂版），頁 39-43。

22　雷雨田、馬健釗、何方耀等著：《廣東宗教簡史》，頁 449-450。亦見趙春晨、雷雨田、何大進著：《基督教與近代嶺南文化》（上海：上海人民出版社，2002），頁 60-63。

23　李志剛：《基督教與香港早期社會》（香港：三聯書店，2012），頁 125-131。

24　同上。

25　見《華僑日報》，1968 年 8 月 20 日。1970 年代沙頭角墟在鄉事會多次爭取下仍未開放，當時十室九空，居民多遷往上水、大埔及港九市區。

第六章 | CHAPTER SIX

# 水陸貫通：
# 粉沙支線與
# 公路開通

九廣鐵路剛正式通車後不久，大埔理民府已提議建設一條支線，連接邊境的沙頭角。1912 年，由粉嶺通往沙頭角的支線開通，曾為沿線數十條村莊的村民帶來喜悅。至 1928 年 4 月 1 日，政府下令停用粉沙支線，改以新建的沙頭角公路取而代之。

# 沙頭角的水陸交通

英方租借新界，對沙頭角的發展也有正面作用，曾興建沙頭角鐵路以連接沙頭角墟及粉嶺，一度帶動鐵路沿線的發展。1912 年，九廣鐵路粉嶺至沙頭角支線通車，支線由粉嶺開出，中間設立三個分站，分別是孔嶺、禾坑、石涌凹，然後到達中英街口（今車坪街）的沙頭角總站。直到 1920 年代，政府因應沙頭角鐵路的營運問題，發展沙頭角公路連接粉嶺與沙頭角，1928 年通車，鐵路支線亦正式停用。現在沙頭角車坪街還可以看到鐵路車站的遺蹟，以至路軌改裝而成的電線桿，供人懷古。

要探究沙頭角墟從英國租借新界至戰前這數十年間的經濟發展，以及社會生活的變化，先要了解沙頭角村落之間的陸路與水路聯繫：沙頭角在清朝時，已是道路交滙之處。

## 清代村莊間路徑

沙頭角地處深圳市區之東，依山傍海。這裡古代原是漁村，隨著經濟發展，人口增加，形成了一個熱鬧的集市，名叫「桐蕪墟」。相傳，古代有個大臣要到這裡巡視，天未明便從深圳出發，當他與隨行人越過梧桐山時，一下便被眼前的景色所吸引。而這個大臣所走過的路，便被稱為「官路」。

清康熙《新安縣志》卷八《兵刑志》記載，「麻雀嶺墩台，一座，設

把總一員，安兵五十名」、「麻雀嶺汛，把總一員，安兵五十名」、「麻
雀嶺塘，安兵四名」。鄰近沙頭角的大鵬及鹽田等墩台，亦安置有
兵營：「大鵬汛地，實設墩台四座」、「鹽田墩台，一座，設千總一員，
安兵二十五名」，均表示此地乃軍事防守的重要地點。故此，貫通
沙頭角、鹽田等地的陸路，可能與這裡的軍事要地發展有一定關係。

清康熙《新安縣志》卷三《地理志》所載的古道鹽田徑：「在梧桐山
腰，大石砌結若鱗，闊一丈許，延亘十餘里，相傳元季邑人蕭觀庇
創造，有碑記，歲久湮沒，至今稱亭子步。」又，清布政祈順云：「梧
桐山，高倚天，冬來積霜雪，雨後多雲煙。山中奇植人爭寶，籠蔥
之竹龍須草。更有梧桐棲鳳凰，紫雲枝葉年年好。我欲剪梧桐，掣
琴獻穆清，坐彈南熏歌太平；又欲召鳳凰，來儀天子庭，效靈堪與
龜龍並。鳳兮不來梧桐老，目極空山無盡情。」[1] 大鵬所城是新安
東部的重要城鎮，地位僅次於西面的縣城南頭城，故有古道連接。

清康熙《新安縣志》：「黎洞逕，在五都。」[2] 清嘉慶《新安縣志》：
「黎峒逕在縣東六十里通鹽田大鵬等處。」據考證，此徑可能是由
粉嶺或石湖墟開始，至萊洞（古稱黎峒），經禾徑山接岔路至廟徑、
禾坑，經竹山坳至塘肚山及蓮蔴坑，出沙頭角至今內地的鹽田、大
鵬（今南澳）等地。

## 水路航線

據清康熙《新安縣志》卷三《地理志》記載，沙頭角曾有名為「麻雀

嶺渡」的古渡，是當地 13 條橫水渡之一[3]。到清嘉慶年間，未見有沙頭角的橫水渡列出。在清道光阮元《廣東通志》，則仍有記載「麻雀渡」（相信為麻雀嶺渡，可能烏石渡也屬於沙頭角區），足證此區為交通樞紐，而沙頭角是比較重要的水路航線[4]。

來往內地的內河航線，一向有到廣州、澳門、江門及三埠等，但二戰前多年戰事連綿，地方不靖，對航運造成威脅，加以商業不景，行走內河的輪船大都虧本，令航線或班次變動很大。位於大鵬灣東部的沙魚涌，是沙頭角十約的第一約，亦是一個重要的墟市，近代有渡船服務來回沙魚涌到大埔，沙魚涌的居民直接在大埔海（近大埔滘）的碼頭上岸，出九龍等地從事各種業務。另有渡船由沙魚涌出發，經大鵬灣至沙頭角，再以古道連接涌尾，從大埔海至沙田海圓洲角，再從王屋經古道出九龍。

大鵬灣周邊的離島及東部諸線，則多由村民自資經營的橫水渡接駁，供本地村民或趁墟的鄉民使用。這些街渡以吉澳、鴨洲及荔枝窩等主要村落為主，旁及其他小島或小村，來往沙頭角墟，當中又以吉澳天后宮值理會經營的「福利渡」歷史悠久，至今仍每日行走吉澳、鴨洲與沙頭角墟之間。更難得的是，它仍採用古式木船的造法，船內懸掛著一幅牌匾，刻有捐款人的名字，反映交通運輸與地方社會的密切關係。

港界與華界沙頭角一衣帶水，以沙頭角海為帆船出入停泊的要地，華界沙頭角的居民都會從沙魚涌搭乘帆船，直達新界大埔的元洲

現時來往吉澳與沙頭角墟的街渡

仔。至 1919 年，九廣鐵路擴建了大埔墟站的磚石候車處，方便貯藏貨物，乘客於夏季轉車時亦免受熱天及雨天之苦[5]。沙魚涌的居民如遇受傷，也會乘船到大埔，轉火車出九龍醫院就醫。由於沙魚涌與英界接壤，早於 1920 年代已有定期來往大埔的輪船接駁，但常有匪徒勒索及行兇，如 1928 年除夕，數人聚集於沙灘上勒索來往貨客，每人繳銀兩毫半，方准通過，反抗者則遭毆辱[6]。1931 年7 月，民營的「大鵬船務公司」獲發牌經營一條行走大埔至沙魚涌、疊福及南澳的航線，每日早上由大埔鐵路碼頭開出，下午回航，並根據 1917 年的《渡輪條例》（Ferries Ordinance），訂立特定的牌照條款，如停靠的地點、指定的時間表及路線、繳付每年 360 元碼

頭使用費予九廣鐵路局經理，及 390 元的牌費。大鵬船務的單程船費如下：

| 乘客 | 二等：每人 6 角 5 分 | | | |
| --- | --- | --- | --- | --- |
| | 三等：每人 5 角 5 分 | | | |
| 貨物及其他物件 | | | | |
| 大豬 | 每頭 4 角 | 牛皮 | 每捆 1 角 |
| 中豬 | 每頭 2 角 5 分 | 藥物 | 每包 1 角 |
| 乳豬 | 每兩籃 3 角 | 細橙 | 每籃 5 角 |
| 家禽 | 每兩籃 4 角 | 米 | 每包 3 角 |
| 乾蝦 | 每兩籃 4 角 | 包裝蔬菜 | 每包 3 角 |
| 菱角 | 每包 3 角 | 黃糖 | 每擔 4 角 |
| 鹹魚 | 每兩籃 4 角 | 麵粉 | 每包 5 分 |

大鵬船務使用蒸汽船「大鵬號」，是海事處第三級船隻。公司的牌照為期三年，至 1934 年 6 月 30 日屆滿，獲港督會同行政局多次每年續約，經營至 1947 年 6 月 30 日。大鵬開業不久，船上就曾發生斬殺案，一名搭客突然發狂，持刀連傷三人，兩人重傷垂危。兇手被制服後，船主將船駛回大埔報案，傷者送九龍醫院診治，兇手則在船上吊頸自盡[7]。日軍於 1940 年 6 月進侵沙魚涌時，航行港沙的小輪「金葉」、「士丹利」等均停駛，只有大鵬號因事前未知沙魚涌淪陷的消息，仍由大埔開出，抵埗時立即折回[8]。日軍把沙魚涌炸成焦土後撤退，難民陸續返回墟鎮，渡輪復航[9]。戰後 1947 年，大鵬船務以經營成本昂貴為由，結束營運，來往大鵬灣東部至新界的交通中斷。鑑於居民所需，「鵬福航業公司」向政府申請接辦這條

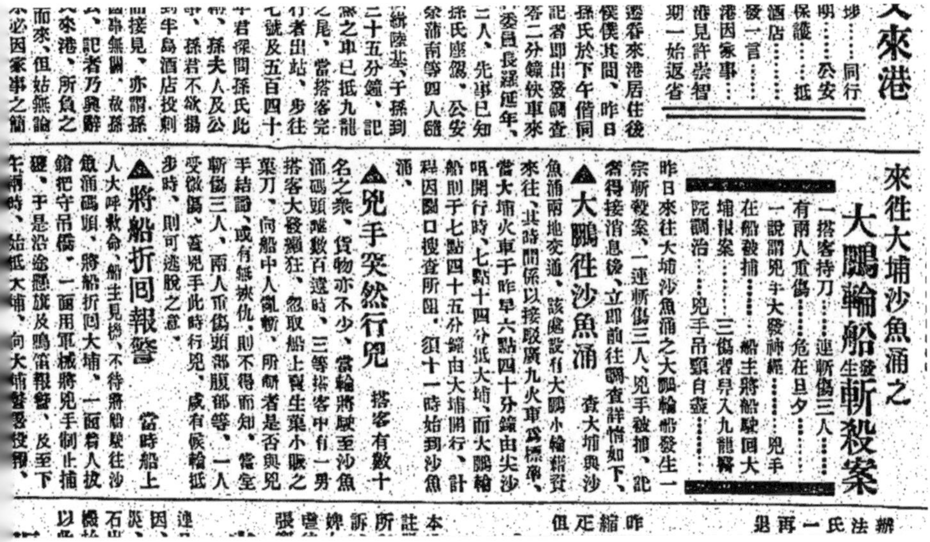

來往大埔沙魚涌之
大鵬輪船發生斬殺案

一搭客持刀……連斬傷三人……
有兩人重傷……危在旦夕……
一說謂兇手大發神經……兇手
在船被捕……船主將船駛回大
埔報案……三傷者舁入九龍醫
院調治……兇手吊頸自盡……

昨日來往大埔沙魚涌之大鵬輪船發生一宗斬殺案、一連斬傷三人、兇手被捕、記者得接消息後、立即前往調查詳情如下、

▲大鵬往沙魚涌 查大埔與沙魚涌兩地交通、該處設有大鵬小輪稍資來往、其時間係以接駁廣九火車為標準、當大埔火車于昨早六點四十分鐘由尖沙咀開行時、七點十四分抵大埔、而大鵬輪船則于七點四十五分鐘由大埔開行、計程因關口搜查所阻、須十一時始到沙魚涌、

▲兇手突然行兇 搭客有數十名之衆、貨物亦不少、當輪將駛至沙魚涌碼頭離數百遠時、三等搭客中有一男搭客大發癲狂、忽取船上賣生菓小販之菓刀、向船中人亂斬、所斬者是否與兇手結詞、或有舊挾仇、則不得而知、惟全斬傷三人、兩人重傷頭部腹部等、一人受微傷、蓋兇手此時行兇、咸有候輪抵步時、則可逃脫之意、

▲將船折回報警 當時船上人大呼救命、船主見機、不待將船駛往沙魚涌碼頭、將船折回大埔、一面着人拔鎗把守吊橋、一面用軍械將兇手制止捕獲、于是沿途懸旗及鳴笛報警、及至下午兩時、始抵大埔、向大埔警署投報、

1931 年 8 月 8 日《香港工商日報》報導大鵬往沙魚涌的航線

航線[10]，以較小型的「飛鴻號」作為渡船，只搭載 40 人，每日早上 9 時半由大埔出發，前往沙魚涌及疊福，下午 2 時從沙魚涌回航大埔，收費如下：

| | | | |
|---|---|---|---|
| 乘客 | 每人 5 元 | 乳豬 | 每擔 2 元 5 角 |
| 雜貨 | 每擔 2 元 5 角 | 瓜、水果及菜類 | 每擔 1 元 |
| 大豬 | 每頭 2 元 5 角 | 雞、鴨及鵝 | 每擔 3 元 |
| 中豬 | 每頭 2 元 | | |

鵬福在申請時承諾，會如大鵬公司一樣支付大埔滘碼頭的泊船費、所需按金及遵守其他各種條款和規則。新界理民府及海事處建議，

1949 年 1 月 24 日《工商日報》記載沙魚涌線騎劫輪船事件

批准該航線根據《渡輪條例》經營，但政府律師並不贊同，認為要重新考慮[11]。理民府據理力爭，認為如不盡早批出牌照，會嚴重影響居民生活。鵬福亦表述，自渡輪停駛後，海盜經常滋擾水域，對旅客安全構成嚴重威脅，當地居民非常希望航線早日恢復，懇請海事處盡快審批，並指在等待審批期間已支出了超過三萬元[12]。在理民府的要求下，飛鴻號除了前往沙魚涌及疊福外，亦要停靠南澳港接載乘客。南澳是一個人口眾多的市鎮，民眾有許多豬隻、雞及魚類，需要靠渡輪運出大埔，以便在大埔墟出售或再運出九龍的市場。另外，船公司亦要繳付 1,000 元的按金，並在三個月內將服務延伸至塔門及東平洲，船費為正價的一半或四分之三。除了《渡輪條例》

外，所有持牌船隻必須遵守《鐵路碼頭條例》，例如渡輪在火車離站前一個小時內，不得停靠碼頭超過十分鐘，以免阻礙其他船隻使用該碼頭作接載鐵路乘客之用 13。

結果，航線在 1948 年 2 月 1 日正式復航，惟由於政局不安，國民政府未有派充足警員或駐軍防守大鵬灣海面，常讓海盜有機可乘，輕易逃去。1948 年，從沙魚涌開往大埔的一艘電扒「志強號」在海面被劫，五名海賊持械登船，洗劫後向沙魚涌逃去。大埔輪船公司的「智強輪」亦行走大埔至沙魚涌，為配合九廣鐵路開往深圳的頭班慢車，提前 15 鐘出發，每日上午 9 時 15 分開往沙魚涌，下午開返大埔，搭客稱便。1949 年 1 月 23 日下午 12 時 25 分，智強輪在航經大鵬灣至沙魚涌交界時，竟被八名假扮成搭客的匪徒騎劫，得手後即由小艇接送登陸而去 14。1949 年 10 月 1 日內地解放後，航線雖一度恢復，惟中英關係轉差，邊界封閉，加上來往沙魚涌的客貨運日漸轉淡，令來往東部水域與新界的航運，尤其是大鵬灣的水路交通終告停駛 15。

## 沙頭角鐵路

1912 年，九廣鐵路開通由粉嶺通往沙頭角的支線（下稱「粉沙支線」），曾為沿線數十條村莊的村民帶來喜悅。前一年，九廣鐵路剛正式通車後不久，大埔理民府已提議建設一條支線，連接邊境的沙頭角。

## 興建的提議

大埔理民府提出此建議的主要原因，是沙頭角與深圳之間穩定的人員流動，能大大增加主線的收益。雖然接近沙頭角總站一段的建造工程比較繁重，但大埔理民府指出，這條支線完成後將會是成功的，而且最終會延伸到青山 16。

1911 年 4 月 28 日，港府終接納大埔理民府的建議，由港督盧吉（Frederick Lugard）致函英國殖民地部，正式提出興建一條連接粉嶺至沙頭角的支線，作為九廣鐵路主線的伸延。由於從沙頭角經粉嶺和新田到青山灣的八呎闊公路，經過兩年多仍然在建設中，而粉嶺至沙頭角全長七哩的路段已經接近完成，道路的坡度、曲線和橋樑，從一開始就是為了適合建設輕便鐵路，及寬 14 呎的鐵製混凝土橋樑，因此盧吉認為僅需將整條公路加寬到 14 呎，便可以鋪設鐵軌，建造車站。

九鐵的總駐地工程師林賽（E. S. Lindsey）向港督建議，支線可使用兩呎軌距的二手路軌。當時興建完九鐵主線後，仍餘下許多可用的舊枕木，通過使用重軌，每段路軌僅需要五或六個枕木便可。林賽亦指出，這種中等速度的鐵路幾乎不需要鎮流器，便可以獲得良好的效果，鐵路部門可以建造小型貨卡，已有兩台兩呎軌距的火車頭準備就緒，但估計需要購買第三台，及必須額外購買來自印度或海峽殖民地的新路軌。當時估計每趟火車可運載 100 名乘客及大量貨物。

另一位專家羅斯（S. B. C. Ross）則從人口分佈的數據，分析支線客量，估計上水區有 12,000 人，沙頭角有 15,000 人，均可由這支線提供服務。新界生產的大米還可以經支線運出大埔，繼而以主線運往香港，沙頭角原本經羅芳往來深圳的交通，亦可以用支線代替。盧吉亦提到林賽提交了沙頭角至深圳（經羅芳）的人流調查，發現在平常的日子、沙頭角墟期以至深圳墟期，人流的數字都非常理想，相信這些流量會轉移到新的支線上。為了推算支線的客流量，殖民政府輔政司署亦做了詳細的實地考察，派人在石橋頭、坳下峽、塘肚及廟徑等地，計算在沙頭角墟期、深圳墟期以及非墟期往返沙頭角及深圳的人流。

表一：沙頭角墟及深圳墟墟期與非墟期的往返人數 [17]

| 沙頭角墟期 | |
|---|---|
| | 一人在石橋頭當值（坳下峽與沙頭角之間的橋樑） |
| 25/12/1910 | 395 人背負重擔從沙頭角到深圳 |
| 25/12/1910 | 459 人沿著公路向相反方向行進 |
| 28/12/1910 | 412 人由沙頭角前往深圳 |
| 28/12/1910 | 388 人由深圳前往沙頭角 |
| | 一人在塘肚的茶館當值（沙頭角警署與華界沙頭角之間） |
| 25/12/1910 | 482 人來自沙頭角 |
| 25/12/1910 | 534 人前往沙頭角 |
| 28/12/1910 | 438 人來自沙頭角 |
| 28/12/1910 | 484 人前往沙頭角 |

| 深圳墟期 | | 非墟期 | |
|---|---|---|---|
| | 一人在坳下峽當值 | | 一人在石橋頭當值 |
| 26/12/1910 | 357 人來自沙頭角 | 27/12/1910 | 153 人來自沙頭角 |
| 26/12/1910 | 362 人前往沙頭角 | 27/12/1910 | 143 人前往沙頭角 |
| 29/12/1910 | 236 人來自沙頭角 | 30/12/1910 | 175 人來自沙頭角 |
| 29/12/1910 | 289 人前往沙頭角 | 30/12/1910 | / |
| | 一人在廟徑當值 | | 一人在塘肚當值 |
| 26/12/1910 | 167 人來自沙頭角 | 27/12/1910 | 220 人來自沙頭角 |
| 26/12/1910 | 152 人前往沙頭角 | 27/12/1910 | 216 人前往沙頭角 |
| 29/12/1910 | 100 人來自沙頭角 | 30/12/1910 | 239 人來自沙頭角 |
| 29/12/1910 | 103 人前往沙頭角 | 30/12/1910 | 220 人前往沙頭角 |

表一的廟徑是從萬屋邊通往六約的路段，遠離新公路，而其餘數字均反映出墟期時人流旺盛，當局相信在輕軌列車通行後，應該會有許多人流在新路的八方位置往返。當時報告亦提到支線附近的墟期：

| 沙頭角 | 一、四、七、十一、十四、十七、二十一、二十四、二十七 |
|---|---|
| 深圳 | 二、五、八、十二、十五、十八、二十二、二十五、二十八 |
| 大埔及元朗 | 三、六、九、十三、十六、十九、二十三、二十六、二十九 |
| 非以上墟期日子 | 十、二十、三十 |

## 是否值得興建？

關於支線涉及的開支，林賽分析，把粉嶺到沙頭角的道路加寬到 14 呎，成本需要 18,950 元。另一位工程專家漆咸（W. Chatham）估計，這預算是基於已建成道路的款額，但認為應該可以滿足需要，並預計加闊道路的工作可以在六個月內完成，成本計入公共工程的帳戶中，而主線價值 40,955 元的舊材料則屬於建造支線所用的物料，會記入九鐵的帳戶內。由於鐵路部門和公共工程部門的現有官員已能夠承擔必要的工作，無須僱用額外的施工人員。與主線不同，粉沙支線不牽涉華界，為了避免與中國共同工作而造成麻煩，其收支將與主線分開，以另一個戶口結帳。港府估計支線完成後，中國政府有可能願意將支線延伸至沙魚涌或更遠的大鵬灣等地。

在興建前，預算平均每天支出為 33 元（小數位略），每年則為 12,045 元。收益方面，以每天每方向三程，共六程，每程 50 名乘客，每人每程 2 毫，即每天有 60 元的收入，每年則為 21,900 元。

表二：九廣鐵路粉嶺至沙頭角支線的運作費用（每日）[18]

| 項目 | 數量 | 單價 | 總價 |
| --- | --- | --- | --- |
| 煤 | 1 噸 | 12 元 | 12 元 |
| 油 | 2 加侖 | 0.6 元 | 1.2 元 |
| 儲備 | | | 1 元 |

小計 14.2 元

| 項目 | 數量 | 單價 | 總價 |
| --- | --- | --- | --- |
| 司機 | 2 名 | 1.5 元 | 3 元 |
| 消防員 | 2 名 | 0.5 元 | 1 元 |
| 清潔工 | 4 名 | 0.5 元 | 2 元 |
| 看更 | 2 名 | 0.4 元 | 0.8 元 |
| 指揮 | 2 名 | 0.8 元 | 1.6 元 |
| 刹車手 | 2 名 | 0.5 元 | 1 元 |
| 監督 | 1 名 | 2 元 | 2 元 |
| 小計 11.4 元 | | | |
| 板層 | 1 名 | 1 元 | 1 元 |
| 隊員 | 10 名 | 0.45 元 | 4.5 元 |
| 小計 5.5 元 | | | |
| 粉嶺站長及沙頭角代理 | 2 名 | 1 元 | 2 元 |
| 小計 2 元 | | | |
| 總計 33.1 元 | | | |

這項工程得到時任大埔理民府理民官金文泰（Cecil Clementi）及熟悉支線所經地區的各官員支持，均認為它會帶來可觀報酬。港督盧吉在 1911 年 2 月 3 日將計劃提交行政局討論，議員均一致同意應盡快進行工程。英國方面，雖亦曾質疑支線是否值得投資興建、是否對殖民地有利，但最終也接受了港督及其顧問對前景的估算 [19]。盧吉欣然全權負責這項任務，並提交了詳細的營運預算（1910 年 12 月 3 日），建設費由負責在新界建橋築路的工務局（21,495 元）、九廣鐵路有關建築及車架的帳目（26,107 元）及資本帳目（28,000

元）分別承擔，總預算開支為 75,602 元 [20]。其中資本帳目的 28,000 元屬於支線接收主線舊物資的入帳，工務局則是以收益作為擴闊路面的成本，因此盧吉認為興建支線只須支付 26,107 元現金，是一筆非常值得的支出（a very remunerative expenditure）。

## 興建鐵路

確定所需開支後，這條全長 7.25 哩（約 11,000 米）的兩呎窄軌鐵路便動工興建，盧吉在 1911 年 10 月 18 日的滙報中指出，支線頭五哩的工程已完成，但其餘的路段，特別是接近沙頭角總站一帶，由於村民迷信風水，為了避開祖墳及其他神聖的地方，需要不斷調整走線，令工程受到一定延誤，但相信會在年尾竣工 [21]。這反映出當時沙頭角墟附近較有影響力的大村落，如擔水坑及山咀等，曾以影響當地風水為由反對支線，令其路線有所改變。

1911 年 12 月 21 日，工程完成了其中六哩至石涌凹站一段，先行通車 [22]，1922 年 4 月 1 日完成餘下至沙頭角墟的路段，全線正式通行 [23]，由計劃至通車僅一年內就迅速完成。

當年的粉沙支線原本有四個中途站：龍躍頭（後來取消）、孔嶺、禾坑、石涌凹，於石涌凹及禾坑站設有迴車道，1912 年通車後四個車站都建立了候車亭 [24]，而沙頭角站的建築則在 1913 年完工 [25]。通車初期，由於沒有石子壓著軌道，在天雨時要多加留意，但一些河堤及橋墩並未有嚴重的損毀，只須作輕微的維修 [26]。

1914 年 5 月 5 日，九廣鐵路署理經理羅拔‧柏加（Robert Parker）
向輔政司報告，粉沙支線最終的建造費為 89,013.12 元，比預計
的 75, 602 元超出 13,411 元，差不多 18%[27]。由於港方曾建議英
國軍方補貼 4% 建造費，因此這實際支出亦需通報英國軍事委員
會（Army Council）備案 [28]。港督梅含理（Francis Henry May）在
1914 年 5 月 13 日親自致信殖民地部，滙報支線的最終支出。

表三：粉沙支線的建造費

| | |
|---|---|
| 直至 1914 年 3 月 31 日為止的應付款額 | $ 67,720.68 |
| 需付餘額 | $ 4,363.00（六架車箱車身的建造合約費 $9,334 減去已付額 $4,971） |
| 新的機車 | $7,299.52 |
| 六輛車底架的費用，包括運費、保險費等 | $4,976.37 |
| 來自新加坡的路軌 | $3,794.35 |
| 臥鋪 | $859.20 |
| 總計 | $89,013.12 |

## 鐵路的經營

粉沙支線的興建目的之一，是便利公務人員來往沙頭角，主要乘
客對象為往來邊境兩方的商人、運貨（如鹽或重物）的工人，其次
是英國外交人員及西方傳教士。另外，由於支線途經大小數十條村
落，包括聯和墟、龍躍頭、軍地、馬尾下、禾坑、麻雀嶺及沙頭角，
當地鄉民是主要的開發土地者，跟沙頭角墟關係密切，支線的開闢

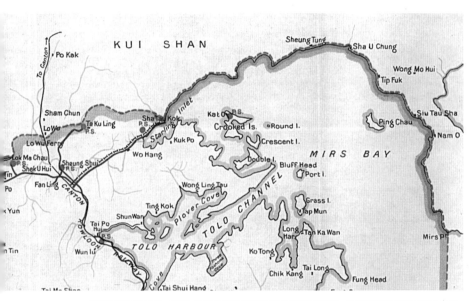

《香港及新界地圖》1939 年所繪畫的沙頭角輕軌鐵路及禾坑、沙頭角兩個車站（圖片來源：
*Map Of Hong Kong And New Territories*. Waterlow & Sons Limited, London & Dunstable,
The Dominions Office and Colonial Office list for 1939）

亦為他們帶來交通便利。例如粉嶺龍躍頭的客家圍村崇謙堂，村民
彭國智就憶述其祖父彭樂三先生曾説：「由於當時由大埔至沙頭角
步行要花上一天，早上四時起行，要晚上七時才到達，村民因事或
前往經商，往往要三至四天才能回程。由於當時該區缺乏公路，鐵
路成了沙頭角往外的主要陸路交通，火車費只不過是一、兩個仙
而已。」[29] 根據彭樂三編《香港新界龍躍頭崇謙堂村誌》的記述，
1904 年，村民曾廷輝蒙各界推舉，出任社會代表，參與粵漢鐵路
及各種招股事業，反映崇謙堂村與鐵路運輸的聯繫[30]。1911 年 12
月 21 日《孖剌西報》（*Hong Kong Daily Press*）報道，支線分開四

段收費，包括粉嶺至孔嶺收五分、粉嶺至禾坑一角、粉嶺至石涌一角五分及粉嶺至沙頭角收二角一分。

根據 1912 年 8 月 12 日九鐵經理溫思勞（Herbert Pinckney Winslow）的報告 [31]，支線的火車由普通蒸汽火車頭牽引，鐵路總長度為 7.25 哩，軌道闊兩呎：

> 全條支線有四個車站或停車站，分別是孔嶺（2.5 哩）、禾坑（4.25 哩）、石涌凹（6 哩）及沙頭角（7.25 哩）。該線在本線（即尖沙咀至羅湖）中的粉嶺站開出，與本線成直角向東北偏北方向走，位置在新政府公路的南側，一直延伸到禾坑，直至此為止的土地的坡度很低，及只有少許弧線，其中禾坑站是位於一個寬闊而肥沃的山谷的頂部，由此路段穿過山峽進入對面的山谷，然後就穿過建在寬 15 呎的木橋的政府公路，從這一點開始，儘管人煙稠密及已開墾土地，但該地的自然風光仍然十分純樸，公路沿山麓而建，坡度較大，直至六哩處，從禾坑至六哩處下降達 94 呎，而最後至沙頭角的 0.75 哩則屬平坦。

報告又指支線直至禾坑為止，鐵路與政府公路（即後來的沙頭角公路）均共用橋樑，之後有四座大橋，各約 25 呎闊，是用建設主線時餘下的鋼桁架、一個 5 呎的雙尾管、一條 12 呎的木製跨橋，以及無數直徑 6 至 24 吋的水泥管建成。在粉嶺有一個粗糙的機車棚和兩個維修站，四個站則都有粗糙的停車站，大約 16 乘 8 呎，終點站另加設票務處。這些建築物都是用舊材料建造的，只是臨時性質 [32]。機車

車輛有兩部來自主線建造工場的機車頭,另有六個大車卡,每個每邊可以坐六人,是由舊貨車加設底版改裝而成, 72 立方呎的貨卡則在鐵路工場製造,當局會陸續製作更多貨卡 [33]。雖然如此,1912年 1 月至 6 月,支線的營運均錄得虧蝕 [34]:

| 月份 | 支出 | 收入 | 虧蝕 |
| --- | --- | --- | --- |
| 1 月 | 392.90 | 358.90 | 34 |
| 2 月 | 518.33 | 426.24 | 92.09 |
| 3 月 | 698.57 | 424.83 | 273.74 |
| 4 月 | 772.14 | 463.48 | 308.66 |
| 5 月 | 677.31 | 429.06 | 248.25 |
| 6 月 | 667.93 | 526.59 | 141.34 |
| 總虧蝕: | | | 1,098.08 |

1912 年 8 月 31 日,港督梅含理去信殖民地大臣李維斯‧夏慤(Lewis Harcourt),表示對這條支線的經營感到樂觀,其中一個主因是鐵路部會迎合沙頭角村民的日常需要,改善車箱設計以增加舒適度、點對點運送農產品及持續改善服務等。當時,支線的火車是用煤推動的蒸汽式,只有開放式車卡,建在一些舊貨卡的底架上,兩排背對背的座椅,沒有欄杆,也沒有上蓋遮擋天雨。火車速度亦不比跑步快許多,短短的七哩多行程,平均需時 55 分鐘,搭客擠在沒有上蓋的車卡上,面對日曬雨淋,旅程說不上安全和舒適。

儘管支線頭半年錄得虧損 1,098 元,但是 6 至 7 月已經有改善,梅含理希望無論如何在年底之前減少虧損。他又指,透過稽查人員詢

粉沙支線火車的座位是露天的，乘客要背靠背坐，不甚舒適。

問村民對服務的要求時，發現他們不喜歡車箱太過搖晃，也不願讓女眷乘搭。但是梅含理相信通過更新底架，已盡可能糾正了這種情況，村民亦感到相當滿意，尤其是他們知道支線最終將換成封閉式車箱。梅含理亦提出讓村民選擇任何地點，派火車收集他們的大米和其他農產品。然而他亦承認，儘管村民喜歡這個主意，但目前還沒有任何東西需要運送。梅含理承諾會認真處理每個投訴或建議，他相信有了新的機車車輛後，會提高村民們的信心，支線最終將獲得成功 35。1913 年 12 月，支線共接收了六個車架，在上面架起了頭等艙、三等艙及剎車組合，於 1914 年 3 月完成，4 月又將兩呎的二號 Hudswell Clarke 廠火車頭從粉嶺帶回廠房進行再組裝，換上加長的車架，並安裝了有頂篷的駕駛室 36。

1916 年 2 月，粉沙支線採用了有軌電車系統，加設七個停車處，每站之間車費只要 2 仙。這個改進大受乘客歡迎及讚賞，車票收入比上一年增加了 3,923.17 元，載客量亦增加至 67,608 人，比上一

年的 47,928 人增幅達 41%。支線的車輛亦進行了一輪保養，包括
維修一至三號火車頭 [37]。隨著混凝土的普及，1917 年沙頭角站的
木構建築亦鋪上水泥地台，路軌的枕木亦以水泥替代 [38]。1920 年 8 月，
為了維修因天氣而損壞的一段橋面，支線曾經暫停服務 14 天 [39]。
1922 年，粉嶺站的舊機車棚屋因結構欠佳，需要重建，在沙頭角
站建成新的機車棚屋，使用舊紅磡車站被拆除的舊鋼結構、波紋石
棉水泥的屋頂及側面。

自 1912 年通車以來，港府對粉沙支線的營運表示樂觀，事實上在
1924 年以前，乘客量也有穩定的增長，雖然 1920 年代初，廣東局
勢不定，邊境發生多次綁架或殺人事件，但對支線的營運只有輕微
影響。

| 年份 | 乘客量 | 年份 | 乘客量 |
|---|---|---|---|
| 1915 | 47,928 | 1922 | 52,431 |
| 1916 | 67,608 | 1923 | 73,838 |
| 1917 | 55,211 | 1924 | 82,505 |
| 1918 | 45,187 | 1925 | 58,419 |
| 1919 | 48,917 | 1926 | 48,451 |
| 1920 | 47,787 | 1927 | 27,699 |
| 1921 | 43,733 | 1928 | 5,933 |

資料來源：Kowloon Canton Railway (British Section), *Annual Report*.

1922 年，兩部 Hudswell Clarke 廠的火車頭將要壽終正寢，九鐵於
1923 年透過皇家代理商訂購了兩台新火車頭，並於次年交貨 [40]。
鑑於政府在 1923 年已決定修建通往沙頭角的行車公路，九鐵本應
盡可能以低成本維持支線，直到新路完工為止，屆時工務局會移走
火車頭、軌道及車卡，供政府其他發展計劃使用。然而，新路未能
如期完工，支線的設備亦有點殘舊，因此九鐵需投入更多開支。從
英國 W. G. Bagnall 廠訂製的兩部蒸汽火車頭，於 1924 年 7 月到港，
以更換支線部份退役機車，並於當年 9 月投入服務。但由於政府
已準備取締支線，為了協助修建新路，九鐵將三節車廂（一個頭
等艙，一個三等艙和三等／制動組合）改裝成開篷貨車，供工務局
使用 [41]。

## 省港大罷工促使鐵路結業

1922 年 5 月的海員大罷工，令九鐵主線收入減少。廣州及內地政
治不穩，火車服務經常終止，孫中山與陳炯明之間的軍事行動亦做
成不少不便及損失。九鐵華段遭炸彈襲擊，土匪橫行，主線經營受
到威脅，來往沙魚涌至大埔的渡輪服務亦遭海盜洗劫，不安局面維
持至翌年。1923 年，九鐵由於直通服務受影響，火車一度只停有
香港警方或軍人駐守的羅湖站，不往深圳站，避免中國軍隊越過邊
境；支線方面，由於邊境局勢緊張，列車亦不停沙頭角站 [42]。雖
然主線在這年損失甚大，但對支線沒有太大影響，客量仍然錄得增
長，由 1921 年的 43,733 人增加至 1922 年的 52,431 人，再增加至
1923 年的 73,838 人。1924 年，由於已預見支線將會告終，九鐵對

它的開支減到最少，但諷刺的是其客量卻達到破紀錄的 82,505 人，比上年增長超過一成。

對支線營運帶來最大打擊的，反而是 1925 年的省港大罷工。6 月 21 日，香港發生大罷工，直通車中斷，從 6 月 23 日至 7 月 11 日期間，有 24,851 名罷工工人搭乘火車到邊境，返回內地與廣東的罷工工人串連 43。同年 9 月 11 日，更有九鐵員工被俘：在華界一家餐館用膳的幾名鐵路工人，傍晚被中國人綁架，相信是對他們不願參加罷工的報復，成為當地的頭條新聞。他們被擄至深圳，幸好途中遇上得悉事件的香港警察，因而逃脫 44。由於這場事件，九鐵當局晚上不願將火車頭及車卡停在沙頭角站，改為泊在石涌凹站，以免滋事份子破壞。這段期間，雖然支線運作並未受到太大影響，但乘客量從 1924 年頂峰的 82, 505 人，大幅下降至 1925 年的 58,419 人，跌幅近三成。1925 年 12 月 31 日，雖然公路還未完工，但支線已經停駛，相信原因是客量大幅流失、收入減少、被罷工工人及滋事份子騷擾等（事實上，同年往來沙魚涌至大埔的渡輪，亦有搭客上船時被滋事份子阻撓）45。

九鐵於 1926 年的報告指，支線在 1926 年 1 月 11 日至 5 月 3 日關閉，之後重開，但沒有交代原因，相信是打算盡可能以經濟方式營運下去，直至沙頭角公路開通為止，亦有這年政治較穩定的因素影響。同年 7 月 19 日的風災，八小時內下了 20 吋雨水，導致禾坑及馬尾下的一段路軌發生山泥傾瀉；9 月 27 日亦有颱風吹襲，粉嶺及沙頭角的機車棚受損 46。

孔嶺火車站遺址

1927 年，九鐵繼續營運支線，但將開支減至最少，只作必要的維修，以合乎經濟效益。這年，沙頭角公路已經逐步通車，行車流量增加，粉沙支線的收入由去年的 8,244.86 元，減少一半至 4,236.77 元，客流量亦從去年的 48,451 人減至 27,699 人，因此當局預計，支線再不能與即將建成的行車公路競爭。曾經大力推展這條支線運行的經理溫思勞於同年 8 月 1 日退休，結束在九鐵的 16 年生涯，6 月獲政府頒授 OBE 勳銜 [47]。隨著他的離去，粉沙支線的壽命亦以 17 年告終，有論者認為，支線的致命傷可能與其路軌規格不合有關，但無論如何，沙頭角公路於 1928 年建成，其客量全年亦只有 5,933 人。同年 4 月 1 日，政府下令停用粉沙支線，6 月底拆除全

部路軌及有關設施[48]。1929 年，工務局亦請承辦商再將公路擴闊及加以平整，使行車更為暢順[49]。

即使已被廢除，粉沙支線至今仍是新界東北部唯一一個大型運輸系統，作用與 1980 年於屯門興建的輕鐵相似，都是以聯繫大小村落為主的輕便鐵路網絡。粉沙支線對大部份香港人而言都很陌生，只有少量搭客記得當年的歷史。當年工務局將支線的大部份設施拆除，只保留孔嶺車站，印證支線存在過的事實。孔嶺站是支線三個路邊小站之一，1928 年支線停止服務後，車站隨即關閉，1930 年代移交政府，期間曾用作工務局倉庫，是整條支線唯一現存的建築物[50]。石涌凹站的舊址則位於今塘肚舊村，現時已改作私營有機農場，負責人將車站遺址改建為展覽館，農場內亦展示了一段粉沙支線的火車橋，路基上鋪設有複製的火車軌，供遊人拍照留念[51]。現時麻雀嶺上村的田隴間，仍留有舊火車軌的坑道，寬約三米（現為一條小溪），沿坑散佈著一些水泥構件及火車橋遺址。至 1980 年代，村中父老仍能憶述當年的行車情況，有年輕村民按照他們説的內容，以圖文標示火車經過的路線，供遊人參考。當年由工務局承建商拆除的路軌遺物，後來移交政府使用，有部份路軌的組件被改造成電線桿，其中在沙頭角新樓街的店舖後院，仍可以發現這些路軌遺物的蹤影[52]。

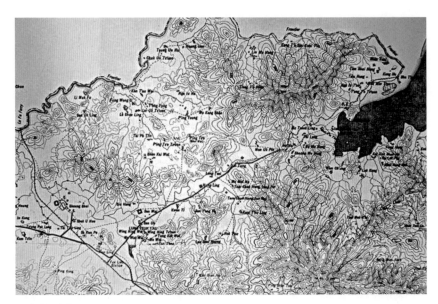

粉沙鐵路地圖

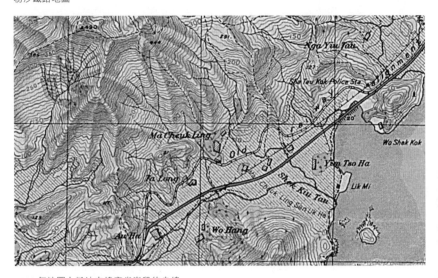

1928 年地圖上粉沙支線麻雀嶺段的走線

# 沙頭角公路及公共交通

沙頭角公路是新界北部邊境地區的幹線，起點由粉嶺經龍躍頭、軍地村、孔嶺村、禾坑村、石涌凹至沙頭角，沿途經過十餘條村。惟沙頭角昔日是粵港接壤之處，自 1951 年港英政府宣佈設立邊境禁區後，從石涌凹至沙頭角墟一段的公路亦列入禁區，鄉民須憑許可證始能通過，一般行旅則不能逾越石涌凹。其後，公路亦加築沙頭角瓊芳園後至橋頭一段支線。除上述幹線外，自 1953 年以來，當局亦利用發展殖民地的基金，在大埔興建另一條小型公路，直貫沙頭角，沿吐露港海灣伸延，以大埔墟（昔日附近曾有鐵橋）為起點，經大埔舊墟、南坑、逢源（今鳳園）、汕頭角（今汀角）等地，越過山嶺，經鹿頸至石涌凹，與粉沙公路相接。工程分階段進行，首期先由大埔墟通至南坑，然後才開築第二段路。由於船灣淡水湖的建造，1968 年建成從涌尾至鹿頸的一段公路，名為鹿頸路，是英軍軍方參與民事建設的項目之一，遊客可在瞭望台觀賞沙頭角海一帶的景色 [53]。公路完成後，沿吐露海峽一帶的農村居民均感便利，農產品能夠更快運往大埔墟，為當地的商貿帶來莫大利益。

鑑於新界日漸繁盛，人口增加，九龍巴士公司從 1953 年 12 月 1 起大幅調整新界各巴士線。第 17、18 號兩線行走元朗至粉嶺、沙頭角，從元朗開出的班次為上午 8 時 45 分至下午 6 時 15 分，每 30 分鐘一班；從沙頭角開出則為上午 6 時 45 分至下午 6 時 15 分，每 30 分鐘一班 [54]。在旅遊書中，沙頭角被視為「中英分界」之地，人口在 1954 年曾錄得萬餘人，乘巴士從粉嶺前往，需要七角車費 [55]。

華僑日報出版《新界風光》的「沙頭角遊覽示意圖」

由於行車順暢，到沙頭角旅行的本地或外籍人士亦有增加。在 1965 年香港《華僑日報》出版的《新界風光》中，作者吳灞陵介紹了遊覽淡水湖、新娘潭、照鏡潭及八仙嶺等美景的路線，提到當時新開通的汀角路，已接駁至涌背及涌尾，但未鋪路面，從市區出發，可乘火車至大埔墟站，轉 25 號九巴入大尾督，或乘私家車由九龍直達大尾督，經小徑步行前往以上景點。或可乘火車到上水，轉 17 或 18 號九巴往沙頭角，再在鹿頸路及沙頭角公路交界下車，再轉 18A 號巴士往鹿頸，由鹿頸、南涌經古道步行前往新娘潭等景點。時間方面，從九龍坐火車到大埔約 42 分鐘，轉乘巴士約 20 分鐘，然後再步行約 1 小時多點；坐火車至上水則需要 56 分鐘，轉乘巴士約 30 分鐘，再步行約 1 小時。費用方面，大埔線的火車三等需 1 元，二等 1 元半，頭等 2 元，巴士 3 毫；上水線的火車三等要 1 元 2 毫

半，二等 1 元 9 毫，頭等 2 元 5 毫，巴士 4 毫再加 1 毫 [56]。

公路建成後，遊人增加了不少，除公共巴士外，也可乘坐鄉民用的鄉村車前往。1980 年代，從大埔到達涌尾後，公路還未通往鹿頸、南涌一帶，遊人要經古道才可以到達烏蛟騰 [57]。由此印證，公路發展令沙頭角在戰後的陸路交通更加便利。

## 註

1   清嘉慶《新安縣志》卷之二十四，藝文志、地理志，載張一兵校點：《深圳舊志三種》（深圳市：海天出版社，2006），頁 1080。

2   清康熙《新安縣志》卷之三，地理志，載張一兵校點：《深圳舊志三種》，頁 275。

3   載張一兵校點：《深圳舊志三種》，頁 269。其他橫水渡計烏石渡、圓江渡、碧頭渡、岡頭渡、新田渡、茅洲田尾渡、烏溪沙渡、塔子前渡、沙岡渡、白石渡、黃岡渡、羅湖渡，部份屬於香港境內。

4   載張一兵校點：《深圳舊志三種》，頁 270。

5   Kowloon Canton Railway (British Section), *Annual Report for 1919*, p.1

6   《香港工商日報》，1928 年 12 月 31 日。

7   《香港工商日報》，1931 年 8 月 8 日。

8   《大公報》，1940 年 6 月 27 日。

9   《香港華字日報》，1940 年 6 月 29 日。

10  鵬福航業公司，辦公室地址為香港干諾道中八十號三樓。

11  政府檔案處檔案編號 HKRS 41-1-3417: Ferry Service Between Tai Po and Sha U Chung – Application for permission to maintain a …

12  政府檔案處檔案編號 HKRS 41-1-3417: Ferry Service Between Tai Po and Sha U Chung – Application for permission to maintain a …(Letter from Pang Fook Shipping Co. to The Harbour Master, Hong Kong, 15th September 1947).

13  *Tai Po Railway Pier Rules*, Historical Laws of Hong Kong, HKU Library, <https://oelawhk.lib.hku.hk/archive/files/5b722e62d30a33a111724177e25ca6a6.pdf>[Retrieved on 2020/7/29].

14  《華僑日報》，1949 年 1 月 24 日。

15  李祈、經緯編著：《新界概覽》（香港：新界出版社，1954），頁 146；《大公報》，

　　　1949 年 12 月 13 日；《華僑日報》，1949 年 12 月 19 日。

16　Kowloon Canton Railway (British Section), *Annual Report for 1910*, p.16.

17　CO129/376, pp.579-594 [from :1911-04-28 to :1911-04-28] – Construction of a Light Railway From Fanling to Shataukok : Enclosure 1 – S. B. C. Ross to Hon. Colonial Secretary – 3rd January 1911.

18　1910 年 12 月 7 日由 E.S. Lindsey 所作出的每日工作費用估算，見 CO129/376, pp.579-594 [from :1911-04-28 to :1911-04-28] – Construction of a Light Railway From Fanling to Shataukok

19　CO129/376, pp.579-594 [from :1911-04-28 to :1911-04-28] – Construction of a Light Railway From Fanling to Shataukok.

20　CO129/380, pp.349-356 [from :1911-10-18 to :1911-10-18] Fanling - Shataukok Railway. From F.D. Lugard sent to : Lewis Harcourt – Estimate for Construction of Branch Line from Fanling to Sha Tau Kok – 2'0" Gauge

21　同上。

22　Kowloon Canton Railway (British Section), *Annual Report for 1911*, p.1; *Hong Kong Daily Press*, 21st December 1911.

23　鐵路博物館：《粉嶺－沙頭角支線》（香港：鐵路博物館，年份不詳）；《孖剌西報》，1912 年 3 月 27 日；*Hong Kong Daily Press*, 29th March 1912; Lanham, Jeff, Fanling Shataukok Light Railway - or Fanling branch line of the Kowloon Canton Railway, Special Collections Counter Hong Kong Pamphlets (HKP 385.095125 L28 )

24　Kowloon Canton Railway (British Section), *Annual Report for 1912*, p.1.

25　Kowloon Canton Railway (British Section), *Annual Report for 1913*, p.1.

26　Kowloon Canton Railway (British Section), *Annual Report for 1912*, pp.1-2. Kowloon Canton Railway (British Section), *Annual Report for 1913*, p.1. Also see R. J. Phillips, *The Shataukok Branch – A Study 1911-1928*. (PRO); Robert Phillips, *Kowloon-Canton Railway (British Section)*(Hong Kong: Urban Council, 1990).

27　The Public Record Office, London: CO129/411, pp. 78-80 [1914-05-13] from F.H. May to Lewis Harcourt – Cost of the Construction of Fanling Branch.

28　Public Record Office, London : CO129/380 – From Sir. G.V. Fiddes / The Secretary of War Office, 21 Nov 1911.

29　《工商日報》，1982 年 8 月 18 日。

30　〈曾庭輝自敍小史〉，載彭樂三編：《香港新界龍躍頭崇謙堂村誌》（香港：出版社不詳，1934），頁 67-76。

31　溫思勞（Herbert Pinckney Winslow）於 1911 至 1927 年間擔任九廣鐵路局的鐵路經理，見 Ho Pui Yin, *The Administrative History of the Hong Kong Government Agencies, 1841-2002* (Hong Kong: Hong Kong University Press, 2004), pp.147-15。其中一型 G12 型柴油機車以溫思勞命名，紀念他對九鐵的貢獻。九鐵於 1955 年引入澳洲生產的柴油機車，主要用作牽引客車及貨車車廂，行走紅磡至羅湖，直至 1983 年九廣鐵路英段全面電氣化為止。

32　永久方式是在前半哩使用 85 磅，其餘 6.5 哩使用 55 及 45 磅的構築路軌和固定裝置，其餘的線路，包括沙頭角站的迴線及側板、石涌凹及禾坑的迴線，以及位於 4 哩至磚廠之間及 1.5 哩至一個新村址之間的路線的側板。土石方鎮流在整個過程中都有使用，但由於這種方法在天雨季節需要較多保養，將與主線機車棚的灰和石子定期更換，這項工程會逐步完成。在粉嶺有一口井，以一部機車的蒸汽，用舊丹吉士泵泵水進一個舊水池，在 5 哩半處有另一個舊水池，是從一條溪流用地心吸力吸水，回程的水車就在此處加水。

33    Public Record Office, London : CO129/391, pp.466-474 [from :1912-08-31 to 1912-08-31] – Kowloon Canton Railway, Fanling Branch – From F.H. May send to Lewis Harcourt – Enclosures 1 &2 - Report on the Sha Tau Kok Railway Now Known As The Fanling Branch and a Statement of Revenue Account for Period 1st January to 30th June 1912 by the Manager of Railway H.P. Winslow.

34    Public Record Office, London: CO129/391, pp.466-474 [from :1912-08-31 to 1912-08-31] – Kowloon Canton Railway, Fanling Branch – From F.H. May send to Lewis Harcourt

35    The Public Record Office, London: CO129/391, pp.466-474 [1912-08-31] – Kowloon Canton Railway, Fanling Branch – From F.H. May send to Lewis Harcourt

36    Kowloon Canton Railway (British Section), *Annual Report for 1914*, p.3.

37    Kowloon Canton Railway (British Section), *Annual Report for 1916*, pp.2-3

38    Kowloon Canton Railway (British Section), *Annual Report for 1917*, p.2.

39    Kowloon Canton Railway (British Section), *Annual Report for 1920*, p.5.

40    Kowloon Canton Railway (British Section), *Annual Report for 1923*, p.3.

41    R. J. Phillips, *The Shataukok Branch – A Study 1911-1928*. (PRO). Kowloon Canton Railway (British Section), *Annual Report for 1924*, p.5.

42    Kowloon Canton Railway (British Section), *Annual Report for 1922*, p.4; Kowloon Canton Railway (British Section), *Annual Report for 1923*, p.4.

43    Kowloon Canton Railway (British Section), *Annual Report for 1925*, p.4.

44    R. J. Phillips, *The Shataukok Branch – A Study 1911-1928*, p. 2.

45    Kowloon Canton Railway (British Section), *Annual Report for 1925*, p.3.

46    Kowloon Canton Railway (British Section), *Annual Report for 1926*, pp.1-8.

47    Kowloon Canton Railway (British Section), *Annual Report for 1927*, pp.1-12.

48    Kowloon Canton Railway (British Section), *Annual Report for 1928*, p.2.

49    GA 1929 (suppl) no.40, Tender invited for wich now existing road between Fanling and the Tau Kok upon removed of Railway and Relling Strip of Land now occupied by Railway, Sha Tan Kok (25 Jan 1929 by Harold T. Creasy, Director of Public Works)

50    〈1444 幢歷史建築物簡要：新界孔嶺沙頭角公路粉嶺沙頭角支線孔嶺站〉，古物古蹟辦事處，< http://www.aab.gov.hk/historicbuilding/cn/960_Appraisal_Chin.pdf > [取用日期：2020 年 7 月 28 日 )。

51    阮志：《越界：香港跨境村莊及文化遺產》( 香港：三聯書店，2016 )，頁 174-177。

52    有關當年行山人士發現的沙頭角鐵路遺跡，參見朱維德：《香港掌故 3》( 香港：金陵出版社，1989 )，頁 110-111。

53    政府檔案處檔案編號：HKRS 934-7-32 Sha Tau Kok - Plover Cove Road.

54    李祈、經緯編著：《新界概覽》，頁 144-145。17 號巴士由元朗開出，經凹頭、米埔、洲頭、松柏朗到上水 ( 粉嶺 )；18 號由粉嶺開出、經龍骨頭 ( 今龍躍頭 )、拱嶺 ( 亦稱洪嶺，今孔嶺 )、麻雀嶺至沙頭角。見逸廬主人：《香港九龍便覽》( 香港：中華書局，1940 )，頁 92-93；湯建勛：《最新香港指南》( 香港：民華出版社，1950 )，頁 53-54。

55    同上，頁 147。

56    吳灞陵：《新界風光》( 香港：香港華僑日報出版部，1960 ) ( 1965 年第四版 )，頁 6-7。

57    郭嵩、魯丁、山客編繪：《新界四區導遊：元朗、沙頭角、青山、大帽山》( 香港：南針出版社，1980 )，頁 5。

# 抗日活動與戰後的沙頭角

日佔時期，由於英界沙頭角與內地有聯繫，抵抗日軍的活動亦相對活躍，東江縱隊港九大隊曾在沙頭角烏蛟騰一帶建立據點，不少客家人亦有參與。

# 日軍入侵沙頭角

1937 年 7 月 7 日「盧溝橋事變」，日本全面侵略中國，中國軍民對日本展開八年抗戰。在香港日佔時期，沙頭角不少村民被日軍徵召，被迫協助開採鉛礦或建立碉堡，分佈於山咀、蓮蔴坑及鹿頸等地。當地抵抗日軍的活動，因與內地的聯繫而相對活躍，東江縱隊港九大隊在沙頭角烏蛟騰一帶建立據點，不少客家人亦有參與。此區在戰時歷盡滄桑，本章根據檔案、報章及父老的敍述，重塑戰爭時期居民生活的苦況。

1938 年 11 月 26 日，日本軍隊一路由龍崗平湖沿九廣鐵路向南推進，黃昏 6 時進犯深圳墟，遭到自衛團及駐軍強烈抵抗，傷亡慘重，因沒有後援而退出。另一路日軍向大梅沙、小梅沙及沙頭角進逼，國軍在鹽田一帶與日軍發生激戰，至下午 4 時沙頭角亦淪陷，原駐深圳及沙頭角的海關人員在失守前已退入九龍[1]，然而仍有不少缺乏裝備的國軍士兵在中英邊界的沙頭角還擊。這支孤軍，應是連月來在虎門防守珠江三角洲的最後餘兵，當中以守備營營長劉權為首，曾與日軍在佛子坳遭遇，劉決定將其部隊退到近英界蓮蔴坑，但此處因為無險可守，進退更成問題。當時集合在蓮蔴坑的部隊，計有 151 師 453 旅的特連及第九連兩連、虎門守備營、平射砲連及寶安縣保安大隊等，各部隊均與其上級失去聯絡，為了適應環境需要，要求統一指揮作戰，各部隊長官公推虎門守備營劉權為各部隊的總隊長，政工隊隊長關鐵民為總隊附兼理總隊一切政治工作，全隊官兵人數為 786 人[2]。

港英當局曾派員四人（英人二人、華人二人）前來，勸其解除武裝，暫時退入英界，以保存實力及避免無謂犧牲。然而關鐵民答覆，先感謝友邦厚意，但此舉有辱國體，誓要與沙頭角共存亡[3]。當時亦有某師一部份士兵，因為對中英界線欠缺認知而武裝越界，被英軍扣留及繳械拘禁，送往九龍馬頭涌集中營。留守的壯士有約千多人，當時被比喻與上海四行倉庫保衛戰的八百壯士並列[4]。香港的僑胞及國際人士，均紛紛攜同糧食藥品衣物等，前赴沙頭角陣地慰問，記者以隨軍觀察員的身份在槍林彈雨下實地報導，成為一時佳話[5]。

1939 年 8 月，日軍從橫崗分兩路進犯中英邊界附近的沙頭角，一路經龍崗，一路由蓮塘坳推進，企圖越境進犯，有日軍廿餘人曾一度進入英界，惟由此路進擊困難；而由龍崗經鹽田到華界沙頭角一路，國軍陳慎榮部屬在鹽田周圍一度將日軍控制，沙魚涌方面則仍未有日軍蹤影。深圳淪陷後，寶安縣政府曾遷往華界沙頭角，到 8 月 17 日，日軍派出騎兵約 500 人往黃貝嶺屯駐，下午即秘密偷渡山麓，向沙頭角進犯，當地居民紛紛向英界撤退，至傍晚華界沙頭角終於淪陷，日本駐軍約有三四百人[6]。日軍又因為發現英國仍然經陸路運送物資予蔣介石政府，決定封鎖中英邊界。據日媒報導，當時佔領廣州的日軍部隊發言人更「就造成的不便」向香港假惺惺地道歉，指日前佔領華界沙頭角時，發現有一條高速公路能連接內陸腹地，是將軍火及物資從香港運入中國的主要通道，因此日方的行動是「無可避免」。日軍在佔領沙頭角至珠江口的南頭後發表上述評論，以警告英方立即停止有關行動，否則便會遭受嚴重後果[7]。

深圳淪陷後，日軍與港英軍隊在羅湖橋頭對峙，英軍掛起英國國旗（深圳博物館藏）。

日軍入侵深圳後，即遣部隊 400 人西進，1940 年 6 月侵入沙頭角墟，佔據粵港邊境的華界部份。港英為阻止日軍越過邊界，除了加強防衛部署外，還在中英街建起了鐵絲網，並懸掛英國國旗。日軍又沿廣九鐵路推進，企圖侵犯布吉及惠州。日軍佔據沙頭角墟後，另一隊日軍 500 人於 6 月 23 日佔領黃背嶺，並在該處築砲壘數座，強迫鄉民協同工作。大亞灣方面，有日艦十艘及航空母艦兩艘，載有飛機十幾架，對沙魚涌虎視眈眈，雖形勢緊張，但港沙交通照常行駛 [8]。到 7 月，日軍狂轟濫炸沙魚涌、淡水墟、惠州城一帶。英日軍隊在中英街隔鐵絲網對峙，當地鄉民大部分逃到新界避難，沒走的鄉民則慘遭日軍蹂躪，有人被日軍槍殺，有人被活活扔進水井裡淹死，還有人被強徵修建工事。日軍還以「妨礙交通」為名，扔棄了中英街第三至八號界碑，並在中英街通向新界的三岔路口，原三號界碑旁構築了一個碉堡，為進攻香港做準備 [9]。當時沙頭角學界聯合響

日軍在佔領的中英街曾興建碉堡，圖為碉堡部份構件在戰後仍存。

應僑教港分會九龍教育會主辦的「雙十贈旗」籌賑義舉，人們目睹毗連華界的戰火慘狀，反應相當踴躍[10]。1941 年 10 月 29 日清晨，駐守粵港邊界的 30 餘日軍手提機關槍等，突襲小梅沙村，當時鄉人正在酣睡，忽聞槍聲乃亡命奔逃，不料日軍見人即開槍掃射，十餘人被槍殺，重傷者有李福、李溫二人，日軍分頭將米石、豬牛等搜掠殆盡始收隊，鄉民見日軍已去，才敢出村撿拾屍體及至沙頭角警署報案，並僱車送傷者出九龍醫院診治。後來得悉，當日有日軍哨兵鳴槍，轟擊一隊運輸牲口前赴英界的商人，槍彈橫飛而射入英界，射傷農民[11]。

港府向日方提出抗議後不久，11 月 2 日在中英交界又有一名農民梁廣被日軍襲擊。由於物價飛漲，他乃冒險前往華界搜羅雞、鴨、豬、牛等牲口，以運港圖利，豈料在華界購得雞鴨兩籠後，由沙頭角附

日軍佔領華界沙頭角墟後，英軍在中英街建起了鐵絲網（英國戰爭博物館提供）。

近進入英界時被日哨兵發覺，放槍十餘響並向其追擊，梁廣身中一槍，負傷向英界逃去，但日兵竟窮追至中英交界處，以槍頭刺刀向他背部連刺數刀，劫掠其雞鴨後退返華界。梁廣重傷動彈不得，由英軍召十字車到場，送往九龍醫院留醫 12。

1941 年 12 月 8 日，日軍橫渡深圳河，迅速佔領新界。隸屬日軍伊東武夫少將第 38 軍師團的 229 聯隊第三大隊，從沙頭鎮沿大鵬灣北岸進入英界沙頭角，左翼 229 聯隊主力由橫崗墟過境，另一部隊從沙頭埔沿小路向打鼓嶺進發，中路即右翼 230 聯隊由李朗沿九廣鐵路入羅湖 13。日軍進攻新界的同一日，廣東人民抗日游擊總隊（即

東江縱隊的前身）派遣第三及第五大隊的武工隊來港，一方面於新
界九龍發起對抗日軍的游擊戰，一方面發動本港青年組織自衛隊。
其中第五大隊手槍武工隊由沙頭角南涌村人羅汝澄負責帶路，12月
10日凌晨1時便抵達南涌羅屋村。當時整支隊伍只有十五六人，由
隊長林沖率領，是為沙頭角中隊的前身。手槍隊的主要工作包括組
織群眾、打擊土匪及建立活動據點。

## 港九大隊成立及沙頭角中隊

1942年2月3日，廣東人民抗日游擊總隊港九大隊於西貢黃毛應
村宣告成立，由蔡國樑擔任大隊長，陳達明為政委，主管沙田、西
貢；政訓室主任黃高陽主管沙頭角、元朗等地區[14]。港九大隊的成
立，是要將派到港九地區的部隊聯合起來，根據各區的特點和形勢，
陸續成立了大嶼山、沙頭角、西貢、海上、市區及元朗六個中隊、
長槍隊及短槍隊，發展出游擊隊員600人左右。後來，整個港九獨
立大隊有大約1,000名成員，當中有百多名女戰士，主要從事民運
（即民眾宣導）、宣傳、衛生等工作，亦有一些進行武裝行動，如
港九大隊市區中隊的方蘭。另外，羅歐鋒的妻子歐堅，是港九大隊
部醫院的院長。醫院是流動的，隨部隊在赤徑、大浪、北潭涌、大
鵬灣附近的南澳一帶活動。最早參加港九大隊的，很多是青年知識
份子，有不少是家境富裕的英文書院學生。如政委陳達明是大學生、
國際工作小組負責人黃作梅畢業於皇仁書院；為東江縱隊司令曾生
當英文翻譯的林展是庇理羅士女書院的學生；全家共有11人參加
游擊隊的沙頭角羅家，幾兄弟也分別在英文書院讀書。

蔡松英生於 1925 年，原名蔡自雄，祖籍南海佛山，是土生土長的香港人，父親原在郵政局工作，在省港大罷工期間辭職。早在 12 歲時，蔡松英已組建了「螞蟻兒童合唱團」並自任團長，參加抗日救亡運動，在港九各地演唱抗戰歌曲和表演抗戰話劇。劇團有近 20 人，其中蔡松英和親戚梁雪英因志同道合、情同姊妹，被合稱「抗日姊妹花」。香港淪陷後，1942 年 3 月，兩人一起參加了港九大隊，在游擊隊的交通員帶領下，從九龍市區步行，經沙田、大埔，至吐露港海灣。路上她們要與交通員保持距離，以免被日軍發現，最終來到目的地：沙頭角烏蛟騰村。後來她們在西貢、沙頭角等地活動，負責民運工作，在新界發動和組織民眾，配合游擊隊的抗日鬥爭 15。

烏蛟騰村又名烏蛟田，是新界東北的大村，蔡松英來到這裡時，發現一些鄉長表面上是日本人的傀儡，但其實「白皮紅心」，為游擊隊辦事及提供情報。如當時每個居民可配給六兩四米、二錢油，鄉長便虛報多些鄉民姓名，取得額外的糧食，以供給游擊隊。在港九大隊的努力下，數百人的烏蛟騰村有九成居民組織起來，形成一股抗日力量，亦令烏蛟騰成為抗日戰爭時期港九大隊沙頭角中隊的根據地之一，從烏蛟騰直接參加港九大隊的村民便有 39 人，包括李世藩、李憲新、李天生、李志宏、李官盛、李偉文、王官保、王志英、李源培等。

日佔期間，烏蛟騰村曾經被圍攻十餘次。1942 年 9 月 25 日中秋節翌日，日軍掃蕩及包圍烏蛟騰，將村民集中在禾堂，拉出村長李世藩（表面上是日本人委任的村長），盤問他有沒有發現槍枝及游擊

隊，李村長堅稱不知情，日本人於是向他灌水及毒打，後來更用軍
馬拖拉，李村長壯烈犧牲 16。副村長李源培亦被日本人抓住，在一
間店舖中以熟煙燒灼他的背部，又向他射水、潑水及灌水，他因為
休克，日軍沒取得任何情報，李副村長其後亦病歿 17。另外，村民
亦負責保護村東南面的石水澗村，此地曾為游擊隊電台站，前後隱
藏了八個月，使得廣東的中共黨組織和游擊隊與延安保持聯繫。特
別是 1943 年 2 月，在烏蛟騰村附近的山坡上，召開了被稱為「東
江縱隊五大會議」之一的「烏蛟騰會議」，對指導東江軍政委員會的
抗日工作產生了深遠影響，會議中決定反擊日軍、挺進稔平半島及
梧桐山。

1943 年 3 月，港九大隊為了發揮各地區的靈活作戰，成立沙頭角
中隊，代號「明華中隊」，活動範圍覆蓋沙頭角、上水、粉嶺、大
埔、元朗、荃灣及新田等地區。明華中隊首任中隊長林沖，屬下
有三個短槍隊：大埔沙羅洞的短槍隊，隊長由中隊副莫浩波兼任；
三椏一帶的短槍隊，隊長是盧進喜；元朗的短槍隊，隊長是高平生。
中隊下屬有四個民運區：沙頭角、大埔、上水及元朗區。沙頭角區
由羅廣志（蔡松英丈夫）負責，民運人員有歐巾雄、陳水、張達（亦
名黃義中，1944 年在吉澳島負責民運）、張英、蔡華（蔡松英）及
余綠波等。此外還有一些情報蒐集人員，如沙頭角鎮的劉德謙、
魚欄的黃雲生、粉嶺墟魚檔的沈以和、上水大埔田的彭福、大埔
的林瑞岐、陳偉仁、張才等。1944 年 9 月，元朗獨立成另一中
隊，明華中隊代號改為巴黎隊。長槍隊的主要活動範圍為橫山腳、
茅田仔、三椏、金竹排、紅石門及馬尿等地，任務主要是保證紅石

門至大小梅沙一帶交通暢順，亦負責總部電台及大隊政訓室的外圍警衛、肅匪、反霸、保護群眾等，曾處決吉澳一名漁霸鄧芬，保衛廣東軍政委員會會議，並處決在「三三事件」中向日軍告密的鹿頸漢奸村長黃發等[18]。

震驚全港的「三三事件」發生於 1943 年 3 月 3 日，是抗日游擊隊港九大隊在香港遇到的一大重挫。港九大隊政訓室當時位於南涌後山的老龍田晏台山，早在 1943 年 2 月，已有消息指日軍隨時會到來搜查，政訓室的武裝人員被安排先行撤退，只留下十餘位非武裝人員和八支槍械，這缺乏槍械的情況成為了一個大弱點。3 月 3 日，日軍兵分三路，從沙頭角、丹竹坑、大埔前來搜捕。南涌羅屋一位約九歲的羅姓村民，是游擊隊的「小鬼隊」成員，收到通知向政訓室通報日軍動向，但為時已晚，半路時已聽到槍聲，戰事開始[19]。當時亦有其他游擊隊交通員接獲消息，但因被粉嶺軒轅祖祠外的日軍關卡所阻，致使老龍田的游擊隊員未及通知，終被日軍突襲成功。原居三椏村的政訓室事務長曾福掩護隊友突圍，用手提機槍向敵人掃射，擊斃敵軍兩名，自己亦中彈壯烈犧牲，交通站長符志光及縣級幹部邱國彰亦在戰鬥中犧牲[20]。另一位小交通員溫觀友，沙頭角客家人，他勇奪敵人步槍與日軍戰鬥，身中三槍負重傷，雙方激戰一日一夜，戰況慘烈[21]。曾任教師的港九大隊宣傳幹事陳冠時，為掩護戰友突圍，不幸負傷被俘，兩個多月後被日軍斬首示眾，享年 21 歲。政訓室負責人黃高陽突圍而出，逃抵南涌，幸得村民掩護得以脫險。

老龍田政訓室遺址外（鄭世亮提供，2018 年 3 月 3 日攝）

在同一場突擊中，鹿頸村的漢奸黃發帶同便衣日軍，入村捕捉游擊隊員陳永有及陳揚芳（兩人在 1942 年初先後加入地下黨），之後沙頭角中隊設法營救，但未能成功。兩位隊員在獄中被嚴刑拷打，但沒有背叛同僚，最後被殺害。日軍前往捉拿陳氏兩人時，蔡松英剛好在陳永有家，但身份未有被洩漏，日軍見她一身客家衣服，便問陳永有的母親她是誰，母親回答是「她的女兒」。日軍離開後，蔡松英為免連累他人，立即逃走，避開了日軍返回捉拿。事後，她十分感謝陳永有的母親撒謊令她及時逃脫，撿回一命[22]。

## 梧桐山戰役

港九大隊所屬的廣東人民抗日游擊總隊，1943 年 12 月 2 日於惠陽縣（今深圳市寶安區）土洋村公開宣佈改編為「廣東人民抗日游擊隊東江縱隊」，簡稱東江縱隊，並在坪山墟召開軍民大會慶祝，由曾生擔任司令員，林平（尹林平）任政治委員，共設第一至第七支隊，港九大隊仍為其中一支，在香港抗擊日軍。土洋村於 1912 年建成天主教小堂，抗日戰爭期間成為東江縱隊司令部和中共廣東省委臨時常委所在地 23。東江縱隊以嶄新的游擊戰術對日本展開鬥爭，除了增強武裝力量外，亦擴大了根據地，標誌著東江及華南敵後游擊戰爭的新發展。

東江縱隊其中一支曾在沙頭角一帶作戰的是惠陽大隊。梧桐山是深圳河的發源地，山高林密，是游擊隊活動最佳場所。1943 年 2 月 15 日晚，惠陽大隊除去日軍在沙井頭的外圍據點後，打通了從鹽田經伯公坳、蓮蔴坑通往港九游擊區的通道，並派出小隊到梧桐山南面的蓮塘坳、鐵門扇及徑肚等，均是原中英邊界的村莊。2 月 17 日，第二小隊轉移到鐵門扇村（長嶺村的分支，今蓮塘小學），翌日，日軍接到密報，從沙灣墟及深圳墟出動百多人向蓮塘坳推進，並襲擊佛子坳（坳下通往小梧桐的唯一通路）24。惠陽大隊與日軍在梧桐山發生連場激戰，日軍傷亡 30 多人，惠陽大隊亦有 20 多位烈士為國捐軀。日軍其後在離中英街約百米的客家建築張丁貴大院，設立另一個據點，這是一間一字排開六間的大宅，有石頭圍牆及門樓，由惠陽偽警察大隊一個中隊駐守，以堵住通往中英街的道路。1943 年

6 月，在惠陽大隊大隊長高健的精密籌劃下，凌晨以短槍隊、爆破小組、步兵、機槍班組成的掩護隊，由大隊長直接指揮，突襲大院，機槍班以猛烈的火力制壓偽軍，掩護爆破組衝向門樓，一舉將門樓炸塌，突擊組隨即衝進院內，雖然日軍從工事中向大院亂槍射擊，但機槍班隨即向日軍開火，掩護突擊隊。日軍惟有躲在工事及營房內，不敢出動，最後全軍覆沒。

## 攻打蓮蔴坑礦山

經此一役，沙頭角日軍沒有再建立外圍據點，從坪山抗日根據地至港九游擊區的道路被東縱打通，令日軍直接暴露在東縱的火力攻勢下。惠陽大隊於夏秋之間在港九大隊沙頭角中隊的配合下，數次攻擊沙頭角日軍憲兵隊及警備隊。

沙頭角蓮蔴坑的礦山盛產鉛鋅，日軍佔領礦山後，村內青年葉維里和夥伴不忍見礦產被日軍用以製造槍彈殺害中國人，於 1943 年 10 月嘗試爆炸礦山，但未成功。行動失利後，日軍將全村男丁拉到沙頭角憲兵部（今車坪街村屋）監禁 28 天毒打，其後葉維里參加了廣東人民抗日游擊總隊（東縱前身）。1944 年，東縱惠陽大隊屬下，基地設在坪山的第二支隊向沙頭角區拓展戰線，突擊蓮蔴坑礦山。1945 年 2 月，在偵察員葉維里的引領下展開戰鬥，炸毀被用來製造子彈的鉛礦，擊傷日軍部隊數人，並燒毀礦山全部設施，以阻止當地資源被掠奪 [25]。自此，梧桐山東部及北部跟坪山中心區連絡起來，西部及南部除丹竹頭、沙灣及沙頭角三個據點外，梧桐山周邊

曾經歷戰火的蓮蔴坑礦山（圖右）今貌，照片中央為深港邊界。

大部份地區已成為惠陽大隊的控制範圍 [26]。

## 鹿頸及石涌凹的抗日活動

在沙頭角區，不少村民被日軍強徵，於鹿頸興建防禦網，由多個機槍堡、觀測台及塹壕組成，屹立於南涌附近山上，眺望沙頭角海，視野開闊 [27]。通往防禦網的路徑很隱蔽，不易到達，據說這些構築物是為了鞏固邊境防衛，抵禦聯軍試圖由新界東北部進入香港。

鹿頸雞谷樹下的朱氏一族，便曾被迫興建砲台及戰壕，部份族人則

日軍曾強迫村民興建防禦設施，圖為現存於鹿頸山丘的機槍堡遺址。

加入東江縱隊港九獨立大隊，當中海上中隊成員朱來，在西貢大浪口被日本人殺害。另一位為國犧牲的還有李開才，下禾坑村人，1942 年參加港九大隊，工作積極及遵守紀律，由組織上調至南鹿民主鄉政府擔任文職人員，成績不俗。1945 年 8 月，日軍在投降前作垂死掙扎，對鹿頸及烏蛟騰一帶的村莊進行最後的掃蕩，李開才不幸被日軍射殺 [28]。鹿頸村民陳金，1943 年參加港九大隊，是武裝部隊戰士，1944 年 6 月因病回家治療期間，被村長陳添章出賣給日軍，在嚴刑拷打下仍沒有供出成員，最後被處決 [29]。

石涌凹的羅家大屋為羅奕輝所建，是抗日時期港九大隊的活動基地。羅家曾有 11 人參與港九大隊的抗日游擊活動，其中羅汝澄曾任沙頭角中隊和西貢中隊中隊長、港九大隊副大隊長，羅歐鋒曾任海上中隊中隊長，羅許月曾任港九大隊大隊部交通站長，區堅曾任

港九大隊醫院院長。其他成員分別擔任過交通員、民運員和情報員等工作。根據原港九獨立大隊老游擊戰士聯誼會會長林珍的敍述，羅家大屋是游擊隊進入香港後的落腳點，也曾是港九獨立大隊的活動基地和交通站，見證了香港的抗戰歷程。

## 民主鄉政府的建立

廣東人民抗日游擊總隊港九大隊在西貢黃毛應建立後，活動範圍一直伸展至沙頭角、元朗、大嶼山等地。南涌村是游擊隊在沙頭角的第一個據點，南鹿約及六鄉作為沙頭角十約的成員，日佔初期已有游擊隊成員在此活動。1945 年初，沙頭角中隊在南涌、鹿頸正式成立第一個「民主鄉政府」，是一個以抗日志願人士為骨幹的自治政府，鄉長為鹿頸村的黃馬發。日本人佔領新界之前，理民府是管治新界的行政單位，民眾不能組織自治政府，否則屬於違法。日佔以後，港九大隊為了鞏固和擴大游擊隊的活動範圍，推動新界一些地區，建立了抗日民主鄉政府。「民主鄉政府」的命名，是由於成員包括鄉紳、農民等各方面的代表，發揮了一定「民主政權」的作用 30。

民主鄉政府設有主席（或稱鄉長）一職，由村民推選，都是該區有名望或公信力的人物。例如南鹿鄉政府，因為黃馬發在地區工作有名望，故被推選出任鄉長；副鄉長是村民陳秉琅，雖然他是日本留學生，但也擁護抗日活動，其女兒陳秀卿後來更參加了游擊隊。這個政權以跨界別為主，各階層的鄉紳、進步人士及鄉民等，都可以

原東江縱隊司令員曾生，1984年重返烏蛟騰探訪村民父老（前排左起：村老、曾生、曾生夫人阮群英）。

幫助游擊隊工作，團結各方人士抵抗日軍。鄉民都知道民主鄉政府的活動，但為了預防漢奸，要低調行事，以免被敵軍發現。南鹿鄉距離日軍駐紮的沙頭角及大埔墟很接近，例如前文便提及鹿頸的漢奸黃發，在「三三事件」中出賣了游擊隊，故此村民均須慎防走漏信息。

當時從事民運工作的蔡松英指出，他們工作不是百分百有效，在日本人的威迫利誘下，亦會出現黃發這樣的漢奸。民主鄉政府又提倡「二五減租」：一畝田有多少擔穀出產，地主與佃農各佔一半，提高農民耕作的積極性。在南涌及鹿頸建立的「南鹿民主鄉政府」，仿照正式政權，設各種行政部門：文教、衛生、民政、糾紛解決、武裝（民兵）等，鄉中青年則負責在哨站放哨，保衛村莊。總括來

說，這是一種自衛性的政府組織。據蔡松英口述，政府備有財政預
算，項目包括興辦教育，如設立「識字班」及夜校等，向鄉中子弟
傳授知識。負責民兵的是黃馬發的兒子黃冠玉（後來遷居華界沙頭
角）。南鹿民主鄉政府範圍覆蓋鹿頸，包括鹿頸上圍、海下、陳屋、
黃屋、雞腳樹下（今雞谷樹下）、南坑尾（今鹹坑尾）；南涌則有羅
屋、李屋及鄭屋，政府辦公室設於鹿頸上圍陳春財的住所。另有「中
南民主鄉政府」，即指沙頭角中、南部村莊，包括烏蛟騰、上茅田
（今上苗田）、下茅田（今下苗田）、九擔租及六鄉（即涌背、涌尾、
金竹排、橫嶺頭、大滘、小滘），兩個民主鄉政府均支援游擊活動。

## 抗戰勝利與沙頭角復界

美國於廣島及長崎投下兩枚原子彈後，1945 年 8 月 15 日，日本
終於宣佈無條件投降。1945 年 9 月 28 日，港九大隊發佈《東江縱
隊港九獨立大隊撤退港九新界宣言》。1946 年 6 月 29 日，東江縱
隊及華南其他中共武裝部隊奉命集結在沙魚涌，在曾生司令員統率
下，登乘軍艦北撤山東煙台。

1948 年 4 月 15 日，沙頭角的復界工作在中英雙方首長主持下完成，
國民政府由廣東省民政廳長徐景唐主持，英方代表則為新界理民府
首長班輅，當日下午 1 時 15 分，由英方假沙頭角警署設茶會招待，
由於班輅及隨行人員操流利廣州話，大家談笑甚歡，雙方代表更在
英界沙頭角通往華界的橋頭上檢閱東和鄉學校的學生歡迎隊伍。
檢閱完畢後，雙方代表及隨行人員先至第一號界石檢視，該石自豎

立以來從未被移動過,上面分別刻有中英文字,英文為「中英石界
一八九八年,第一號」(翻譯),中文則為「光緒廿四年,中英界石,
第一號」。第二號界石亦分別書有中英文字,位置在一小石橋通過
之處。惟第三至八號石,則於日佔時被日軍移走[31]。除了八號石最
終丟失而要重新豎立外,其餘五塊皆被尋回,重新安置在原位。新
的八號石分為甲、乙二石,因八號石的界位剛好在小河中,如豎立
於河床,恐為河水沖走,故雙方協議製成甲、乙兩石,豎立兩岸,
與河中的界點各距離 33.5 呎,故該兩石並非正式界石[32]。自此粵
港邊界恢復過來,由大鏟關起,自西而東,經南頭、沙頭、深圳、
文錦渡、羅芳、蓮塘、蓮蔴坑、徑肚、伯公坳、坳口、夾水口、黃
坭塘,迄沙頭角東和鄉的新樓街碼頭為止,全界除了沙頭角東和墟
有小段陸界外,其餘均以河川為自然分水界。沙頭角東和墟的陸界,
剛好在墟內橫街中心,劃為兩邊,北者為華界,南者為英界。這條
街道正是中英街。

## 烏蛟騰抗日英烈紀念碑

抗日戰爭勝利後,沙頭角的村落漸漸恢復,如烏蛟騰復興發展農業,
在山坡水源處興建水陂,以利灌溉[33]。惟 1950 至 1960 年代,村
民紛紛外流,移民英國及歐洲其他國家。為紀念多位烏蛟騰的抗日
烈士,烏蛟騰村的南洋華僑李源勳積極倡議,村民決定募集捐款,
籌建紀念碑,1951 年 10 月在烏蛟騰一處山坡下落成。30 多年後,
1984 年,烏蛟騰海外聯誼會創立,提出重建紀念碑的建議,隨即
發起募捐,獲該會同人熱烈回應,在村民群眾的努力下,1985 年

參加烏蛟騰抗日英烈紀念碑重修揭幕儀式的十多位旅英華僑，在碑前合照。

動工。修繕期間，原東江縱隊司令員曾生重訪港九新界，建議烏蛟騰烈士紀念碑改稱「抗日英烈紀念碑」，並親筆題字，1985 年 9 月重修竣工。10 月，烏蛟騰海外聯誼會組團回鄉，參與紀念碑落成儀式。25 日，在會長李祥和抗日老戰士代表張興的主持下，重修的「抗日烈士紀念碑」隆重揭幕 34。2009 年 12 月，在特區政府的支持下，於烏蛟騰村村口近新娘潭路重建烈士紀念園， 2010 年 9 月 24 日舉行重建落成開幕儀式。2015 年，為隆重紀念抗戰勝利 70 周年，國務院下發《關於公佈第二批國家級抗戰紀念設施、遺址名錄的通知》，將「烏蛟騰抗日英烈紀念碑」列為國家級抗戰紀念設施之一。

1950 年代剛重建完成的堡壘式沙頭角警署

## 戰後沙頭角的警政

1941 年，石涌凹的沙頭角警署被日軍摧毀，1945 年戰後，英軍金冕多部隊負責沙頭角的警察工作，建立鐵皮屋，作為辦公地點及宿舍。1947 年，香港警隊重組，實力已足以恢復在新界的工作，同年 4 月 1 日，警察接替金冕多遷入該鐵皮屋，直至 1953 年新的沙頭角警署落成。警方又於 1952 年增設新界警察政治部，專責處理涉及政治的問題或案件，首任主持人為歐籍幫辦紐頓，成立以來曾偵破重要案件 35。

1949 年 10 月 1 日新中國成立後，英方為適應新的政治形勢，及加強邊界保安，將被日軍摧毀的沙頭角警署重建為堡壘式建築，仍位於石涌凹的小山丘，俯瞰沙頭角公路。新警署為現代化建築，地下設有捕房、偵緝部及羈留室等，警官及警員宿舍則設於二樓及三樓。新警署的特點是東北角屋頂的瞭望塔，它居高臨下，可裝小鋼炮，每層樓的牆壁設有機關槍穴 85 個。警署於 1953 年 8 月 1 日由時任警務處長麥景陶主持剪綵啟用，正式負起保護邊區治安的重任 36。

## 註

1　《大公報》，1938 年 11 月 26 日。

2　任宇賽：《沙頭角孤軍奮鬥記》（香港：大時代圖書供應社，1939），頁 26-27。

3　任宇賽：《沙頭角孤軍奮鬥記》，頁 20-25。

4　任宇賽：《沙頭角孤軍奮鬥記》，頁 20-21； "Hong Kong Border Tension, *The Observer* (1791-2003); Nov 27, 1938 in ProQuest Historical Newspapers *The Guardian and the Observer* (1791-2003), p.25.

5　《工商晚報》，1938 年 11 月 28 日。

6　《工商日報》，1939 年 8 月 18 日。

7　 "Hong Kong To be Blockaded"，*The Observer* (1791-2003); Aug 20, 1939 in ProQuest Historical Newspapers *The Guardian and the Observer* (1791-2003), p.11.

8　《大公報》，1940 年 6 月 24 日。

9　孫霄：《粵港沙頭角邊境復界問題考略》。

10　《香港工商日報》，1941 年 10 月 9 日。

11　《香港工商日報》，1941 年 10 月 30 日。

12　《香港工商日報》，1941 年 11 月 4 日。

13　李起源：《日軍襲港記》（安大略省：繼善書室，2002），頁 36-39。轉引自阮志：《中港邊界的百年變遷：從沙頭角蓮蔴坑村説起》（香港：三聯書店，2002），頁 257。

14　中共深圳市委黨史辦公室、東縱港九大隊隊史徵編組編：《東江縱隊港九大隊六個中隊隊史》（深圳：深圳市印刷廠，1986），頁 32-55。

15　《鶴髮話當年：抗日戰爭勝利七十周年紀念特輯》（香港：香港高齡教育工作者聯誼會，2015），頁 40-41。

16　戰後村民為緬懷眾烈士，發起興建紀念碑，於 1951 年 10 月建成，是當時香港第一

座有紅五星的紀念碑。

17　香港口述歷史研究檔案計劃：AN154 蔡松英（又名蔡自雄、蔡華、蔡從英，1925 年出生於香港）。亦見陳達明：《香港抗日游擊隊》。

18　中共深圳市委黨史辦公室、東縱港九大隊隊史徵編組編：《東江縱隊港九大隊六個中隊史》，頁 32-55。港九獨立大隊除了抵抗日軍外，亦肩負另一項重要任務──秘密營救滯留在港並被日軍搜捕的重要人士，在營救行動中，游擊隊採用的路線多達 12 條，最後獲救脫險的達 800 多人，包括何香凝、廖承志、柳亞子、茅盾、梁漱溟、司徒慧敏、鄒韜奮、鄧文釗等政治及文化界人士。港九大隊亦在戰事中營救遇襲的盟軍，包括墜機的美國飛行員克爾中尉；他們亦為英軍服務團提供情報，互相支援。獲救人士之一的鄒韜奮其後親筆題寫「保衛祖國、為民先鋒」八個字，贈給東江縱隊領導人曾生，盛讚他們對抗日所做的重要貢獻。據茅盾晚年撰寫的回憶錄記載，他們一行人翻過大帽山離開香港：「我們終於登上了梅林坳，俯視山下，在茂盛的樹木中，隱約可見幾點燈火。那就是白石龍──游擊隊總部所在地，終於安全了！」眾多文化人在香港地下工作者的安排和東江游擊隊的保護下，逃離香港抵達內地，是一項艱巨的營救行動。

19　根據南涌鄭屋村代表鄭世亮提供口述歷史資料。亦見郭志標：〈烏蛟騰村石水澗「三三事件」老龍田〉＜ http://www.hkfca.org.hk/data/draft/9512kcb.htm ＞（取用日期：2020 年 12 月 31 日）

20　徐月清編：《原東江縱隊港九獨立大隊》（香港：港九大隊簡史編輯組，1999），頁 43。

21　溫觀友，沙頭角榕樹凹村村民，12 歲加入港九大隊沙頭角交通站。他在三三事件後回內地休養，復原後返港，即又轉到觀音山交通站，繼續交通員的工作，現居深圳。香港口述歷史研究檔案計劃：AN136 張發、連環雄、溫觀友。

22　香港口述歷史研究檔案計劃：AN154 蔡松英。

23　1944 年 7 至 8 月，有名的土洋會議（省臨委和軍政委員會聯席會議）在此召開。

24　吳德文、深圳市寶安區史志辦公室編：《寶安人民抗日戰爭紀事》（深圳：深圳市寶安區檔案局（館），2008），頁 101-107。

25　阮志：《中港邊界的百年變遷：從沙頭角蓮蔴坑村說起》（香港：三聯書店，2002），頁 261-266。

26　吳德文、深圳市寶安區史志辦公室編：《寶安人民抗日戰爭紀事》，頁 101-107。

27　見和仁廉夫：《歲月無聲──一個日本人追尋香港日佔史蹟》（香港：花千樹出版有限公司，2013）。除了鹿頸山丘的機槍堡外，山咀後山亦現存一些機槍堡及戰壕遺址，根據村民所述，亦是日軍強迫村民所興建。

28　中共深圳市委黨史辦公室、東縱港九大隊隊史徵編組編：《東江縱隊港九大隊六個中隊隊史》，頁 32-55。

29　同上。

30　民主鄉政府少見於有關抗日戰爭的史料，主要是由於題材敏感。現時的敍述主要依照香港大學《香港口述歷史研究計劃》的訪談資料而進行重構。

31　《華僑日報》，1948 年 4 月 16 日。

32　《華僑日報》，1948 年 4 月 16 日。

33　《工商晚報》，1955 年 2 月 6 日。

34　特刊編輯小組：《烏蛟騰海外聯誼會成立二十週年暨第十一屆執行委員就職》（曼徹斯特：烏蛟騰海外聯誼會，2004），頁 18-19。

35　李祈：《新界概覽》（香港：新界出版社，1954），頁 12。

36　同上。

# 一九六七年前後的沙頭角與中英街

新界地區素有愛國和革命活動的傳統，1967 年，香港爆發左派稱為「反英抗暴」的暴動，沙頭角地跨內地與香港，受「文化大革命」影響更大，情況就更為複雜。1971 年，安妮公主訪問邊界，可見粵港邊界是當時英國希望藉此作為政治宣傳的一個地點。

# 禁區成立與麥景陶碉堡

新界地區素有愛國和革命活動的傳統，1899 年英國接管新界時，曾發生武裝抗英鬥爭。三年零八個月香港淪陷期間，這裡是中共領導的抗日游擊隊港九大隊活動的地區。1949 年 10 月 1 日中華人民共和國成立以後，新界仍有一些左派人士。1967 年，香港爆發左派稱為「反英抗暴」的暴動，沙頭角地跨內地與香港，受「文化大革命」影響更大，情況就更為複雜。

1951 年，港英政府與中國政府關係逐漸緊張，於 5 月 25 日宣佈在邊界地區實施宵禁[1]。沙頭角和米埔等地開始實行宵禁，最終成為禁區，除中英街外，邊境立起一道又一道鐵絲網，以防走私、偷渡及難民潮，自此兩邊居民再不容易往來。夜禁剛頒佈時，戒嚴範圍頗大，包括由深圳河口西岸之點起，向東延伸至沙頭角，再折向西南，沿沙頭角公路南邊，至丹竹坑、龜頭嶺、鶴藪、沙螺洞、吐露港北岸、大埔及粉嶺交界處、林村公路、八鄉、凹頭、紅毛橋、深灣，返回深圳河口。其後，因應局勢漸漸安定，治安日固，當局為便利鄉民來往及農耕工作，1953 年夏季頒令縮小宵禁區，由新界理民府印備地圖，曉諭鄉民知悉遵守。當時範圍西始深圳河口，沿中英邊界由西而東，至沙頭角邊界之東端，沿沙頭角、粉嶺十字馬路之南轉入西南方，至粉嶺十字路，再由此沿馬路北邊轉向西，直至米埔為止，新界北部大部份地區均屬於宵禁範圍，時間由每日晚間 10 時至翌晨 6 時止[2]。

1953 年新界宵禁區範圍

1962 年，香港政府檢討禁區政策，為進一步控制人口及保安需要，通過《邊境禁區令》將新界宵禁區的一大部份確立為禁區界線：由香港東邊的沙頭角至打鼓嶺、落馬洲，及西邊的米埔等地，劃成禁區，面積約 2,800 公頃。自此，警方在邊境禁區界線與主要公路的交匯處設置檢查站（Police Check Point），以控制車輛及人士進出，並檢查其禁區通行證（俗稱禁區紙）。1960 年代有三個檢查站，分別在上水紅橋、打鼓嶺坪𩐋及沙頭角石涌凹，初時這些檢查站設計簡陋，曾發生駕車衝越事件，後來當局將其擴建，成為現時所見的規模。但基本上，由於檢查站 300 碼以內均設有警署，故設計仍是以簡單的哨崗形式為主。假設發生重大事件，附近的警署可在短時間內作出支援。

1973 年的石涌凹檢查站

到了 1970 至 1980 年代，紅橋的檢查站因應邊境禁區界線的變動，
往後退至上水虎地坳，後來落馬洲檢查站亦投入服務。

以始建於 1950 年代的石涌凹管制站為例，原有的哨崗規模較小，位
於往沙頭角方向道路的左面，鄰近小山丘上的沙頭角警署。「六七暴
動」後，警方認為需要加固其防衛，遂增建約兩層高的簽篷、交通
燈及髹上黃黑斜紋的石屎，以保障警員，並增加「道路封閉」的告
示，提醒駕駛者即將進入前方禁區。路障旁的行人路上設有警崗，
內有茶水房、休息室、洗手間、槍房。現時整個石涌凹前檢查站的
建築已被拆除，而約 200 碼之遙的沙頭角警局則仍存 [3]。

伯公坳麥景陶碉堡位於沙頭角紅花嶺伯公坳（亦稱白宮坳），在沙頭角事件後，是港英主要加緊佈防的要點，在山上監視邊界的情況，以防止偷渡及走私物品。該瞭望台設有「尼森」小屋、廚房、飯廳、廁所、石屎掩蔽體、電話哨崗、石屎小徑及宿舍等，始建於 1956 年，喏喀的騾兵隊會用多匹騾隻將重型物件載運上山，軍車亦會搬運大批方木、鋅鐵塊，堆在南涌路側的空地，以建設碉堡、炮壘陣地等。

有關麥景陶碉堡的歷史可以追溯至 1945 年戰後初期，當時生活回復正常，大部份原先移到內地的難民返回香港居住，人口估計有 50 萬，呈上升趨勢。到 1947 年底，已增加到估計 180 萬。1948 至 1949 年，由於國共內戰帶來的不穩定局面，大量內地難民開始湧入香港。1949 至 1950 年初，大約 75 萬人由廣東省、上海和其他大城市進入香港。1950 年春季，香港估計人口達到 236 萬。在這些難民中，有國民黨軍隊的殘餘勢力，也有普通罪犯，他們成群結隊，帶著武器突襲邊境附近的村莊，經常和警察發生槍戰，還有幾次警察被殺害、左輪手槍被盜的案件。當中較大的兩件案均發生在 1949 年 5 月，導致某些邊界地區警崗的設計和使用上的轉變。

1949 年 5 月 2 日，由四人組成的警察巡邏隊離開打鼓嶺警署，及至午夜過後不久，在打鼓嶺和蓮蔴坑之間邊境路的松園下遭到伏擊。襲擊者是一個由十多人組成的團伙，他們向警察開槍，一人殉職，另一人則輕傷，匪徒逃走時更搶去殉職警員的左輪手槍。15 天後的 5 月 17 日晚，該團伙再次襲擊打鼓嶺附近的瓦窰警崗，當時警崗只是兩個磚結構的房間，沒有任何圍欄或其他設施。四名當值

警員中，兩名離開警崗，到約 100 碼之外看不見警崗的本地茶寮用膳。第三名正在附近一個棚屋內洗澡，第四名則在警崗外面守衛。離開了警崗的三名警員聽到槍聲後，看到三名手持武器的男子從警崗逃出，留駐值班的警員則背部中了兩槍，倒臥於警崗外。另有預先佈陣的兩名持械男子，阻止在茶寮的警員趕往支援，顯然是精心計劃的行動。該團伙搶去一把斯登衝鋒槍（Sten）、兩支步槍，以及殉職警員的左輪手槍，向深圳河逃跑。三天後，根據新界軍官提供的信息，大批中國軍隊在深圳以北四哩一個村莊突擊了該團伙的藏身處，三人被擊斃、五人被捕。突擊行動中繳獲的武器，包括之前在邊境路上被殺害的警員的左輪手槍。這案被稱為「瓦窰事件」，令當時的警務處長麥景陶（Duncan William MacIntosh）決定改善邊境警崗的設計，以及在這些警崗部署的人員。

警方在邊界沿線的山頂上，豎立了許多瞭望及防範的碉堡，從戰略角度，它們是守護香港土地的防禦工事，監控著邊界由東至西的整個情況。遠觀這些混凝土結構，氣勢宏偉，在山崗上展現截然不同的外觀，亦與周遭的環境混為一體，外牆均髹以綠色，像矗立在山頂的教堂，故被稱為「麥景陶大教堂」（MacIntosh Cathedrals）。1953 年，警方總共建立了七座麥景陶碉堡，為警察提供殖民地的第一道防線，組成一連串的據點。

時任助理督察戴維斯（M. E. Davis）更撰文，詳細描述這批新警崗兼瞭望台的作用，1953 年 12 月在《香港警察》雜誌（*Hong Kong Police Magazine*）上發表：

香港殖民地的土地邊界從東部的大鵬灣延伸到西部的后海灣，主要是沿著深圳河的曲線，這段邊界的郊野景色迥異，沙頭角的可耕平原很快就變成了崎嶇山脈和深谷，谷地逐漸變得平坦，至米埔附近成為廣闊的沼澤地。沿途 16 英里的邊界設有鐵絲網。可以毫不誇張地說，這是個問題多多的領地。邊界地區是香港警察新界區的一部份，由警務處高級警司 N.B. 弗雷澤指揮，在這區域有效的邊境管制方法有多種，最重要的一種是好好運用一座座的瞭望台。

每個警崗均可以觀察其相鄰的一個或多個警崗，因此它們屬於一個整體，亦可以獨立運作。所有瞭望台都可以從邊境路或吉普車路進入，除了白鶴洲的警崗建在平原外，其他警崗都位於突出的丘陵地帶，是絕佳的觀察區域，最陡峭之處的海拔高度有 700 呎。當時，邊境分為三個警察分區，每個區都有一組警崗，每組警崗均由一間主要警署控制，從東到西分別為沙頭角警署、打鼓嶺警署和落馬洲警署。沙頭角警署只有一個警崗，即伯公坳碉堡（或白宮坳）。中部和最大的地區打鼓嶺警署控制四個瞭望台，分別是礦山（或缸山）、白虎山（白花山）、瓦窰和南坑。在西側馬草壟及白鶴洲的瞭望台均由落馬洲警署控制。這些瞭望台的構造幾乎相同，中央有一個圓形的、兩層的塔，從其側面突出兩個長形及單層的側翼，整體設計大致呈人字形。塔樓的高層是控制室，配備有無線電和電話，在牆壁上半身高度處設有窗戶，提供了 360 度的視野，警員可以觀看外面的情況。從控制室兩側出去，是側翼的屋頂，有一個低矮的，有齒的欄杆，形成了瞭望橋，設有汽油發電機和探照燈，前者在夜間

伯公坳上的麥景陶碉堡

為探照燈供電，白天則為 R／T 電池充電。這座橋一天 24 小時也有
人值守。

麥景陶碉堡的塔樓低層是飯廳，其中一個側翼為工作人員提供臥鋪
和儲物櫃，另一側翼有廚房、浴室和儲物室，雖然設備細小但有足
夠空間。地面層的窗戶安裝了帶有孔洞的活動鋼製百葉窗，具有採
光和保護瞭望台的雙重功能。整個建築物由帶刺鐵絲網包圍，值班
的警員均能操廣東話和客家話，人數隨該警崗所覆蓋的地區以及其
必須執行的活動而調整。這也影響了指揮的選擇：人員較多的警崗
由沙展負責，其餘則由員佐級負責。所有警崗都裝備精良，擁有新

界地區警隊常用的自動武器、手榴彈、步槍和左輪手槍等,彈藥供
應充足,亦安裝了緊急信號和照明設備,以便在機械設備發生故障
時,瞭望台仍然能夠繼續工作。簡而言之,每個瞭望台的設計、建
造、配備和人員,都可以令警崗在沒有警署的協助下,作為一個獨
立的行動單位。

時至今日,這些警崗已沒有警員駐守,但仍然保留著與建造時幾乎
相同的外觀,儘管處於當風位置,仍保存良好,包括後期安裝的冷
氣機、熱像儀、外部爬梯和安全欄杆。在每個警崗的圍欄內,都附
設單獨的洗手池和發電機房,某些亦設有收集雨水的蓄水池。外面
的防守設備則有帶刺鐵絲網、防護欄、戰壕、帶刺的纏結以及小丘
上的混凝土掩蔽體。密密麻麻的草叢和糾纏不清的灌木叢,在天窗
外形成了天然防禦線。來自坦噶尼喀的警務處長薛畿輔(Charles
Sutcliffe)一度想移植來自毛里裘斯的荊棘至警崗周圍,以增強其
防禦性,但因為這種植物不適合在本地生長,計劃並不成功。

籌建碉堡的麥景陶於 1946 年 11 月 22 日上任香港警務處處長。
1920 年,他 16 歲便成為皇家愛爾蘭警員,一直服役至 1922 年,
當時加入了 Airdrie Burgh 警察局。1929 年,他被任命為海峽殖民
地的警察檢查員,曾在英屬新加坡服役。戰後,他成為新加坡警務
處署任處長,1946 年被任命為香港警務處處長。他到任時正值「香
港重光」,最重要的任務之一是提高警務人員的士氣,並重整警隊
以提升效率。為此,他開始了一場漫長的「戰鬥」,包括提高警察
工資、改善工作環境、住宿等待遇。他還著重提升警隊的專業形象,

改革招募制度及重組警察訓練學校，並建立了一支高效警隊不可或
缺的突擊隊，這些措施均令警隊士氣大振。麥景陶於 1953 年退休
離開香港後，曾被任命為伊拉克警察顧問，並在巴格達暫居了一段
時間。他 1966 年 9 月 14 日在英格蘭薩里的家中去世，享年 62 歲。
由於他的功績，不僅麥景陶碉堡以他命名，警察樂隊風笛隊的制服
亦是為了紀念他而選用。在甘道的警隊博物館中，更設有特別專櫃，
陳列這位受尊崇「一哥」的各種紀念品或收藏，包括在退休時獲贈
的銅造碉堡模型，由其遺孀捐贈予博物館 4。

內地方面，沙頭角區自解放後進行土地改革。1958 年 9 月，寶安
縣成立南天門、超英、超美、光明四大人民公社。10 月 1 日再公佈
成立紅色、紅旗兩個公社。各公社均設黨委，至 11 月，惠陽縣龍崗、
坪山、大鵬三個公社劃歸寶安縣，最終全縣共設立九個人民公社黨
委。寶安縣成立的公社規模宏大，沙頭角區與羅湖及上步一同歸入
南天門公社，布吉及平湖一帶是紅旗公社，南頭、西鄉為超英公
社，沙井及松崗則為超美公社。由於邊界鄉村有些是跨境村莊，部
份公社在英界擁有田地，需要過境耕作，邊境附近警署或警崗的人
員會在「過境耕作口」檢查，農民需要出示「過境耕作證」，方獲准
進入英界。然而中英關係轉趨緊張，過境耕作曾引起不少衝突。

總而言之，儘管麥景陶碉堡等警崗在建築上不算高大，但它們在邊
界具有一定程度的震懾力，對控制非法入境有關鍵作用，歷史上對
戰後改善香港邊境防衛有重要戰略意義。但由於麥景陶碉堡居高臨
下，對附近的村落亦有一定負面影響，最主要是它的大光燈會照射

山下鄉村及附近一帶，造成騷擾，除了監察偷渡客、罪犯或走私活動外，亦對普通人帶來種種生活上的不便，居民生活在夜間被強光照射得一目了然。

## 東西方冷戰前哨的中英街

中英街本名「鸕鷀徑」，其所在之處，由梧桐山流向大鵬灣的小河河床淤積而成，是桐蕪墟側一條乾涸的河流，地處海灣的沙灘上。1899 年 3 月 16 日，中英雙方的定界官員到沙頭角探勘劃界時，沿著這段乾涸的小河（沙頭角河）中線為界，豎立木質界樁，上書「大清國新安縣界」。3 月 18 日勘界完畢後，沙頭角被分為華界沙頭角和英界沙頭角。1905 年，香港政府工務局在沙頭角新界北部陸界豎立 20 塊石質界石，其中八塊在今中英街一帶。

桐蕪墟與沙欄下及鹽寮下相鄰，墟內雜貨布匹、油鹽柴米、山貨藥材、店舖客棧等，門類齊全，四鄰八里的居民都來這裡趁墟。1899 年，九龍關在東和（沙頭角）設立稅收關廠，第二年又設沙頭角緝私關廠，成了九龍關重要的關卡和緝私要地，兩地居民通過關卡互相往來。因河流改道，河床乾涸，鄉民逐漸在河界兩旁填土整地，興建民居及店舖，以後逐漸形成中英街。

今日中英街全長 250 米，寬不到 7 米，街中心豎立著五塊界石，當時界石以北為華界，以南為港界，除了界石以外，街上並未設有圍牆或鐵絲網。界石兩面分別有中、英文刻字，中文一面刻著「光緒

二十四年中英地界第 X 號」的字樣 [5]，英文則為「ANGLO·CHINESE BOUNDARY 1898 No.x」。目前在中英街一帶可以看到的界碑有：

第一號界碑：位於中英街歷史博物館附近、警世鐘後、江澤民題字石碑旁。目前完全處在深圳一方。

第二號界碑：位於一號界碑往北約 100 米，新界住宅小區圍牆外，因修路不慎導致與地面成 20 度角傾斜。目前完全處在深圳一方。

第三號界碑：位於進出香港新界的入口附近。這是中英街的起點。

第四號界碑：位於中英街百年古榕樹下。

第五號界碑：位於中英街北段。

第六號界碑：位於中英街北段。

第七號界碑：位於中英街界碑的廣東省文物保護單位公示大理石石碑附近，但由於修路下半部份已被填埋。

第八號界碑：根據《南方網》刊載的一則報導中顯示，界碑已「躺在進入中英街的聯檢橋下的小河中」。

抗日戰爭期間，日軍佔領了華界沙頭角。為了抵抗日軍，英國在中英街豎起鐵絲網，華界居民往英界沙頭角趁墟，不須任何證件均可出入。1941 年底日軍侵略香港，日軍以「妨礙交通」為由，把中英街第三至七號界石拔除。日本投降後，戰時在街中豎立的鐵絲網被群眾拆除。後經中英雙方代表探勘，重新將界石立回原處，並刻上「中華民國三十七年四月十五日重豎」的字樣。

華界沙頭角，解放初稱「東和鄉」，雖被劃為邊防禁區，但兩地群

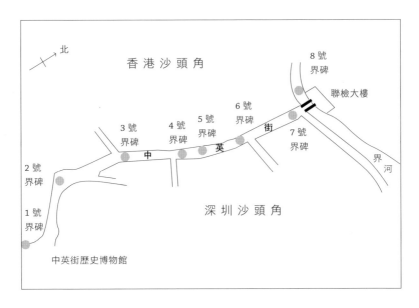

中英街界碑分佈示意圖

眾仍可通過中英街往來。1955 年成立沙頭角區，1959 年又為沙頭角公社，1965 年成立沙頭角鎮。1951 年英方也把港界沙頭角列為禁區，從此兩地群眾的往來基本上斷絕。1960 年代以來，香港經濟起飛，通過中英街，一些華界婦女嫁到港界沙頭角，也有一些男青年逃來。因此在事實上，中英街兩邊一向以來都有社會聯繫及交流的。

「文化大革命」前，中英街兩邊的居民關係非常密切，如有事發生，大家都會無分彼此，合作解決。例如 1966 年 1 月 4 日，英界一側的菜園角村發生火警，由於位處中英街這個敏感地方，起火未幾即

1974 年從沙頭角村警崗望向中英街口岸

被發覺，附近沙頭角消防局的消防員很快趕到現場灌救，除了鄰近居民的協助，加上華界居民逾百人亦見義勇為，協同參加搶救工作，旋即將火救熄，火警僅燒毀兩間木屋，其中一間為小販羅九一家所居，另一為做木工友居住[6]。事件反映出，中英街兩地居民本身是守望相助的同一社群。

可惜到了年中，「文革」爆發，沙頭角成為「鬥爭的前哨站」，中英街亦成為「紅」與「白」的「界限街」。1967 年，紅衛兵將中英街命名為「反帝街」，附近的沙欄下村改名為「紅星村」，沙頭角改名為「紅衛鎮」[7]。華界民眾會越過中英街，高喊示威口號，包括：「港

1983 年的中英街，兩地邊境店舖林立。

英必敗，我們必勝」「中國人不打中國人！」「一切反動派都是紙老
虎」「打倒美英帝國主義！」「港九同胞大團結萬歲！」「毛澤東思
想萬歲！」「我們偉大的毛主席萬歲、萬歲、萬萬歲！」等 8。1960
年代，英人採取封鎖邊境政策，中英街兩邊局勢嚴峻，英國官員屢
次視察邊防設施，皇室成員安妮公主亦在麻雀嶺一帶策馬奔馳，反
映沙頭角一帶作為冷戰期間意識型態對立的象徵意義。1970 年代，
「文革」持續，中英街華界一側面向英界的建築物仍然掛著一些口
號，如「全世界無產者，聯合起來！」英界車坪街一邊則有士多辦
館營業，有西方產品如「百事」汽水的廣告等，新樓街亦有電器雜
貨及糧油食品等售賣，與華界形成對比。直至「文革」隨著「四人

幫」倒台而結束，中英街的政治前哨站角色才慢慢退減，開始多了
店舖做生意，華界的居民亦恢復到英界與親友團聚，中英街的政治
鬥爭色彩成為歷史。

1983 年底，中英雙方共同對中英街進行修整，鋪設下水道。兩國
的精誠合作，使沙頭角的工商業、旅遊業不斷發展，在中英街呈現
出激烈競爭的貿易世界及政體面貌不同的奇異風光。現在中英街一
側是深圳市中英街小區，另一側是香港的沙頭角墟。中英街是歷史
的產物，與昔日東柏林與西柏林的邊界，同樣是 1950 至 1960 年代
東西方冷戰的象徵。

至今，一般香港市民想從港界直接進入中英街，需要中英街的香港
居民擔保，並同申請人一起到粉嶺禁區通行證辦事處辦理手續，方
可進入，令此地仍予人神秘之感。從正面來說，中英街亦是標誌「一
街兩制」的街道，歷史文化內涵豐富。

## 沙頭角事件及其影響

### 東和學校曾是革命據點

沙頭角十約於清咸豐十年（1860）創辦義學，名為東和私塾 9，位於
華界沙頭角的東和墟，為沙頭角鎮內子弟提供教育機會，更成為了
客家人到官府就職的重要渠道。另一特別之處，是十約父老後來在
該校的後院建立文武二帝廟，設有義祠，每年舉行春秋二祭，除了

因為文昌帝及關武帝與考取功名有莫大關係外，建立這間廟亦有助增強東和墟在區內的仲裁者角色，漸成為沙頭角鄉村的政治中心。十約父老及後在這基礎上成立了「東和總局」，其政治地位來自當時村落中一些有功名的士紳[10]。

1899年，英國強租新界，東和私塾留在華界，十約父老組織了沙頭角地區80多條村落數百名士紳和長老，在東和私塾文武廟的公所（即議事堂）舉行大會，聯名上書新安縣衙，抗議英國接管新界[11]。他們在學校後院舉行會議，由於這些領袖具有一定的文化水平，而且獲村民敬重，因此他們所制定的鄉約規則亦得到知縣的肯定；有趣的是東和總局的建立，在某程度與深圳墟由本地人組成的另一議局成為對照，反映出當時廣東東部土客之間的政治角力[12]。因應文武二帝廟的建立，十約會首將放在三和鄉天后宮的公秤移至文武廟，使文武廟正式成為十約的仲裁之所，負責管理墟市的公秤、街渡、更練、衛生及禁忌等。

民國六年（1917年），東和私塾改制成為公立學校，當時已是較正規的小學，到了1920年代，教學水平和新界中心地區的學校看齊[13]。現今華界及新界沙頭角的鳳坑、鹿頸、石涌凹、山咀、担水坑、崗下等方圓幾十里的村莊，當時都有學生前來就讀。隨著中國共產黨的成立，東和學校更成為了寶安縣最早的革命據點，早在1930年代，共產黨員唐茂先、劉德謙、李秀靈等人，便在該校以教師身份從事革命活動[14]。沙頭角徑口村人劉煥光，自學成才，善寫詩聯，精於書畫，曾在1920至1930年代任教於東和學校，後更成為校長。

東和學校

在他任期內，有許多學生均受到革命思想的影響。南鹿約南涌羅屋村的羅汝中、新村的邱特亦曾就讀東和學校，後來走上了革命道路，解放後更成為中國共產黨幹部。

## 「反英抗暴」波及沙頭角

1967 年，由於經濟發展過程中的勞資矛盾，加上「文化大革命」的影響，香港爆發了一場大規模的社會動亂，香港社會一般稱為「六七暴動」，左派群眾稱其為「反英抗暴」。這場動亂也波及到沙頭角。左派人士成立了沙頭角反對港英迫害鬥爭委員會（簡稱鬥委會）。1967 年

6月1日，沙頭角鬥委會舉行「聲討港英暴行大會」後，遊行到沙頭角墟的沙頭角村警崗、公立醫局以至附近村落如担水坑、禾坑、萬屋邊、南涌等鄉村，張貼「愛國標語大字報」[15]。鬥委會主席是溫果行，沙頭角担水坑村民，前沙頭角聯鄉會副主席、群雅學校校長。

1967年6月10日中午12時，在沙頭角鬥委會主持下，左派群眾在沙頭角新樓街舉行「沙頭角各界同胞反迫害誓師大會」，鬥委會負責人、農民代表、漁民代表、學生代表紛紛在大會上強烈抗議港英「法西斯暴行」，指出：「沙頭角水陸兩路各界同胞團結起來了，組成了一道銅牆鐵壁！冥頑不靈的港英法西斯當局，一定要在這道銅牆鐵壁前面，碰得頭破血流，粉身碎骨！在新蒲崗血案中被防暴隊毆打拘捕、無理『審判』的傷者家屬，在大會上作了血淚的控訴，高呼血債血償！」[16] 他們包圍沙頭角村警崗，並到處張貼大字報。警方相信遊行的主腦人物，為沙頭角聯鄉會副主席溫果行、總務兼執委李文有、書記吳帆等人[17]。

6月24日上午，沙頭角聯鄉會藉口反對政府停發每月港幣600元的經費津貼，在沙頭角邊境地區發動左派群眾示威遊行，到處張貼大字報，向消防局、警署等建築物擲石，並放火焚燒警察吉普車及裝甲車[18]。防暴隊到場鎮壓，拘捕了12名左派人士[19]。

## 沙頭角事件

1967年7月8日，沙頭角爆發了一場嚴重的邊境衝突，中方稱為「崗

1967 年 7 月 8 日沙頭角爆發槍戰後，英軍和喺喀兵於下午到場支援。圖為槍戰翌日，喺喀兵在警署築起沙包戒備。

下之戰」，港方則稱為「沙頭角事件」。

事件的起因其中一種說法是：當日 11 時，有約 300 人從華界越過邊境，到英界沙頭角進行「紅衛兵」式示威，他們包圍沙頭角村警崗，開始擲石，警員試圖以催淚彈驅散。據當時駐守沙頭角村警崗並目擊事件經過的警員指，示威者企圖以魚炮炸毀警崗的圍欄，一名印巴籍警察開木彈槍還擊，不幸打死了一名示威者，他的兄弟見狀開槍，該印巴警察亦中槍死亡 [20]。

事件的另一種說法：7 月 8 日，華界沙頭角民兵連的民兵護送港界

沙頭角槍戰後，邊界開始架設鐵絲網，攝於 1967 年 8 月 24 日沙頭角。

沙頭角聯鄉會左派人士，經菜園角方向返回港界，一行數百人，到港界沙頭角村警崗遞交抗議信。此時，華界有人投石塊砸向警崗，後又有人發射魚炮，因而引發雙方武裝衝突。衝突中，部份華界民兵在港界崗下村稻田，被香港的啹喀兵火力封鎖，處境艱難。為了掩護民兵撤退，邊防部隊「紅色前哨連」連長鄒金鳳奉上級命令，在華界指揮戰士，用機槍向港警防暴隊所在的聯鄉會大樓，以及正在向民兵開火的英軍猛烈射擊 21。

當天下午，英軍從市區派遣啹喀兵進駐沙頭角，有軍車集結在沙頭角公路旁支援，啹喀兵到達中英街口一帶時，雙方正發生最激烈的

港督戴麟趾視察沙頭角

戰鬥，槍聲不斷持續達幾分鐘，沙頭角村警崗的牆身滿是彈孔。場面受到控制後，英軍裝甲車前來聯鄉會大樓，接走被圍困的傷兵及抬出死者，華界的戰士亦停止射擊，事件才告平息[22]。

關於沙頭角事件的傷亡情況，據西方記者報導，華界民兵以機槍射殺了五名警員，包括華籍警察馮燕平、黃來興、江承基，及兩名印巴籍警察馬立克、K. 亞默，另有 13 人受傷。據中方資料，中方死去一名民兵張天生，八人受傷，而香港警察及英軍則死 14 人，傷49 人[23]。

《反帝怒潮：抗暴鬥爭照片選輯》封面

當時英國外交部要求駐北京代辦霍普森（Donald Hopson）向中國政
府提出交涉，留待更多資訊，以斷定這次事件到底是由中國政府直
接策動，抑或只是當地民眾自發的行動。中方亦向英國提出最嚴厲
的抗議，並指有一名華人死亡及八名中國人受傷 24。事後因中英雙
方政府無意擴大事態，邊境局勢得以逐步緩和。

## 沙頭角事件的影響

沙頭角事件後，香港政府在新界大舉打擊和搜捕左派人士，使左派
勢力元氣大傷。1967 年 7 月底，大埔理民府正式撤銷溫果行担水

1967 年 7 月 8 日左派人士包圍沙頭角村警崗

沙頭角事件後的沙頭角村警崗（現已拆卸）

坑村代表的職務 [25]，溫氏在群雅學校的校長職務不久亦被教育司署撤銷 [26]，他其後與李文等留居華界 [27]。

雖然港英政府在戰後曾加強對親共愛國學校的監管，擔心其進行顛覆政府的活動，但對於邊境地區的學校被激進左派滲透，仍未能全面掌控情況。1967 年期間，沙頭角就有不少村落，由於歷史上與內地交往密切，如與內地距離只有 300 多呎的蓮蔴坑村敬修學校，以及由中共地下黨員任教而聞名的担水坑群雅學校，均成為英方監視的目標。港英政府認為這些學校向學生灌輸左派革命思想，但沒有採取任何防範措施。結果在六七期間，這些村校被用作對抗港英的前哨站，與華界的東和學校互相呼應。根據港英政府的已解封機密檔案，這些邊境村校的教師或畢業生，曾因負責中共情報工作，成為港英政府的目標人物 [28]。而在事件中協助安置新界左派人士的東和學校，成為他們逃往華界後的臨時收容所和中轉站。過了一段時間後，左派人士在華界的生活由於欠缺當局支援，不免出現思鄉情緒，因此都會趁機潛回港界暫時匿藏，至風聲稍為緩和才出來活動。由於港英當局在沙頭角事件後於各鄉村密佈線眼，許多人回來後就算住在沙頭角海或印洲塘的離島上，亦被拘捕歸案 [29]。7 月 10 日，約有英軍及啹喀兵 350 名及警察 150 名開進沙頭角，分別駐守禁區有利位置，擔任警衛任務。警察分別駐守聯鄉會及沙頭角警崗，啹喀兵則分散在新樓街及其他要點，高築沙包，佈下機槍，英軍在附近山野佈防及停著三數輛坦克車，利用樹蔭作為蔽護，同時在蔴雀嶺、石涌凹、梧桐山、伯公坳、鹿頸及担水坑等村的山頭放哨瞭望。

近沙頭角伯公坳一段邊境路的警察瞭望塔

沙頭角事件發生後，大量來自沙頭角墟、新村、菜園角、担水坑、塘肚、崗下及鹽灶下村的數百名禁區村民，扶老攜幼，拖著 20 餘頭牛隻小豬等，疏散到附近較安全的鄉村投靠親友。禁區內四間小學，包括漁民學校、沙頭角公立小學、山咀小學及群雅小學亦停課 30。

沙頭角事件經過一年，曾參與「反英抗暴」的左派人士回港後，即被警方以曾參與鬥委會的「暴動罪」拘捕，如禾坑村代表李晏廉及大埔李文有等。李晏廉在 1968 年 12 月 13 日以「擔任新界沙頭角鬥委會鬥委」被警方拘捕，被控暴動及非法集會等罪名。李晏廉當年 21 歲，是前沙頭角禾坑村代表，先後任職大埔某置業公司及沙

頭角鄉事會。警方指在沙頭角事件中，有約數百名鬥委一直匿居華
界，但治安當局未因他們逃亡而鬆懈，仍然對他們發出通緝令。李
晏廉一直無法適應內地生活，當獲悉有一批困在集中營的左派人士
獲釋後，便潛回香港，匿居沙頭角，不料被警方耳目發現並拘捕，
帶返警署，押粉嶺裁判署審訊 [31]。另一位鬥委李文有原是小滘村的
代表，當時 38 歲，住所於政府發展船灣淡水湖時被拆，獲賠償大
埔同發坊一共三間新式樓宇及若干金錢，脫離鄉村生活，同時在沙
頭角聯鄉會歷任總務及財務等要職，後來成為「鬥委會」高級成員，
參與 1967 年 6 月的騷動後，逃亡內地。其後他回港匿居新界，警
方仍不放棄追捕，在大埔同發坊七號二樓把他拘捕 [32]。

此外，新界鄉村巡邏隊（俗稱穿山甲隊）亦不時出動，搜查懷疑匿
藏左派人士的鄉村。例如 1968 年 2 月，四隊穿山甲部隊警員，會
同新界邊防警署偵緝部 20 名精練探員，由新界總部偵緝主任嘉雲
及泰來率領下，前往烏蛟騰村搜查李漢。據當時的報章資料，該男
子曾策劃並領導該處的學生及家長，前往迫令沙頭角一間公立學校
的教員背誦《毛主席語錄》。警方在村內搜查後，未有任何發現。
同一時間，一隊穿山甲巡邏隊員在荔枝窩作例行巡邏時，發現約廿
餘名男女青年聚集開會，其中李漢在場，故上前盤問。不久一架直
升機在村附近降落，將李漢押返警署偵訊，其餘青年則表示抗議。
附近村民指，該批青年有一半以上非沙頭角鄉民，似乎是來自港九
市區，至於遠至該村開會的目的則不得而知。

沙頭角事件是 1967 年港九地區「反英抗暴」影響的產物。「文化大

現今從紅花嶺瞭望深港邊境地區，上為深圳市蓮塘，下為最接近邊境的香港村落蓮蔴坑村。

革命」結束後，中國政府對這場「暴動」已作過評價。1978 年，國務院華僑事務辦公室主任廖承志在北京主持召開了關於港澳工作的會議，會議清算了極左路線對港澳工作的干擾和破壞，重申了中央對港「長期打算，充分利用」的方針。會議指出：「1967 年在香港發生的所謂『反英抗暴鬥爭』以及隨之而來的一系列做法，企圖迫使中央出兵收回香港，是與中央的方針不符合的，後果也是極其嚴重的。」[33] 關於「反英抗暴」，廖承志於 1970 年代末復出後又曾指出：「領導有錯，但群眾的愛國熱情應予肯定。」[34]

# 英方的政治宣傳

1971 年 10 月 26 日，英女皇伊利沙白二世長女安妮公主首次訪問香港，其深入民間的行程令人刮目相看，如到訪柴灣新區一個香港救助兒童會的支助家庭，又在坑口海面上乘坐中式舢舨等 35。安妮公主騎術了得，雖然之前一直沒有公佈她會在訪港行程中騎馬，然而在行程最後一天，她出奇地在新界作一哩半的野外策馬，最後一段曾在麻雀嶺山頭上遠眺中國內地，達 20 分鐘之久，由英皇直屬第 14 至 20 輕騎兵團「B」中隊隊長域奇利引領她瀏覽該區。從望遠鏡中，公主看到了中英界線上的深圳河，曾問及多項有關最接近華界的鄉村蓮蔴坑的問題，獲悉港方部份食水是由中方深圳水庫供應，表現得很有興趣 36。無論如何，安妮公主訪問邊界，了解邊界鄉村的生活及用水問題，可見粵港邊界是當時英國希望藉此作為政治宣傳的一個地點。

## 註

1    阮志：《入境問禁：香港邊境禁區史》（香港：三聯書店，2014），頁 46。

2    李祈：《新界概覽》（香港：新界出版社，1954），頁 15-16。

3    阮志：《入境問禁：香港邊境禁區史》，頁 66 至 69。

4    R. G. Horsnell, "The Macintosh Cathedrals", *Journal of the Royal Asiatic Society Hong Kong Branch*, Vol. 35 (1995), pp.171-176.

5    有關中英街的歷史，參見夏思義：《十約：沙頭角地區的定居與政治》，載劉義章編：《香港客家》（桂林：廣西師範大學出版社，2005），頁 72-98；沙頭角區委宣傳部編：《沙頭角的歷史和現狀——愛國主義教育講話材料》（沙頭角區委宣傳部，1986）；

饒玖材：《香港舊風物》（香港：天地圖書有限公司，2001），頁 148-151；劉蜀永：〈中英街的歷史與興衰〉，載劉智鵬主編：《展拓界址：英治新界早期歷史探索》（香港：中華書局，2010），頁 81-93。

6　〈沙頭角一村落　兩木屋被焚〉，《華僑日報》，1966 年 1 月 6 日。

7　深圳市史志辦公室、香港地方志辦公室編纂：《中英街與沙頭角禁區》（香港：和平圖書有限公司，2012）（簡體版），頁 64。

8　〈近在咫尺的解放軍有力支援下　沙頭角群眾示威遊行　反英口號聲震撼山岳　群眾把大字報貼滿「警署」滙豐銀行及郵局〉，《大公報》，1967 年 6 月 12 日。

9　深圳市鹽田區檔案局部（館）、深圳市鹽田區地方志辦公室編：《中英街志》（北京：方志出版社，2011），頁 96。

10　阮志：《中港邊界的百年變遷：從沙頭角蓮蔴坑村説起》（香港：三聯書店，2012），頁 20-21。

11　深圳市鹽田區檔案局部（館）、深圳市鹽田區地方志辦公室編：《中英街志》，頁 118。

12　有關廣東土著與客籍人士的衝突，參見劉平：《被遺忘的戰爭：咸豐同治年間廣東土客大械鬥研究》（北京：商務印書館，2003）；有關珠三角地區及香港新界的客家與其他民系的械鬥，亦見瀨川昌久：《客家：華南漢族のエスニシティーとその境界》（東京：風響社，1993），頁 95-112。

13　夏思義：〈十約：沙頭角地區的定居與政治〉，載劉義章編，《香港客家》，頁 95。

14　沙頭角區委宣傳部編，《沙頭角的歷史與現狀 —— 愛國主義教育講話材料》，頁 19。

15　〈逐筆討還港英血債　元朗成立鬥委會　沙頭角遍貼標語　愛國反帝抗暴怒潮正在新界各區掀起〉，《新晚報》，1967 年 6 月 2 日，第 4 頁。

16　〈近在咫尺的解放軍有力支援下　沙頭角群眾示威遊行　反英口號聲震撼山岳　群眾把大字報貼滿「警署」滙豐銀行及郵局〉，《大公報》，1967 年 6 月 12 日。

17　〈左派分子在沙頭角攪示威遊行　共區農民竟越界參加　曾包圍警署貼大字報　警方鎮靜應付幸未發生意外〉，《工商日報》第 14109 號，1967 年 6 月 11 日，第 4 頁。

18　事件起因的另一説法是，當天沙頭角港方數百名居民開會追悼香港反英烈士，香港警察防暴隊出動鎮壓，對空鳴槍並施放催淚彈。見深圳市史志辦公室、香港地方志辦公室編纂：《中英街與沙頭角禁區》，頁 64。

19　〈沙頭角大騷動　左派煽動數百鄉民遊行示威　焚燒兩輛警車並向警官擲石　聯鄉會內搜獲武器標語十二人被捕〉，《工商日報》第 14123 號，1967 年 6 月 25 日，第 1 頁；〈中英邊境沙頭角墟　昨日巡遊擲石騷動　防暴隊大舉出動騷動午後平息　警車四輛受襲群眾十五人被捕〉，《華僑日報》第 14478 號，1967 年 6 月 25 日，第 5 頁。

20　阮志：《入境問禁：香港邊境禁區史》，頁 265-266。

21　深圳市史志辦公室、香港地方志辦公室編纂：《中英街與沙頭角禁區》，頁 64-65。

22　阮志：《入境問禁：香港邊境禁區史》，頁 265-270。

23　深圳市史志辦公室、香港地方志辦公室編纂：《中英街與沙頭角禁區》，頁 65。據了解，資料來源為沙頭角民兵連連史館，具體來源並不清楚。

24　Guy Searls, "Chinese Fire on Hong Kong", *The Guardian (1959-2003)*, Jul 9, 1967; ProQuest Historical Newspapers The Guardian and The Observer (1791-2003), p.1; "Clash on Hongkong border followed by day of rioting: From our Correspondent, Hongkong, July 9", *The Guardian (1959-2003)*, Jul 9, 1967; ProQuest Historical Newspapers The Guardian and The Observer (1791-2003), p.7.

25　〈投機鬧事後逃匿共區　沙頭角十名村代表　溫果行等撤銷職務〉，《工商日報》，1967 年 7 月 25 日，第 5 頁。

26　〈前公立學校校長　沙頭角「鬥委」　溫果行留共區〉,《華僑日報》, 1967 年 9 月 9 日。第 9 頁。

27　〈沙頭角警探耳目靈通查緝不放鬆　捉漏網鬥委〉,《華僑日報》, 1968 年 12 月 14 日。

28　阮志:《入境問禁:香港邊境禁區史》, 頁 281 至 288。亦見政府檔案處編號 HKRS 437-1-16 Reports on Sino British Border。

29　在「文革」結束後, 東和學校繼續教學, 並搬進中英街東側的新校舍, 現時是一間有約 350 名學生, 30 多位教職員的小學, 佔地 6,000 平方米。東和學校的原址則已改建成購物商場。

30　〈沙頭角昨日寧靜〉,《華僑日報》, 1967 年 7 月 11 日。

31　〈沙頭角警探耳目靈通查緝不放鬆　捉漏網鬥委〉,《華僑日報》, 1968 年 12 月 14 日。

32　〈與沙頭角騷動事件有關之「鬥委」　李文有被捕〉,《華僑日報》, 1968 年 12 月 17 日。

33　李后:《百年屈辱史的終結 —— 香港問題始末》(北京:中央文獻出版, 1997), 頁 59。

34　張家偉:《六七暴動 —— 香港戰後歷史的分水嶺》(香港:香港大學出版社, 2012), 頁 184。

35　《香港工商日報》, 1971 年 10 月 30 日。

36　《華僑日報》, 1971 年 11 月 1 日。

# 沙頭角的

## 開發與

## 自然保育

隨著香港沙頭角居民對開放禁區的訴求日增，港府公佈分三階段縮減禁區範圍，卻沒有完全解封，相信當地人仍然會視向政府爭取開放墟市為其長遠目標。邊防保安、自然保護、地區發展三者，應如何取得平衡？

# 商業活動的復興

1980 年深圳經濟特區成立，華界沙頭角的商業開始發展，樓房興建櫛比鱗次。香港方面，1984 年中英簽訂《中英聯合聲明》後，敏感地區如九龍城寨已計劃清拆，九七回歸的臨近令邊界發展更備受關注，包括華界與港界會否進一步走向融合。惟事實並非以主觀意志為依歸，雖然來自鄉事會的訴求不斷，然而負責邊界保安的警務處依然對開放沙頭角，尤其是沙頭角墟諸多迴避。沙頭角鄉事會與一班在新樓街經營商店、飲食、地產及旅遊代理等的鄉民力陳，封禁沙頭角墟只會扼殺此地的商業發展，然而政府仍然一意孤行，拒絕開放沙頭角墟給外界人士進入，理由是為防止偷渡走私等保安需要。早於 1980 年代，政府已重新發展沙頭角墟，開闢沙頭角邨，將漁民遷至岸上定居。沙頭角的船灣郊野公園及印洲塘海岸公園，原本可以讓更多市民享用，但由於前往這些公園最方便的交通是從沙頭角碼頭乘船前往，而碼頭屬於禁區內，沒有禁區紙的遊人免問，一定程度上影響了當地居民發展旅遊業。然而部份原居民為了維護本身權益，對於重新發展對自然生態有什麼影響、開放沙頭角對當地的傳統文化又會帶來什麼衝擊等問題，存有疑慮。

從 2005 年開始，眼見中英街華界發展快速，港方居民特別是鄉事委員會的成員，卻只能希冀政府能為墟市帶來改變。政府以防務需要及沙頭角是開放口岸為由，拒絕開放墟市及中英街，箇中因由是什麼呢？中英街沒有用禁區鐵絲網封鎖，不列入開放之列，尚較易理解，但對於整個沙頭角墟的封閉，兩地經濟水平在 1997 年後已

達到相當的平衡，政府依然一錘定音，不設開放時間表，不但未能
說服公眾，對長期以此地為家的沙頭角墟居民之言，確實是一項晴
天霹靂的決定。

1970 年代初，隨著邊界的中英關係較為和睦，政府新聞處在邊防
警方協助下，陸續安排報界代表前往邊界巡視，當中包括羅湖、沙
頭角、文錦渡、打鼓嶺四個邊區，上午安排給晚報代表，下午則為
日報記者而設。根據記者形容，當時各處均呈現和平景象，與數年
前內地邊防的「恐怖」氣氛不同，反英標語已全部清除，只有「世界
人民大團結萬歲」。在高級督察圖露的接待下，記者參觀了瓦窰警
崗對面的羅芳村，該處以深圳河為界，有一條小橋便利內地農民過
境耕種，遠處則有中國軍隊在華界橋頭所設的前哨站，氣氛一片寧
靜，羅芳村更以茶點招待到場的警方人員及記者。之後一行人分乘
三輛警車，經邊界路前往沙頭角，左邊是華界蓮蔴坑（即長嶺村）。
沿麻雀嶺前進途中，記者指那一帶是「大逃亡」時偷渡者集中的地
方，每隔不到半哩便有華界哨站，數目比打鼓嶺、羅湖及文錦渡為
密。警車途經打鼓嶺至沙頭角之間的蓮蔴坑村路口時，從華界有數
名廿歲左右的青年投擲多枚石塊，兩部警車被扔中，幸而不是記者
所坐的一輛。由於警車從打鼓嶺警署出發時已加裝鐵網，三車並無
發生意外便繼續行程，約 4 時 15 分抵達沙頭角村警崗。高級督察
甘氏在沙頭角這邊接待，記者指昔日的反英標語已經全部消失，但
中方仍會在上午向中港邊界播放一次音樂及《人民日報》新聞，作
為政治宣傳[1]。

1980 年，廣東省實行「特殊政策、靈活措施」，允許深圳河南北有較多交往，邊境居民赴港探親比以前方便，內地亦「歡迎海外的同胞回鄉為社會主義祖國貢獻力量」，並規劃了蛇口特區，深圳經濟特區開始變成一個現代化城市。1980 年代改革開放初期，位處內地與香港沙頭角之間的中英街，成為內地居民購買日用品的目的地，而隨著深圳特區的經濟快速發展，中英街華界漸漸成為小區，多層樓宇比比皆是，反而中英街港界仍維持小商店經營方式，形成強烈的對比。當時沙頭角仍是一個非常敏感的地區，特別是中英街，內地及英方更派員長期監視，據報章報導，沙頭角村民都有一種身處南北韓三八線板門店，又或東西柏林的感覺，一邊實行社會主義，另一邊則是資本主義。

深圳經濟特區於 1980 年成立，很多從內地派到特區學習的中共幹部，在深圳市公安局取得往沙頭角的特殊通行證後，便聯群結隊到中英街觀光，目的只有一個──「買洋貨」，如當時流行的電子遊戲機、電動玩具、新潮時裝等。返回內地時，檢查站都會例行檢查有沒有帶違禁物品，如果不通過便要回商店退貨。當時尼龍絲襪在香港大概賣五元三對，相比起內地每對二元，每次大量購回內地轉售，可以賺到一至二百元 [2]。

改革開放初期，在較為自由的政策下，中英街兩旁首先開設了雜貨糧油等日用品的店舖，原先以攤檔為主，後來隨著工商業活動的復興，華界沙頭角居民都想購買比較新的商品或電器，特別是歐美的出品。因為在內地，人民要喝可口可樂或嘗一口洋煙，必須要用外

匯券購買，但在中英街卻有大量此類產品供應，華界居民只要有港幣，購買多少都無人過問。華界沙頭角居民以市區居民為主，由於小區的發展，他們都擺脫了農村的局限，對新事物較有興趣，一街之隔下，他們只要持有一張「特別邊區通行證」便可頻繁來往，中英街的貨品供應源源不絕，令他們生活水平提高了不少。他們用港幣作交易，原先都是積存已久的鈔票，但後來已有大量新鈔流通，購買回華界的商品，只要得到海關檢查放行便可。反而是英界沙頭角的居民，由於他們較少出市區，不太注重新式商品，久而久之，形成了兩地居民的強烈對比。中英街當時以一條明顯的中心線分界，華界一面有三數個軍人巡邏，英界則以沙頭角村警崗為制高點，其下設有警察哨崗，亦有港警守衛。

根據港府規定，非沙頭角居民不能前往中英街，相對之下，內地當局卻准許遊客到中英街購物及參觀，人流每日多達數千，生意很不俗。英界沙頭角的發展一直滯後，從原先的偷渡者天堂，結果成為落伍的一方，這與港英政府對邊境地區的發展沒有長遠政策有關。戰後，政府為了應付人口膨脹，在新界北部發展大埔、粉嶺及上水等新市鎮，並陸續興建公屋，將擠迫的人口遷入新界，然而沙頭角這個傳統市鎮卻因為位處敏感地帶，加上位置偏遠，成本效益不高，未有迫切性，令政府遲遲沒有將之納入發展大綱，亦沒有做前期的重新發展的可行性研究。

直至 1970 年代末，政府才開始考慮發展沙頭角，為了增加外界對當地的認識，在 1979 年由警察帶領記者視察沙頭角邊界。同年 2 月，

理民官莊士信偕同副理民官高柏、曹萬泰、黃秉善、聯絡主任何國柱等，訪問沙頭角鄉事會，由該會主席劉蔭民、劉天福、葉勝暨村代表數十人迎接，劉蔭民向政府提出了一些關於民生、教育、交通的改善建議。理民府其實有計劃發展沙頭角成為一個邊境市鎮，並有計劃藍圖，但要待填海及堤壆的成本確定後才能獲批 3。

由於居住環境未能得到改善，欠缺空間，沙頭角的社區問題漸漸浮現。原沙頭角墟的兩條原居村 —— 接近中英街的菜園角村，及大部份都是棚屋居民的鹽寮下村 —— 不斷發生爭執。菜園角村的居民為客家人，鹽寮下村則為鶴佬人，兩村素有積怨，水火不容，1981年更曾發生兩村集體械鬥，牽涉高達 300 人。4 月 17 日下午，菜園角村數名小童在街上騎單車時遭到襲擊，鹽寮下村亦有八位村民當晚在巴士總站宵夜時被人報復性襲擊，兩人受傷。翌日晚上 8 時，菜園角村約有 30 人持刀及其他武器直闖鹽寮下村，準備報復，抵達時與為數 200 人的鹽寮下村村民相遇，對方備有玻璃樽及木棍等迎戰，菜園角村一方心知寡不敵眾，退至車坪街，即 78 號巴士站附近，見路邊停泊著兩部鹽寮下村的私家車，怒火中將之推翻至車底朝天，又破壞車窗及車身。此時鹽寮下村村民亦到場，雙方毆鬥，菜園角村村民破壞附近的全義來士多，搗毀玻璃窗及拆下冷氣機，更企圖縱火，鹽寮下村村民為顧及士多，再度與對方毆鬥。之後警方抵達現場，但人員不足，無法鎮壓場面，急向上級求援，當大量警力到場時，雙方已結束打鬥，村民只繼續聚集，沒有進一步行動。警方惟有勸喻各人離場，以免再生事端，同時禁止所有車輛進出沙頭角禁區，令部份村民不能返家，宵禁由午夜開始，至清晨 4 時取消 4。

事件説明，當局未能控制墟市的兩個族群，觀乎當天警方到場的時間，兩幫人的打鬥已經結束，而且派遣的兵力也很少，反映警方的政策，是不深入了解事件的來龍去脈，認為這些爭執出於兩村的積怨，最好是由他們自己解決問題。歸根結柢，怨氣都與生活環境擠迫，兒童缺乏休憩場所，成人亦未有正式的社區及康樂設施，惟有流連大牌檔等問題有關。雖然鶴佬人有組織會社進行聯誼活動，但規模細小，不足以有效地解決村民的需要。

## 沙頭角重新規劃及發展

1965 年沙頭角區鄉事委員會（鄉事會）成立，作為官民溝通的橋樑及處理區內各鄉村事務。自 1967 年後，沙頭角鄉政由教育界資深人士黃立端主理，他作風親民，深得鄉民擁戴推重。在他任內，地方福利與建設的改善尤為明顯，根據 1971 年鄉事會的調查報告，當時沙頭角的居民生活安定，地方商業及手工業發展，治安改進，及有新樓落成：

(1) 男女註冊結婚共 64 對

(2) 嬰兒出生註冊共 129 名

(3) 旅英歐子弟匯款返鄉供家人生活，達 320 餘萬元

(4) 區內新建樓宇 40 間

(5) 新張棉織手工業八間

(6) 國際獅子會捐贈青年康樂中心兩所

(7) 意見不調，由會方勸導趨於和悅相處之案件共 14 宗

雖然以上只是單方面的數字，但一些建設亦反映了該區的新貌。當時新樓宇繼續建築，一個面積達 200 萬呎的魚塘亦於短期內動工開闢，可見地方人士對區內發展的熱誠及信心 [5]。

1970 年代末，隨著漁業及農業式微，同時華界沙頭角在改革開放後的發展耳目一新，樓宇興建迅速，與英界沙頭角的落後形成強烈對比。港府恐防影響國際聲譽，乃發奮圖強，1983 年為沙頭角訂立了一份發展計劃書，以 2 億 5,000 萬重整這個邊界市鎮，工程分兩期進行，於 1984 年 8 月動工。第一期工程主要在沙頭角以北興建臨時房屋區及康樂設施，供鹽寮下村 2,000 名木屋居民居住，並清拆鹽寮下的木屋範圍，興建公共房屋，安置鹽寮下村的居民 [6]。

政府還成立了一個由鄉事會和政府多個部門各派代表組成的進度監察委員會，確保計劃能順利完成，委員會主席由時任鄉事會主席劉蔭民出任。沙頭角重建計劃的主要設施在 1990 年落成，包括沙頭角邨、警崗、沙頭角中心小學、社區會堂、幼稚園、街市及熟食綜合大樓、避風塘、污水處理廠、公共停車場、足球場、籃球場、緩跑徑、休憩處，以及海岸的海濱長廊。其中沙頭角邨是鹽寮下及菜園角兩個寮屋區清拆後建成，由房屋協會負責興建及管理，佔地 3.9 公頃，樓宇有四至五層高，共 662 個單位，分二、五、八、十人單位，月租由 380 至 976 元（連差餉），人均居住面積 4.8 平方米。這些單位除安置受兩個寮屋區清拆影響的 3,900 名村民外，餘數亦供香港房屋委員會公屋輪候名單上的沙頭角區居民申請。這個低密

度的屋邨共分四期，遷拆工作配合建屋進度，首期 1988 年 8 月入伙，第三期 1989 年落成，最尾一期在 1990 年 3 月完成[7]。

入住沙頭角邨的，除了原鹽寮下村的鶴佬人外，亦有來自菜園角的客家人，可說是多元族群匯集。鶴佬人聚居的鹽寮下村與客家人為主的菜園角村，遷入公屋前均住在沙頭角墟，由於生活環境條件不同，素有積怨。但自從生活環境改善，以鶴佬人佔大多數的沙頭角邨恢復慶祝天后誕，1997 年更舉辦鹽寮下村酬神活動，定每十年一屆，邀請各方鄉親父老出席，盛況空前。

1994 年 8 月，實施了 40 年的邊境宵禁令終於撤銷，村民自始可以在任何時段自由進出禁區。有禁區居民自出生以來便緊守禁區的生活規則，包括沒有禁區紙不能進出、沒有宵禁紙凌晨不能在街上行走、每晚 12 時前要返回家中。曾有一位婆婆在凌晨 3 時 50 分出菜田割菜，由於違反宵禁而遭警方檢控，除了罰款還要留案底。

## 郊野公園及保育發展

自 1970 年代開始，沙頭角的鄉村人口大幅減少，許多村莊日漸荒廢。1977 年，政府劃定城門郊野區為首個郊野公園，此後把計劃推動到其他地區，1978 年船灣及八仙嶺郊野公園相繼成立，分別佔地 4,594 及 3,125 公頃[8]。船灣郊野公園包括烏蛟騰、荔枝窩、三椏村等前沙頭角十約的鄉村。1980 年代初，鹿頸至涌尾新公路開通後，行山人士多直接由烏蛟騰出發，經上下苗田、三椏村到達

荔枝窩，然後經谷埔出鳳坑，直達鹿頸。至 1990 年代中，在大埔墟寶鄉街的寶鄉坊，仍可以搭乘鄉村車（俗稱街車）前往新娘潭及烏蛟騰，上午 10 時開出，但班次難以定準，故設有查詢電話，筆者亦曾經坐過這種街車，前往新娘潭或烏蛟騰一帶。

當時一些本地出版社陸續刊印沙頭角區的旅行路線指南，路線包括東北環遊路線，即由烏蛟騰經峽谷到九擔租至上下苗田，再沿著澗旁的古道下行，至「苗三石澗」（即上下苗田至三椏涌的一條溪澗）便抵達三家村。三家村只有村戶三家，過了涌口及廢田後便到三椏涌，沿岸多是紫紅色的岩石，色彩瑰麗。不久可走到三椏村，翻過低坳後便到小灘，再經海堤繼續沿海邊的水泥路西行，抵達荔枝窩。荔枝窩是一個前臨海濱、背枕群山的客家大村，村前廣場建有協天宮及學校，有巨榕，小樹林古木參天。這裡是一個小休補足糧水或午飯的上佳地點，可以欣賞古老村屋及圍門，然後經石砌古道，在松林夾護下上達山崗，不久便到分水坳。分水坳是早年荔枝窩、蛤塘、梅子林等村民從陸路前往沙頭角墟的主要隘口，一塊記述民國九年（1920）創建該條通道的石碑仍豎於坳上，文字清晰可讀，碑文中述及「東和墟」，反映昔日村民取道小徑往返墟市。經山邊的明顯小路及禾田便達亞媽笏，該村原有十多間村屋，1980 年初村民已多數遷出，最有特色的是一間屋的屋簷下鑲有排水的鯉魚渠飾，造型相當逼真，為港九僅見。行山者再前進不久便到達一個岔口，左轉可下山回烏蛟騰，右轉則可下通谷埔再往鹿頸的路線。

香港第四條遠足徑「衛奕信徑」於 1992 年 7 月 2 日在南涌舉行命名

九擔租村（筆者攝於 1993 年）

儀式。另有一項方便行山人士的建設「橋山橋」，是由於南涌大瀝
（即屏嘉石澗）在雨季時會山洪高漲，而到衛奕信徑遊覽南涌及鹿
頸一帶的郊遊人士日多，因此當局在已荒廢的上下七木橋村，昔日
橋山學校遺址附近建橋，是該徑第十段工程之一，橋名來自村民紀
念舊校的建議。該橋亦是衛奕信徑最大的純行人橋，橋身長 37.5 米，
高 3.8 米，據說建造費用在 50 萬港元左右，但承建商只收取了一個
吉利數字。橋山橋的落成對原居民亦是一項德政，為他們運送「大
炮」——即先人的棺木——上山落葬提供了很大的方便。過橋行數分
鐘，便是紀念已故港督尤德的「尤德亭」，可在此舒適地欣賞沙頭
角風光。這些建設反映出沙頭角在郊遊方面的發展，亦對原居民的

生活有一定改善，村民當年來往鄉村與墟市之間的石砌古道，則成為今時今日郊遊人士的遠足步道。

由於北區有較多的郊遊地點及文物古蹟，加上未被開發，1990 年代政府推動北區旅遊，北區政務專員亦落力推動本土旅遊及沙頭角的歷史古蹟，如由北區區議會出版的《北區風物誌》，圖文並茂介紹沙頭角區的歷史及文物，並舉行「沙頭角歷史圖片展覽」。有些地區團體或鄉事組織，亦因應政府的本土經濟政策，加強宣傳新界東北部的郊遊路線，除了推動本地經濟，讓鄉間回復生氣外，亦可以創造就業。地區報章亦宣傳有關駕車遊鹿頸，欣賞自然生態的路線，如從尖沙咀出發，經獅子山或大老山隧道，循吐露港公路入粉嶺，經過聯和墟再入沙頭角公路，駛到支路鹿頸路，只需 40 分鐘，在此遊人可近岸觀賞沙頭角海的一大片紅樹林。沙頭角海是一個掩蔽海灣，面積細小但擁有不同類型的濕地，包括魚塘、紅樹林、泥灘及淡水沼澤，散佈在海岸一帶。除了紅樹林及泥灘外，這些濕地在 1970 年代前仍然是稻田，自從種稻式微後，廢田演替成不同類型的濕地，成為在鴉洲（沙頭角海南部）繁殖的鷺鳥的重要覓食地點，由於在鴉洲可找到約四分之一的本地鷺鳥，這個地點已被劃為「具特殊科學價值地點」。車子再向前駛經大灣，遊人可以到達一條較大的客家村落——南涌，有一條分支路可以直接往南涌楊屋、鄭屋及羅屋，亦可以泊下車子，經衛奕信徑步行前往石板潭，再經鹿頸林屋、南涌張屋及李屋返回南涌路口，完成這條「南鹿路線」。

駕車沿鹿頸路前行，會駛經一間天后宮，正對沙頭角海，這裡亦可

荔枝窩村（筆者攝於 1993 年）

見到昔日村民「圍海造地」時所用的水閘及河涌。到達鹿頸，有兩間歷史悠久的士多——永興及陳鳳記，遊人多會在附近的公眾停車場泊車，到士多吃便宜麵食或三文治做午餐。1990 年代中，仍有村婦會在村口售賣一籃籃大蕉，每梳大約十元八塊。遊過鹿頸後，駕車人士可繼續走新開闢的新娘潭路，到達船灣郊野公園，路邊分佈有不少燒烤場地，如果預先買好炭或燒烤包，可以在這裡來一趟燒烤樂。如不作停留，便可沿新娘潭路經烏蛟騰出大尾篤，然後沿汀角路到大埔，完成「鹿頸南涌半日遊」[9]。

鄰近烏蛟騰的谷埔，在 1980 年代開始因為村民外流而荒廢，村落

包括各條認可鄉村，計有谷埔老圍、谷埔新屋下、二肚、三肚、四肚及五肚，土地面積約 63 公頃，現時仍有少數村民居住。根據谷埔村代表宋氏 26 世傳人宋煌貴介紹，谷埔村有超過 370 年歷史，是以雜姓客家原居民為主的村落，最早遷移至谷埔村的為楊、鄭、宋三個姓氏，其次為吳、張、曾、何及李氏人家；而楊、鄭、張、李及宋等氏族建有祠堂 10。

谷埔位處郊野公園外圍，有不少稀有雀鳥和漂亮蜻蜓出沒，由於多了遊人行山經過，曾有原居民希望發展私人鄉村農莊，以吸引外來遊客。他們在村內重修河溪，如谷埔四肚及五肚村一帶的河溪，被改為石屎河堤，又在溪旁設燒烤場，溪水雖然仍保持清澈，但生態價值降低。谷埔土地由於屬私人擁有，未被納入郊野公園範圍，但根據規劃署的研究報告，谷埔擁有具重要保育價值的植物品種，沿海岸線的濕地和天然林地是蝴蝶理想的棲息地，曾發現超過 100 種蝴蝶 11。谷埔具生態價值的地方，包括林地、蘆葦叢、紅樹林、潮間池塘、淡水沼澤及天然河溪。谷埔的濕地綜合區連同河道，育有多種蜻蜓和淡水魚，當中包括具重要保育價值的品種，流經谷埔的天然河溪，由南面的五肚流向北面的谷埔新屋下，其中約一公里河段被鑑定為「具重要生態價值的河溪」。谷埔亦有已評級的歷史建築物，分別是三級歷史建築物啟才學校、協天宮及位於谷埔老圍的楊氏和李氏宗祠。另外谷埔小炮樓具有歷史價值，樓高三層，毗連李公安於 1920 年代左右建成的兩間商舖。小炮樓既是商舖的倉庫，亦是保衛村民的防禦建築。直至日佔時期結束，小炮樓設有專人值日看守。小炮樓和商舖於 1956 年賣出後，被改作住宅用途，其後一直

空置至 1990 年代。這是沙頭角區僅存三座炮樓之一,亦是香港少有一座落在邊境的炮樓。由於具有考察古物的價值,因此谷埔這些古老建築的所在地均被列為「香港具考古研究價值的地點」之一 12。

此村有一條沿海岸的步行徑,前往鳳坑及鹿頸,並有一個公眾碼頭,但沒有任何車路可達。由於谷埔的高生態價值,其發展引起保育團體的關注。環保團體綠色力量和世界自然基金會香港分會,在 2003 年發現當地發展農莊旅舍,擔心在缺乏當局清晰指引下,會破壞環境,不希望元朗大棠荔枝園變野戰場、落馬洲農地變停車場、鹿頸魚塘變釣魚場的例子重演。然而郊野公園外圍的土地,由於未列入規劃大綱,地政總署只可以根據土地契約,約束私人農地的用途加以控制,但發現違規後大多只會發出警告信,未有採取實質行動阻止破壞環境的行為,因此往往作用不大,發展商多半採用先斬後奏的方式改變土地用途,地政總署只會要求業權人回復原貌,但大多數例子已不可復原。同年,政府針對現行自然保育措施的不足之處,在經過一輪諮詢後公佈了「展望自然:自然保育政策檢討」文件,除了建議採用計分制,評估個別地點的生態價值外,亦加強兩個較切實可行的方案,一為「與土地擁有人簽訂管理協議」,二為「公私營界別合作」。政府鼓勵非政府機構利用政府資助或本身的經費,就管理具重要生態價值的土地,與有關土地擁有人簽訂協議,以達到自然保育的目的;另一方面,政府容許發展商在具重要生態價值的地點中較不易受破壞的部份,按議定規模發展,條件是發展商須訂下可行和可接受的保育計劃,並承諾長期保育該地點的其餘部份 13。

諮詢文件發表後，原居民認為對其權益影響深遠，沙頭角鄉事會屬下十多個村代表，更為此召開特別研討會。該會的召集人梅子林村村代表曾玉安表示，沙頭角區擁有不少可能會被列入重點保育的地點，故代表們十分關注，並向政府提出五個訴求，包括：政府推行保育政策必須以民為本，尊重業權人的意願，凡涉及私人業權的保育地帶，必須以買地、租地或換地形式處理，以保障業權人權益；認同以科學的計分方法，確定一些重點及優先保育地方，但保育地點應「貴精不貴多」；強烈要求政府放寬已實行的「郊野公園」和「城市規劃」條例中有關限制鄉村發展的不公平部份，平衡鄉民及大眾市民利益，保育和鄉郊建設、民生要取得協調，社會才得以凝聚，民間對政府才有向心力；除非有明確的合作途徑，又或是有明確的成功例子，否則業權人不會貿然加入合作發展行列；相信「民生先行、環保次之」的信念，單方面剝削業權人權益的政策一定不為鄉民接受 14。

鄉民的反對並未令政府取消有關計劃，自保育文件推出後，政府亦做了一些有關沙頭角生態價值的研究，發現除了沙頭角海南岸外，北岸的村落亦具歷史及生態價值。規劃署於 2008 年 5 月委託奧雅納工程顧問進行的「邊境禁區土地規劃研究」中顯示，邊境地區需要保育的高生態價值地點，包括很多郊野公園的外圍：米埔拉姆薩濕地、担竿洲及米埔村鷺鳥林、落馬洲新田魚塘、河上鄉鷺鳥林、蓮蔴坑河溪及鉛鑛洞的具特殊科學價值地點、由蓮蔴坑至伯公坳灌木林區。而需要保育的文化遺產及具考古價值地點包括：沙頭角地區：山咀、上担水坑、下担水坑、蕉坑、木棉頭、新村上圍、沙頭角新村考古地點、塘肚；打鼓嶺地區：蓮蔴坑、香園圍、下香園、

松園下、簡頭圍、塘坊、木湖瓦窰、木湖、新屋嶺、鳳凰湖、週
田村；落馬洲地區：料壆、落馬洲；麥景陶碉堡〔馬草壟、南坑、瓦
窰、白虎山、礦山（或缸山）及伯公坳〕（二級歷史建築）、打鼓嶺
警署及落馬洲警署（三級歷史建築）。研究指出，邊境東西兩面均
有高生態價值地點及重要的文化遺址及古蹟，可以發展為旅遊點，
吸引本地及外地遊客，亦提到設立生態旅遊及康樂熱點，以支援深
圳居民的需要，並建議興建包括生態旅舍、文物徑、鄉村生活體驗
及退休村等 [15]。

特區行政長官在 2010-2011 年度施政報告中，確認有需要對郊野公
園的「不包括土地」作出規管，以防止人為破壞。為了照顧保育和
社會發展需要，該等土地例如沙頭角的谷埔、鳳坑及榕樹凹，會納
入郊野公園範圍或法定圖則內。規劃署擬備審批地區圖，可讓當局
在未及制定計劃大綱前，提供臨時規劃指引和規管各項發展，向違
例發展項目採取執管行動。2013 年 2 月城市規劃委員會（城規會）
第 1029 次會議，曾考慮《谷埔、鳳坑及榕樹凹發展審批地區草圖》，
委員會同意要加強這三個區的天然美景，其後向北區區議會及沙頭
角鄉事委員會講解這份草圖，並於 2013 年 3 月 8 日公佈。規劃區
佔地 90.27 公頃，主要分為谷埔、鳳坑及榕樹凹三個區，除了向著
沙頭角海的一面外，四周皆被船灣郊野公園環抱。城規會發言人指，
整體規劃意向是保護區內具有高保育和景觀價值的地方，及其鄉郊
環境，使它們能與船灣郊野公園的整體自然美景互相輝映。當中約
4.78 公頃的土地劃為「鄉村式發展」地帶，反映鳳坑村、谷埔老圍、
谷埔新屋下、二肚、三肚、四肚、五肚及榕樹凹村這些現有認可鄉

1990 年代的沙頭角谷埔村。谷埔村由於不明原因未有加入十約。

谷埔村可遠望中方的沙頭角鎮

1932 年建成的谷埔啟才學校，以黃埔軍校辦公大樓為建築藍本。

村的範圍。其餘的 85.49 公頃劃為「非指定用途」地帶，以便在制訂分區計劃大綱圖前，可仔細進行分析及研究，從而訂定適當的土地用途 16 。

這幅草圖令谷埔村民不滿，認為當局竟將祖先留下約 200 萬平方呎農地列入郊野公園，又將五分之一村界劃入保育地帶，割裂了谷埔村土地權益的歷史。沙頭角鄉事委員會主席李冠洪指出，除了谷埔村受規劃影響外，鄰近的鳳坑村、榕樹凹村同在規劃之內。他批評政府部門在沒有補償措施下將大幅私地（農地）劃作保育地帶，有違政府新農業政策，更不尊重私有產權，無諮詢村民且繞過鄉事會，

直屬北區區議會諮詢，故強烈要求規劃部門與村民代表成立工作小組，重新規劃保育地帶。

谷埔村等沙頭角北岸村落發展旅遊的例子，反映原居民對權益的重視，然而政府的鄉村式發展及保育政策，未能解除他們對前景的疑慮，令鄉民與保育團體長期處於較為對立的局面。

## 客家婦女參與社會及經濟事務

凡到過沙頭角地區的人，一定會見過戴著涼帽的婦女，她們多是退休一族，日出時到墟市飲茶買餸，夜間則在家中準備晚飯，過著「日出而作，日入而息」的平淡生活。然而近年來隨著沙頭角社會日漸開放，傳統客家婦女的地位亦較以前提高，成為家庭重心、主要勞動力與社區文化的重要參與者。

昔日，客家婦女大多是農事的主要勞動力。清代，漢族婦女有纏足習俗，以布帛裹足，使其成弓狀，廣府話俗稱「紮腳」，但客家婦女卻不會纏足，主要因為她們需要從事田間工作，「紮腳」便不能擔當這體力勞動[17]。她們穿的鞋亦以繡花鞋與屐為主。客家婦女的服飾與其生活習慣有密切關係，因為生活在山區，要自給自足，服飾以簡單為主。沙頭角婦女的涼帽，是珠江三角洲和香港一帶客家文化獨有的特色，但在客家大本營的梅縣一帶沒有這個傳統。此外，傳統上客家婦女不能隨便拋頭露面，故她們有些在下田時習慣戴上涼帽，以免有違風俗。她們也會佩帶頭巾，衣服的質地則以麻、棉織品為主。

戴著涼帽的客家婦女

在沙頭角蓮蔴坑村、香園圍一帶，因多數男丁會到海外謀生，如行船、開礦或開餐館等，不少客家婦女要代替他們，經「耕作口」往深圳那邊耕作。黃葉莉薇女士是蓮蔴坑原居民，1957 年生於蓮蔴坑，1972 年移居英國曼徹斯特，她在 1960 年代仍是學生，當時父親早已移居英國。葉莉薇現在是曼城華人之家的會長，她告訴筆者，她未移民前一直都在蓮蔴坑耕田生活：

> 咁我四五歲已經跟我阿媽喺田嗰度大㗎嘛，所以食真係冇得食㗎，係好淒涼。即係嗰個環境呢，你生出嚟個環境係唔係你自己揀㗎嘛，因為我哋蓮蔴坑嘅地方呢，你知唔知係好偏僻㗎

客家婦女走過中英邊界

啦，係有嘢，即係除咗耕田之外係冇嘢可以生存㗎嘛，即係冇
啲咩工廠。嗰陣時蓮蔴坑亦都係一個鄉下囉，同埋呢以前就係
冇電，乜嘢都冇嘅。

後尾六幾年之後，我唔記得咗邊一年，就係突然之間話可以拉
到電入嚟，以前我哋係靠燈呀、柴呀、火水、燈呀咁樣㗎嘛。
咁欸，後尾佢哋就開始拉嗰啲電線入嚟啦，亦都感覺到係一個
好新奇嘅即係一個突破啦，即係對我哋嚟講，我哋係鄉下，因
為我哋真係冇嘢。我嗰個時候真係茶都冇去過飲過。又冇去過
茶樓，又乜嘢都冇，最遠都係去到上水嘅啫。我哋都係耕田嘅，

除咗耕田之外呢，我自己就同我阿媽砍柴同埋賣柴嘅，賣果啲松樹，係賣畀瓦窰下，燒果啲瓦片同埋造果啲磚頭嘅 [18]。

她在大逃亡後曾向內地公安部申請「過境耕作證」，跨過深圳河到長嶺那邊耕作：

即係當時呢我好記得既係人生好渴望能夠有一種轉變，呢種轉變就係話要改變自己，唔係話我生出嚟喺某一個環境我就係咁樣，我唔會畀環境支配我囉，即係有一種信念喺度。因為我自己屋企細細個爸爸就嚟咗英國，爸爸好爛賭嘅，係唔會寄錢番屋企㗎囉。

基於客家社會重男輕女的傳統，客家婦女一般教育程度較低，且年紀大才可接受教育，對葉莉薇來說，雖然蓮蔴坑有一間由宗族建立的私塾敬修家塾，後來成為了公立學校，但女子未必能在年幼時上學，因為她們一般都要下田工作：

我自己亦都好遲先至上學嘅。因為我哋屋企好窮嘅，第一就畀唔起學費啦，第二我記得嗰陣我哋連食都有問題，變咗畀學費係一件好奢侈嘅事，尤其是係一個女仔，出身係一個女仔，變咗你係可以讀書或唔讀書嘅果種感覺。因為嗰陣時候蓮蔴坑仲係好偏僻嘅，所以佢哋啲民風仲係好古老嘅，所以呢樣嘢係冇辦法改變。同埋嗰啲女仔始終係有男人嘅地位，所以見到嗰啲男人，個個女仔都 dup 低頭。雖然話喺嗰個 city 入面已經係冚冚聲話咩男女平

等、又迷你裙同 suit 咁，但對我哋嚟講係好新奇嘅嘢，因為我哋蓮蔴坑係好偏僻，你知啦係普通人入唔到去嘅咁樣。所以嗰陣時我自己讀書都拖到好遲，差唔多成八歲先至讀書。

抵達英國後，15 歲的她一邊在堂叔的餐館工作，一邊唸書，英語水平增進不少，1979 年考入里茲藝術學院，修讀時裝設計，1985 年獲學士學位，及後更成為曼城一間時裝公司的首席設計師，至 1992 年女兒出生後轉為全職母親。惟葉莉薇仍然熱心華人事務，於 2005 年創辦曼城華人之家，更與當地的中央圖書館合作完成《曼城華埠史錄》，2014 年再榮獲英國首相卡梅倫頒發首相府嘉獎 [19]。她的成就是客家婦女的典範，因而成為唯一一位蓮蔴坑女性列入《蓮蔴坑村志》的人物篇。

正如葉莉薇重視華人的教育服務一樣，成年的客家婦女十分重視子女的教育，有俗諺「月光光，秀才郎，騎白馬，過蓮塘」，以月亮比喻秀才郎，即只有讀書人才能娶得漂亮的妻子 [20]。她們把客家山歌代代相傳給子女，使子女在民間文學的影響下接受家庭教育。山歌有的描寫自己耕田種菜的經驗，現在不少客家村落的宴會或節慶中，仍不難見到客家婦女即席詠唱山歌，一展歌喉，令一眾食客大飽耳福。

由於許多村內男人要到海外謀生，婦女成為每戶的家庭支柱，不少田地以男丁配偶的姓氏為登記業主，在 1905 年由政府所編的官契內，「Name of Owner」一欄往往會有「XX 氏」的名字。例如在客家

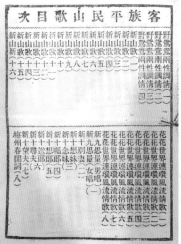

流傳於沙頭角的客家山歌讀本（取自《北區文獻》，香港中文大學圖書館藏）

村落担水坑，便有稻田或屋地以「邱陳氏」、「鄒姚氏」作為登記人，另一條客家村山咀亦有以「黃張氏」作為稻田的登記業主。因為男業主長期在海外工作，可能一去幾十年，索性以男丁加配偶的姓氏登記，以方便日後作轉讓或向官府繳納糧餉，成為客家社會一個獨特現象。因此，客家婦女在管理物業方面亦十分能幹。有調查發現，客家農村的男女比例是一比九，常住人口幾乎都是婦孺，「男外出、女留家」、「男工商、女務農」的互補型家庭模式，直至現代也十分普遍，年輕力壯的客家男人到市區打工，婦女則留家打理家頭細務[21]。在客家婦女心目中，丈夫雖然出外或出洋謀生，但為了支持丈夫，她們仍堅守婦道，刻苦堅忍地生活，沒有怨言。

左：客家婦女製作的雞屎藤，以吸引遊客。
右：戴涼帽的客家婦女在酬神會場外即場烹煮（攝於鹽寮下村十年一屆酬神活動）

「文化大革命」期間，由於香港與內地的聯繫一度受到影響，不少客家婦女會在邊界上與對岸的親友隔河相會，形成一度特別的風景。也有婦女逃到香港後，仍不忘在華界的家人，在沙頭角邊界隔河向對岸的家人喊話。1990 年代，多了旅遊人士到沙頭角旅行，客家女性為了幫補家計，會製作一些客家食品如茶粿、雞屎藤，或飲料如洛神花茶，以饗遊客，趁機介紹客家文化。在鄉村的宴會中，如担水坑村的新春宴會，她們也會幫忙烹調，端來一碟碟色香味美的「九大簋」。沙頭角婦女閒時也會在沙頭角碼頭旁備好大鑊和竹箸箕，煮製米通，售賣給遊客。

在沙頭角區的發展背後，客家婦女一直默默耕耘，過著與世無爭的生活，對地方傳統的保存及社區關係的融和不可忽視。

## 鄉事組織與開放墟市

1951 年，港府設立邊境禁區，翌年實施宵禁（由午夜至翌晨 4 時，1994 年正式取消），加上自 1967 年沙頭角槍戰後，沙頭角墟被形容為「死城」，禁區外的村民難以到墟市購買日用品，交通亦被石涌凹檢查站隔絕，情況直至 1980 年代，內地改革開放初期才漸漸轉變。當中，沙頭角聯鄉會一直爭取開放禁區，1972 年 8 月舉行村代表大會，表達對政府保留石涌凹檢查站的不滿，指出因戰事而劃為禁區的地方，已隨著和平而開放，恢復自由，惟沙頭角一隅仍屬禁區，出入必須持證，證件又不容易簽發，令當地居民窒息不堪；區外商人雖對發展沙頭角有興趣，但無路可達，令沙頭角的商業門堪羅雀，生活困窘，粉嶺、上水、大埔、榕樹凹、荔枝窩、七木橋等村十之八九戶遷走，而全村遷村的則有鎖羅盆、橫山腳、牛屎湖等。大會集合各代表的意見，分呈民政署、理民府、鄉議局等機構，務求令當局撤銷宵禁，若不成功則發起「一元運動」，或總動員到督憲府請願，不成功決不罷休 22。最終政府因為保安需要，沒有撤銷石涌凹檢查站，鄉事會的呈請亦被束之高閣。

1984 年 4 月，尤德夫人到沙頭角參觀鄉村生活環境和現代社區屋邨建設，並會晤沙頭角鄉事會主席葉勝（前蓮蔴坑村代表）、劉天福、李克彬及委員多人。她更往沙頭角碼頭坐舢舨，參觀沙頭角海

一個漁場，該處乃政府指定的海魚養殖區，共有漁場 75 個。尤德夫人的訪問反映政府已計劃發展沙頭角市鎮，因此需要與鄉事會加強溝通。改革開放後，華界沙頭角的居住環境大為改善，到處都是新式的樓房，以往嚮往香港生活方式的內地人一踏入英界沙頭角，可能已發現不外如是。當時曾有人開玩笑說，如你在公海逃難游到香港，望向沙頭角，一定會以為建滿平房式住宅的一邊是香港，而另一邊全是木搭棚屋（指鹽寮下村），夾雜著幾幢石屎樓房，一定是內地，因此興奮地朝著「繁榮、自由」的一方進發，結果便去錯方向了。

從 1997 年香港回歸到 2003 年開放自由行，內地偷渡已幾近絕跡，包括鄉事會在內的一些沙頭角原居民代表，力促政府逐步開放已封閉 50 年的沙頭角禁區，更以發展生態旅遊作為推動力。例如 2003 年，沙頭角慶春約七村的村民集資 70 多萬元，在生態旅遊熱點荔枝窩興建小型廣場，還構思將荒廢已久的村校發展為生態旅遊中心，自行發展當區生態旅遊。有「香港亞馬遜森林」之稱的荔枝窩，位於印洲塘海岸公園北部海岸，昔日曾有橫水渡來往沙頭角墟，但由於人口流失，已停辦多年，遊人只可以從烏蛟騰步行前往，路程約兩小時半；如自僱船隻從沙頭角墟出發，船程只需 20 分鐘，但由於沙頭角碼頭屬於邊境禁區，一般旅客不能使用，故此多要從馬料水碼頭出發，航程為一小時半 23。鄉事會副主席兼梅子林村村代表曾玉安，曾多次向保安局提出開放沙頭角墟，讓旅客可以取道沙頭角碼頭，前往荔枝窩或其他小島，如吉澳及鴨洲等，或在墟內遊覽，以帶旺當區沉寂多時的商業活動，惟保安局只答允研究開放

山咀村為一條雜姓客家村落，圖為村內的迪禎黃公祠。

碼頭予本地旅行團的旅客 24。荔枝窩村原居民代表曾阿七，亦是沙
頭角鄉事委員會執行委員，1934 年在沙頭角墟出生，居住 24 年才離開
沙頭角，兒時在荔枝窩務農捕魚，成年後任職了五年警察，1962 年移
民英國從事飲食業，至 2008 年才返港居住。他亦支持開放沙頭角
墟，因為可以帶動經濟，而且現在已沒有人偷渡，沒有必要再維持禁
區。但亦有年輕人不支持開放，如一位任職補習社的女士，家住沙
頭角墟，她珍惜當地的寧靜，怕開放會破壞這裡閒暇的氣氛 25。

港府在 2008 年公佈，分三階段縮減禁區範圍至 400 公頃。2012 年
第一階段已有六條沙頭角村落解禁，包括山咀、担水坑、塘肚、新

村、瓦窰頭及木棉頭。解禁之後村落漸有發展，訪客遠道而來，刺激了有機農莊等設施的開發。隨著禁區第一階段開放，石涌凹檢查站於 2012 年 2 月 15 日關閉，成為歷史遺址，取而代之的是沙頭角墟入口的新檢查站。惟沙頭角墟仍然因為保安、防止偷渡及走私的原因，不作開放。耗資過億的沙頭角碼頭，仍然只有一艘定期來往吉澳及鴨洲的街渡使用，其使用量之低，不足為外人道。

石涌凹檢查站取消後，市民可以乘車或自駕，直接前往担水坑、山咀這些禁區村落，刺激村內外陸續出現不少茶座、鄉村小食店或茶水檔，原先荒涼及野草處處的鄉郊，頓成為可一睹「禁區」風貌的旅遊點。另一方面，隨著禁區開放，當地近年更興建了不少三層高的丁屋。然而，村民對禁區開放仍持有不同意見，有村民反應正面及友善，亦有村民表現抗拒，在屋外豎起「遊人禁步」「禁止拍攝」「請勿打擾」等告示，不希望遊人到訪會破壞他們的私隱及寧靜的生活。當中，山咀村是最接近新沙頭角檢查站的村落，村的一部份仍然在禁區範圍內，毗鄰的中英街及沙頭角墟則未開放，兩地村民需要持有禁區通行證，才可經過各個閘口來往沙頭角墟。

相信沙頭角墟的開放問題會一直糾纏不清，而隨著馬料水、吉澳及鴨洲的渡輪服務於 2019 年開通，取道沙頭角墟前往印洲塘諸島旅遊的交通問題得以解決，沙頭角墟的禁區會持續到幾時、沙頭角居民是否全面支持開放墟市，以迎來眾多本地或內地遊客，仍是未知之數。惟 2017 年，時值香港回歸二十周年，沙頭角有多年未見的新樓盤供應，可見發展商對這塊最後禁區的解封深表樂觀。因此筆

者相信，這個地區的不同持份者，包括鄉事組織、商會、店舖以至居民組織，仍然會視向政府爭取開放墟市為其長遠目標。

## 註

1　〈中英關係改善　邊界地區各處　表現和平與友善〉，《華僑日報》，1971 年 8 月 27 日。

2　《北區星報》，1984 年 7 月，頁 7。

3　《華僑日報》，1979 年 2 月 3 日。

4　《華僑日報》，1981 年 4 月 19 日。

5　〈新界沙頭角禁區呈新貌　禁區日趨發展〉，《華僑日報》，1971 年 2 月 20 日。

6　《北區星報》，1984 年 5 月，頁 8。

7　"$200m Government plan for Shataukok facelift", *SCMP*, 22.9.1987;〈沙頭角墟發展推進漸呈新貌〉，《華僑日報》，1989 年 1 月 27 日。

8　香港政府新聞處：《香港便覽－郊野公園》（香港：香港政府，1995 年 7 月）。1979 年 6 月 1 日再成立船灣（延展部份）郊野公園。

9　〈駕車遊鹿頸和自然生態說聲嗨〉，《明報生活副刊》，1996 年 11 月 22 日。

10　https://www.hkcd.com/content/2015-10/29/content_966216.html

11　2013 年 2 月 22 日舉行的城市規劃委員會第 1029 次會議記錄：《谷埔、鳳坑及榕樹凹發展審批地區草圖圖號碼 DPA/NE-KP/B》（城規會文件第 9282 號）。[2013 年 3 月 8 日解密 ]

12　古物及古蹟辦事處《香港具考古研究價值的地點》（2012 年 11 月），https://www.amo.gov.hk/b5/archaeology_interest.php；城市規劃委員會文件第 10180 號：考慮有關《谷埔、鳳坑及榕樹凹分區計劃大綱草圖編號 S/NE-KP/1》的申述意見。

13　環境運輸及工務局、漁農自然護理署：《「展望自然」：自然保育政策檢討行政摘要》，2003 年。

14　〈沙頭角村研討保育〉，《明報新界東專線》，2003 年 9 月 20-26 日。

15　規劃署：《邊境地區土地規劃研究工作報告—（基線情況和現時土地用途檢討及主要課題）摘要》（奧雅納工程顧問，2008 年 5 月），頁 5。

16　〈谷埔、鳳坑及榕樹凹發展審批地區草圖刊憲〉，2013 年 3 月 8 日，https://www.info.gov.hk/gia/general/201303/08/P201303080224_print.htm（取用日期：2020 年 9 月 7 日）。

17　房學嘉、宋德劍、鍾晉蘭、夏遠鳴、冷劍波：《客家婦女社會與文化》（廣州：華南理工大學出版社，2012），頁 20-21。

18　葉女士訪談錄。

19　劉蜀永、蘇萬興：《蓮麻坑村志》（香港：中華書局，2015），頁 267-269。

20　房學嘉、宋德劍、鍾晉蘭、夏遠鳴、冷劍波:《客家婦女社會與文化》,頁 31。

21　根據 1951 年廣東梅縣的一個統計。見房學嘉等:《客家婦女社會與文化》,頁 27。

22　〈決再要求撤除石涌坳禁區站〉,《華僑日報》,1972 年 8 月 21 日。

23　荔枝窩是沙頭角的一處原居民村落,毗鄰船灣郊野公園及印洲塘海岸公園,是香港聯合國教科文組織世界地質公園的「荔枝窩自然步道」所在地。2016 年荔枝窩與馬料水之間的街渡啟航,每逢星期日或公眾假期早上 9 時開出,前往荔枝窩。

24　〈沙頭角自資發展生態旅遊〉,《明報新界東專線》,2003 年 10 月 11 日至 17 日。

25　〈世代邊境人:應否開放沙頭角墟禁區?偏安一隅的隔代矛盾〉,《香港 01》,2016 年 6 月 24 日,https://www.hk01.com(取用日期:2020 年 9 月 7 日)。

# 結語

沙頭角的歷史發展，反映此地區大致上與四類人士息息相關——客家人、警察、水上人及外國人。沙頭角原本是一個以客家人為主的社區，他們日出而作，日入而息，過著農耕生活，自 19 世紀中葉開始，客家人依賴日漸積累的從商經驗，開始發展墟市，經營各種以農業或本地生產的商品為主的店舖，但踏進 20 世紀，英國人佔領及租借新界後，此地區的情況變得特殊。從 1898 年英國租借新界開始，沙頭角成為不少外籍人士工作、傳教或旅行之地，一度成為進入廣東省東部區域的重要樞紐。清朝覆亡至民國時期，內地的政局持續不穩，尤其是省港大罷工的持續，雖一定程度影響了沙頭角墟市的發展，然而基於香港與廣東省的緊密聯繫，兩地之間的人民往來一直沒有中斷。本是中英兩國之間的一道夾縫，仍然向著成熟經濟及社會狀態的方向擴展，反映客家人及其他族群在社會及經濟方面的成就，當中客家人社區的民間信仰以及基督宗教在墟市的發展，令兩地之間的聯繫建立了一個穩固的基礎。

日軍侵華，令香港沙頭角及華界沙頭角的界線更形模糊，港九大隊的活動範圍跨越深港邊境，戰時沙頭角區的烏蛟騰、南涌、鹿頸、石涌凹、蓮蔴坑等地，客家人參與抗日戰爭者頗眾，令這些村落成為後方根據地，與內地的抗日游擊隊保持緊密聯繫。如論及沙頭角的發展急轉直下的態勢，是因為戰後內地採取封閉政策、韓戰爆發導致禁運、殖民地政府在沙頭角設立禁區、邊境關卡的封鎖等因素，才禁止了沙頭角兩地居民的正常歷史聯繫。根據英人檔案，殖民地

政府早已對部份沙頭角村落人士進行監視，警察在邊境地區設立麥景陶碉堡等哨崗，中英街兩邊的局勢嚴峻，包括担水坑村及崗下的左派人士也是被監視之列，究竟這些人士在「文化大革命」時期的角色是怎樣，到了現在仍然是個難解的謎。英國官員曾屢次視察邊防設施，安妮公主亦在麻雀嶺一帶策馬奔馳，反映沙頭角一帶作為冷戰時意識型態對立的象徵意義。客家人投身警隊者不少，當中有不少亦駐守邊境區域，他們在沙頭角地區維持治安，付出了不少血汗，因此警察銀樂隊在隆重儀式作 General Salute，演奏的曲目名為《沙頭角頌》，反映警察與沙頭角一種微妙的歷史關係。

改革開放初期，位處內地與香港沙頭角之間，全長 250 米的中英街，是內地居民購買日用品的地方，而隨著深圳特區的經濟快速發展，中英街華界漸漸成為小區，多層樓宇比比皆是，反而港方的中英街仍維持小商店經營方式，形成強烈的對比。這個對比，對英國人管治沙頭角這個敏感地區造成巨大衝擊，當中最深遠的影響莫過於將住在鹽寮下村的鶴佬人遷上公共屋邨，令不少原本住在沙頭角海岸邊、來自內地的居民成為了香港居民，在沙頭角墟定居下來。殖民地政府為了配合政治宣傳，必須向他們提供優良的、與市區質素看齊的服務，如教育、醫療及社會等設施，令沙頭角墟漸次發展為一個在「封禁」中卻能「自給自足」的住宅區域，與外面的市區非常不一樣，亦為這個區蓋上一層神秘面紗。

雖然香港政府沒有開放沙頭角墟的時間表，仍有爭取開放的人士，來自從事商業或地產生意為主的界別，其用意至為明顯；但對一般

在此區過著閒靜生活多年的普通村民來説，開放時間是不重要的，因為在他們的意識中，「封禁」已不再成為流動的限制。在經歷一個世紀的政治、社會及經濟突變後，沙頭角族群相信已是一個能突破限制，超越種種困難的象徵性族群，他們的流動性成為一種傳統而連續的脈絡，有既定的軌跡向前邁進，因為這個族群，無論是客家人或鶴佬人，都可以借鑑前人應付多變形勢的能力，向未知的處境作出更大膽的嘗試。因此「沙頭角故事」的貢獻應不止於「開放」與「封閉」的選擇，它對香港人來説已成為一個無人不識，欲探究其歷史性象徵的引人入勝的地點，因為沙頭角向人訴説了一種值得珍視的歷史及文化價值。

# 附 錄 一

沙頭角區學校一覽表（1960 年代）

| 學校名稱 | 地址 | 負責人 |
| --- | --- | --- |
| 三光公立小學校 | 沙頭角區大小滘村 | 王國隆 |
| 育群學校 | 沙頭角坭塘角 | / |
| 公立大華學校 | 粉嶺聯和市聯成街一號永和士多轉沙頭角區麻雀嶺村 | 黃穎中 |
| 南涌公立學校 | 沙頭角新禧街天壽堂藥局轉 * | 李志學 |
| 沙頭角公立學校 | 沙頭角蓮蔴坑道 | 黎錦洪 |
| 小瀛學校 | 沙頭角荔枝窩由逸生昌轉 | 曾庚 |
| 小瀛公立學校 | 沙頭角荔枝窩 | 岑錫權 |
| 國鈞學校 | 沙頭角烏鮫田村 | / |
| 三光學校 | 沙頭角大橋村 | / |
| 鹿頸公立學校 | 沙頭角順興號轉 | 陳永良 |
| 真光學校 | 沙頭角新樓街十一號 | / |
| 啟才學校 | 沙頭角仁壽堂轉谷埔 | / |
| 正權學校 | 沙頭角南涌村 | / |
| 三省學校 | 沙頭角新樓街廿二號榮豐行轉 | / |
| 振光學校 | 沙頭角新墟 | / |
| 大華學校 | 沙頭角馬約嶺 | / |
| 鴨洲漁民子弟學校 | 沙頭角鴨洲 | 賴耀宗 |
| 靜觀學校 | 沙頭角南涌 | 李志學 |
| 滘西漁民學校 | 沙頭角滘西 | / |
| 啟明學校 | 沙頭角鎖羅盆新樓街順興號轉 | / |
| 培文學校 | 沙頭角榕樹凹沙頭角仁壽堂轉 | / |
| 山嘴公學 | 沙頭角山嘴村 | 李振威 |

| 學校名稱 | 地址 | 校長 |
|---|---|---|
| 鏡蘭公學 | 沙頭角禾坑 | / |
| 群雅學校 | 沙頭角淡水坑村沙頭角仁壽堂藥局轉 | 溫果行 |
| 覺群學校 | 沙頭角天壽堂藥局轉烏蛟騰 | / |
| 橋山學校 | 沙頭角新樓街天壽堂藥局轉七木橋 | / |
| 沙頭角漁民小學 | 香港李寶椿大樓市場部轉 | / |
| 萬和公立學校 | 沙頭角區萬屋邊 | 鍾國松 |
| 敬修公立學校 | 沙頭角蓮蔴坑村 | 姚治立 |

資料來源：摘錄自 1960 年代《香港教育年鑑》。

* 註：當時由於郵差未能派信至偏遠的村校，故會借用墟市店舖如「天壽堂藥局」轉交信件。

## 附錄二

位於沙頭角的具考古研究價值地點 *（2012 年 11 月）

| Name | 地址 | 地區 |
|---|---|---|
| Kat O Island (North) | 吉澳洲（北） | 北區 |
| Kat O Island (South) | 吉澳洲（南） | 北區 |
| Kat O Pak Sha Tau | 吉澳白沙頭 | 北區 |
| Kat O Sheung Wai | 吉澳上圍 | 北區 |
| Kuk Po | 谷埔 | 北區 |
| Lai Chi Wo | 荔枝窩 | 北區 |
| Lau Shui Heung – Kat Tsai Shan Au Trackway | 流水響至桔仔山坳古徑 | 北區 |
| Luk Keng – Tsat Muk Kiu Boulder Trackway | 鹿頸至七木橋古石徑 | 北區 |
| Luk Keng | 鹿頸 | 北區 |

| Name | 地址 | 地區 |
|------|------|------|
| Pok Tau Ha Old Lime Kiln | 膊頭下古石灰窰 | 北區 |
| Sha Tau Kok Old Stone Lime Kilns | 沙頭角古石灰窰 | 北區 |
| Sha Tau Kok San Tsuen | 沙頭角新村 | 北區 |
| Sha Tau Kok Shek Kiu Tau | 沙頭角石橋頭 | 北區 |
| Tong To Shan | 塘肚山 | 北區 |
| Wong Wan Chau | 往灣洲 | 北區 |
| Sun Leung Tam Trackway | 新娘潭古徑 | 大埔 |
| Tai Kau | 大滘 | 大埔 |
| Wang Leng Tau | 橫嶺頭 | 大埔 |

資料來源：古物古蹟辦事處網頁

* 註：具考古研究價值的地點，其重要性或潛在價值各有不同，有待研究；這些地點不等同
於法定古蹟，根據《古物及古蹟條例》，進行挖掘及搜尋古物前必須取得「挖掘及搜尋古物」
牌照。

## 附錄三

沙頭角區各村的人口、族群及姓氏 *（1960 年）

| 村落名稱 | 人口 | 族群 | 姓氏 |
|----------|------|------|------|
| 萬屋邊 | 285 | 客家 | 鍾 |
| 萊洞 | 100 | 本地 | 鄧 |
| 下萊洞 | 65 | 本地 | 鄧 |
| 蓮蔴坑 | 500 | 客家 | 葉 |
| 新桂田 | 12 | 客家 | 李 |
| 麻雀嶺（包括麻雀嶺新屋下、石橋頭） | 415 | 客家 | 曾 |
| 禾坑大朗 | 50 | 客家 | 李 |

| 村落名稱 | 人口 | 族群 | 姓氏 |
|---|---|---|---|
| 上禾坑 | 425 | 客家 | 李 |
| 下禾坑（又名平和尾） | 145 | 客家 | 李 |
| 凹下 | 50 | 客家 | 魏 |
| 鹽灶下（包括瀝尾） | 80 | 客家 | 黃 |
| 立和村（又名石涌凹） | 40 | 客家 | 李 |
| 烏石角 | 75 | 客家 | 黃 |
| 沙頭角（英界沙頭角墟）、鹽寮下及菜園角 | 1,610 | 疍家、鶴佬、客家 | / |
| 崗下 | 170 | 客家 | 鄧 |
| 山嘴 | 420 | 客家 | 黃 |
| 上、下担水坑 | 520 | 客家 | 溫 |
| 蕉坑、木棉頭 | 105 | 客家 | 李 |
| 新村、瓦窰頭 | 205 | 客家 | 藍 |
| 塘肚 | 110 | 客家 | 丘 |
| 南涌（包括大灣、李屋、張屋、楊屋、鄭屋、羅屋、林屋、石板潭） | 400 | 客家 | 李、張、楊、鄭、羅、林 |
| 鹿頸黃屋 | 170 | 客家 | 黃 |
| 鹿頸陳屋 | 445 | 客家 | 陳 |
| 雞谷樹下、河瀝背、鹹坑尾 | 150 | 客家 | 朱 |
| 鳳坑 | 150 | 客家 | 張 |
| 上、下七木橋 | 85 | 客家 | 丘 |
| 谷埔（包括新屋下、二肚、三肚、四肚、五肚、老圍） | 525 | 客家 | 何 |
| 亞媽笏、分水凹 | 50 | 客家 | 李 |
| 榕樹凹 | 240 | 客家 | 溫 |

| 村落名稱 | 人口 | 族群 | 姓氏 |
| --- | --- | --- | --- |
| 鎖羅盆 | 170 | 客家 | 黃 |
| 荔枝窩 | 445 | 客家 | 曾 |
| 梅子林 | 75 | 客家 | 曾 |
| 蛤塘 | 70 | 客家 | 范 |
| 磨刀坑 | / | 客家 | / |
| 鴨洲（又名大鴨洲） | 645 | / | / |
| 戶洲塘 | 4 | 客家 | 巫 |
| 長窩 | / | / | / |
| 馬尿水 | / | / | / |
| 三椏涌、三椏（村） | 185 | 客家 | 曾 |
| 犁頭石 | 30 | 客家 | 李 |
| 牛屎湖 | 55 | 客家 | 曾 |
| 吉澳〔包括赤角頭、東澳、西澳、吉澳上圍、凹背塘、白沙頭、往灣洲（又名雙洲，包括往灣、東灣、大洲渡）〕 | 2,870 | / | 劉、林 |
| 涌背 | 100 | 客家 | 李 |
| 涌尾、礐頭窰 | 70 | 客家 | 李 |
| 泥塘角 | 10 | 客家 | / |
| 橫嶺頭、橫嶺頭舊村、大龍（橫嶺背） | 140 | 客家 | 李 |
| 烏蛟騰（三家村、田心、河背、新屋村、新屋下、老圍、嶺背） | 560 | 客家 | 李 |
| 三担籮 | / | / | / |
| 九担租 | 70 | 客家 | 李 |
| 金竹排 | 160 | 客家 | 王 |
| 大滘 | 105 | 客家 | 李 |
| 小滘 | 85 | 客家 | 李 |

| 村落名稱 | 人口 | 族群 | 姓氏 |
|---|---|---|---|
| 上、下苗田 | 80 | 客家 | 曾 |
| 石水澗 | / | / | / |
| 橫山腳上村、下村 | 65 | 客家 | 陳 |
| 白沙頭洲（三門仔） | / | / | / |
| 人口總計： | 13,591 | | |

資料來源：*A Gazetteer of Place Names in Hong Kong, Kowloon and The New Territories* (Hong Kong : Government Printer, n.d. but 1960)

\* 註：以上村落分佈在六個分區：丹竹坑、蓮蔴坑、沙頭角、吉澳海、吉澳及船灣海，摘錄今天沙頭角鄉事委員會管轄範圍內及已遷村的船灣海村落人口數字而列出。

# 主要參考書目

## 史志、地方文獻

- （漢）班固撰：《漢書‧地理志》，卷二十八下《南海郡條》。
- （北宋）王存：《元豐九域志》（上海：上海古籍出版社，1987）。
- （明）宋應星著，潘吉星譯：《天工開物》（上海：上海古籍出版社，2013）。
- （明）鄭若曾撰：《籌海圖編》（北京：中華書局，2007）。
- （清）阮元等修、（清）陳昌齊纂：《廣東通志》（上海：商務印書館，1934）。
- 《沙頭角鹽寮吓村十年一屆酬神慶典特刊》（香港：2007）。
- 《沙欄下村吳氏族譜》，中英街歷史博物館藏。
- 《帖式》（蓮蔴坑村葉吉濤村長藏），載《新界文獻：北區文獻第三冊》（Hong Kong: Hong Kong University Libraries, 1983-）（香港中文大學東亞研究中心口述歷史計劃借予攝製）。
- 《葉吉崇帖式》（蓮蔴坑村葉偉彰藏）。
- 《龍躍頭溫氏族譜》
- 《龍躍頭鄧氏譜系》
- 《禮記 —— 祭法第二十三》，引自魯同群注評：《禮記》（南京：鳳凰出版社，2011）。
- 《寶安縣地圖》（深圳市檔案館收藏，1950 年代）。
- 《鹽灶下村張氏良鳳宗祠家庭歷史簡介》
- 大鵬所城博物館：《大鵬所城簡介》（深圳：大鵬所城博物館，年份不詳）。
- 光緒三十四年（1908）歲次戊申長樂錫坑李廷爵：《李氏族譜》（一九七四年歲次甲寅季秋月吉日重訂），香港中文大學香港歷史與社會網站藏，http://hkhiso.itsc.cuhk.edu.hk/history/node/85
- 杜臻：《粵閩巡視紀略》，卷一、二、三，引自蔣祖緣、方志欽主編：《簡明廣東史》（佛山：廣東人民出版社，1993）。
- 烏蛟騰海外聯誼會：《成立二十週年暨第十一屆執行委員就職特刊》（曼城：烏蛟騰海外聯誼會，2004）。
- 深圳市鹽田區檔案局部（館）、深圳市鹽田區地方志辦公室編：《中英街志》（北京：方志出版社，2011）。
- 深圳博物館編：《明清兩朝：深圳檔案文獻嶺繹》（廣州：花城出版社，2000）。
- 清《南越筆記》，載吳綺等撰、林子雄點校：《清代廣東筆記五種》（廣州：廣東人民出版社，2006）。
- 清康熙《新安縣志》，卷之一，輿圖志，載張一兵校點：《深圳舊志三種》（深圳：海天出版社，2006）。
- 清康熙《新安縣志》，卷之三，地理志，載張一兵校點：《深圳舊志三種》。
- 清嘉慶《新安縣志》，卷之二，輿地略（香港：1992 重印版）。
- 清嘉慶《新安縣志》，卷之二，輿地圖‧都里，載張一兵校點：《深圳舊志三種》。
- 清嘉慶《新安縣志》〔嘉慶廿四年（1819）版〕。
- 彭樂三編：《香港新界龍躍頭崇謙堂村誌》（香港：出版社不詳，1934）。

· 葉于端編：《沙頭角蓮蔴坑葉氏族譜 [ 縮影資料 ]》[香港：葉于端，嘉慶 24 年（1819）]。
· 廣州市地方志編纂委員會辦公室編：《元大德南海志殘本》（廣州：廣東人民出版社，1991）。

## 中文書刊

· 《嘉道理農場暨植物園 2005/2006 年報》（香港：嘉道理農場暨植物園，2006）。
· 《鶴髮話當年：抗日戰爭勝利七十周年紀念特輯》（香港：香港高齡教育工作者聯誼會，2015）。
· 九龍海關編志辦公室編：《九龍海關誌 1887-1990》（深圳：廣東人民出版社，1993）。
· 王日根：《明清民間社會的秩序》（長沙：嶽麓書社，2003）。
· 任宇寶：《沙頭角孤軍奮鬥記》（香港：大時代圖書供應社，1939）。
· 朱維德：《香港掌故 3》（香港：金陵出版社，1989）。
· 百周年紀念特刊編輯委員會：《基督教香港崇真會粉嶺崇謙堂百周年紀念特刊》（香港：粉嶺崇謙堂，2005）。
· 吳永章、夏遠鳴：《畲民歷史文化與資料》（廣州：廣東人民出版社，2019）。
· 吳德文、深圳市寶安區史志辦公室：《寶安人民抗日戰爭紀事》[深圳：深圳市寶安區檔案局（館），2008]。
· 吳灞陵：《新界風光》（香港：香港華僑日報出版部，1960）（1965 年第四版）。
· 宋方義等：〈廣東封開黃岩洞洞穴遺址〉《考古》，1983 年第 1 期。
· 李志剛：《基督教與香港早期社會》（香港：三聯書店，2012）。
· 李祈、經緯編著：《新界概覽》（香港：新界出版社，1954）。
· 李起源：《日軍襲港記》（安大略省：繼善書室，2002）。
· 李添福：《新界客家村情懷》（香港：超媒體出版，2009）。
· 沈大明：《大清律例與清代的社會控制》（上海：上海人民出版社，2007）。
· 肖唐標主編，《農村宗族與地方治理報告：跨學科的研究與對話》（上海：學林出版社，2010）。
· 阮志：《入境問禁：香港邊境禁區史》（香港：三聯書店，2014）。
· 阮志：《中港邊界的百年變遷：從沙頭角蓮蔴坑談起》（香港：三聯書店，2012）。
· 阮志：《越界：香港跨境村莊及文化遺產》（香港：三聯書店，2016）。
· 房學嘉，《粵東客家生態與民俗研究》（廣州：華南理工大學出版社，2008）。
· 房學嘉、宋德劍、鍾晉蘭、夏遠鳴、冷劍波：《客家婦女社會與文化》（廣州：華南理工大學出版社，2012）。
· 房學嘉：《客家源流探奧》（香港：中流出版社；廣州：廣東高等教育出版社，1995）。
· 林天蔚、蕭國健：《香港前代史論集》（台北：商務印書館，1985）。
· 武法東、田明中等：《吉澳與鴨洲》（香港：郊野公園之友會、天地圖書有限公司，2011）。
· 武法東、張建平等：《烏蛟騰至荔枝窩》（香港：郊野公園之友會、天地圖書有限公司，2009）。

· 邱立誠等：〈廣東陽春獨可仔新石器時代洞穴遺址發掘〉《考古》，1982 年第 5 期；
· 邱東：《新界風物與民情》（香港：三聯書店，1992）。
· 科大衞、陸鴻基、吳倫霓霞編：《香港碑銘彙編》（第一冊）（香港：市政局，1986）。
· 范忠信、鄭定、詹學農：《中國式法律傳統》（香港：商務印書館，2013）。
· 香港教育年鑑編輯委員會：《香港教育年鑑 1963》（香港：香港文化事業公司，年份缺）。
· 香港新界農業會編：《農報》，1961 年第 7 期。
· 凌劍波：〈羅香林客家源流觀的再認識〉，載《嘉應學院學報》，2007，第四冊。
· 徐月清編：《原東江縱隊港九獨立大隊》（香港：港九大隊簡史編輯組，1999）。
· 張晉藩：《清代民法綜論》（北京：中國政法大學出版社，1998）。
· 張記彪編：《文化地理》（北京：企業管理出版社，2014）。
· 張壽祺：《蛋家人》（香港：中華書局，1991）。
· 梁炳華，《北區風物誌》（香港：北區區議會，1994）。
· 深圳博物館：〈鵬城印記：第三部分開創新紀元〉（深圳博物館歷史展，2003 年）。
· 深圳博物館編，《深圳近代簡史》（深圳：文物出版社，1997）。
· 深圳博物館編：《明清兩朝：深圳檔案文獻續繹》（廣州：花城出版社，2000）。
· 莫稚：《香港沙頭角新村遺址考古發掘報告》，載《香港考古學會會刊》（*Journal of the Hong Kong Archaeological Society*），第十五期（一九九九年一月）。
· 莫稚：〈略論廣東舊石器時代文化及其若干問題〉《史前研究》，1985 年第 3 期。
· 郭嵩、魯丁、山客編繪：《新界四區導遊：元朗、沙頭角、青山、大帽山》（香港：南針出版社，1980）。
· 陳支平、周雪香主編：《華南客家族群追尋與文化印象》（合肥：黃山書社，2005）。
· 陳序經：《疍民的研究》（上海：商務印書館，1946）。
· 陳柯雲：《略論明清徽州鄉約組織》，載《中國史研究》，1990 年第 4 期。
· 陳國成主編：《香港地區史研究之三：粉嶺》（香港：三聯書店，2006）。
· 彭兆榮：《邊際族群：遠離帝國庇佑的客人》，（合肥：黃山書社，2006）。
· 湯建勛：《最新香港指南》（香港：民華出版社，1950）。
· 費成康、方小芬、許洪新、劉華副主編：《中國的家法族規》（上海：上海社會科學院出版社，1998）。
· 逸廬主人：《香港九龍便覽》（香港：中華書局，1940）。
· 黃淑娉主編：《廣東族群與區域文化研究》（廣州：廣東高等教育出版社，1999）。
· 黃耀忠：《從救濟到融合——香港政府的「中國難民政策」（1945-1980）》（香港：三聯書店，2019）。
· 楊堃：《民族學概論》（中國社會科學出版社，1984）。
· 楊耀林、文本亨：〈從深圳青銅時代遺址管窺廣東先秦時期的社會特質〉，載鄒興華編：《嶺南古越族文化論文集》（香港：香港市政局，1993）。
· 楊耀林：〈深圳咸頭嶺史前文化遺存初步研究〉，載深圳博物館編《深圳文博》（北京：人民出版社，2001）。
· 楊耀林：〈深港地區遷海復界以來的鄉約〉，載深圳博物館編：《深圳文博論叢》。

- 溫憲元、鄧開頌、丘杉主編：《廣東客家》（桂林：廣西師範大學出版社，2011）。
- 萬建中：《中國禁忌史》（武漢：武漢大學出版社，2016）。
- 董建輝：《明清鄉約：理論演進與實踐發展》（廈門：廈門大學出版社，2008）。
- 雷雨田、馬健釗、何方耀等著：《廣東宗教簡史》（上海：上海文藝出版總社、百家出版社，2007）。
- 廖迪生：《香港天后崇拜》（香港：三聯書店，2000）。
- 趙世瑜：《狂歡與日常——明清以來的廟會與民間社會》（北京：生活·讀書·新知三聯書店，2002）。
- 趙春晨、雷雨田、何大進著：《基督教與近代嶺南文化》（上海：上海人民出版社，2002）。
- 劉平：《被遺忘的戰爭：咸豐同治年間廣東土客大械鬥研究》（北京：商務印書館，2003）。
- 劉存寬：《香港歷史問題資料選評：新界租借》（香港：三聯書店，1995）。
- 劉智鵬、劉蜀永編著：《香港史：從遠古到九七》（香港：城市大學出版社，2019）。
- 劉智鵬：《潮起潮落：中英街記憶》（香港：和平圖書有限公司，2017）。
- 劉粵聲：《香港基督教會史》（香港：香港浸信教會，1941）（1996年重排增訂版）。
- 劉義章編，《香港客家》（桂林：廣西師範大學出版社，2005）。
- 劉蜀永、蘇萬興主編：《蓮麻坑村志》（香港：中華書局，2015）。
- 劉蜀永：〈中英街的歷史與興衰〉，載劉智鵬主編：《展拓界址：英治新界早期歷史探索》（香港：中華書局，2010）。
- 劉鎮發，《客家：誤會的歷史、歷史的誤會》（廣州：學術研究雜誌社，2001）。
- 劉麗川：《深圳客家研究》（深圳：海天出版社，2013）。
- 鄭世亮編：《南鹿社己亥年（2019）太平清醮社區照片集》（香港：活耕建養地協會口述歷史工作組，2019）。
- 鄭赤琰編：《客家與東南亞：第三屆國際客家學研討會專輯》（香港：三聯書店，2002）。
- 蕭國健，《香港前代社會》（香港：中華書局，1990）。
- 蕭國健、沈思：《香港華文碑刻集　新界編（一）》（香港：顯朝書室，1993）。
- 蕭國健：《香港新界北部鄉村之歷史與風貌》（香港：顯朝書室，2010）。
- 蕭國健：《香港新界家族發展》（香港：顯朝書室，1991）。
- 蕭國健：《清初遷界前後香港之社會變遷》（台北：商務印書館，1986）。
- 瀨川昌久著，河合洋尚等校譯：《客家：華南漢族的族群性及其邊界》（北京：社會科學文獻出版社，2013）。
- 羅香林：《客家史料匯篇》（台北：南天書局有限公司，1965）。
- 羅香林：《客家源流考》（中國華僑出版公司，1989）。
- 羅香林：〈唐代蛋族考：上篇〉，中山大學：《文史學研究所月刊》第2卷第3、4期合刊，1934。
- 譚子慧等：《新界北深度遊》（香港：郊野公園之友會，2009）。
- 蘇文英、鄒崇銘：《近田得米：香港永續生活新煮意》（香港：印象文字，2015）。
- 蘇偉賢、鄧麗君、蕭偉立：《香港地質：四億年的旅程》（香港：土木工程拓展署，2009）。

· 饒玖才：《香港舊風物》（香港：天地圖書有限公司，2001）。
· 饒玖才：《十九及二十世紀的香港漁農業傳承與轉變：下冊農業》（香港：天地圖書，2017）。

---

## 日文書刊

· 田仲一成：《中国の宗族と演劇：華南宗族社会における祭祀組織・儀礼および演劇の相関構造》（東京：東京大学出版会，1985）。
· 瀨川昌久：《客家：華南漢族のエスニシティーとその境界》（東京：風響社，1993）。

---

## 政府資料

· CO129/376, CO129/380, CO129/391, CO129/411
· 《香港考古資料系統》，古物古蹟辦事處：https://hkaas.lcsd.gov.hk/hkaas/main.jsp?lang=2
· 《香港法定古蹟》，古物古蹟辦事處，https://www.amo.gov.hk/b5/monuments.php
· 中共深圳市委黨史辦公室、東縱港九大隊隊史徵編組編：《東江縱隊港九大隊六個中隊隊史》（深圳：深圳市印刷廠，1986）。
· 中共廣東省委宣傳部文藝處及廣東省文化廳社會文化處編：《廣東省群眾文化工作常識》（廣州：嶺南美術出版社，2006）。
· 中港考古研究室：〈可資建設M＋的本地文化資源——關於西九龍文娛藝術區核心文化藝術設施的思考〉，2007年10月8日修訂本（立法會西九龍文娛藝術區發展計劃小組委員會2007年10月9日會議文件）。
· 古物古蹟辦事處：《2002年沙頭角蕉坑小型屋宇考古調查暨搶救發掘一期報告》，2002年（待刊稿，現存古物古蹟辦事處，參考編號ND22）。
· 古物古蹟辦事處：《全港文物普查第七地區（大埔區）工作報告》（待刊稿，現存古物古蹟辦事處，參考編號TP1-4）。
· 古物古蹟辦事處：《香港沙頭角新村遺址小型屋宇610B號工地考古調查報告》，2001年（待刊稿，現存古物古蹟辦事處，參考編號ND4）。
· 古物古蹟辦事處：《新界大埔、沙頭角地區考古覆查工作報告》，2000年（待刊稿，現存古物古蹟辦事處，參考編號ID16）。
· 古物古蹟辦事處：《新界北區考古調查報告》，1998年（待刊稿，現存古物古蹟辦事處，參考編號ND1）。
· 古物古蹟辦事處：《新界餘下偏僻村落供水計劃第二期考古調查工作報告》，2000年（待刊稿，現存古物古蹟辦事處，參考編號ND3）。
· 沙頭角區委宣傳部編：《沙頭角的歷史和現狀——愛國主義教育講話材料》（沙頭角區委宣傳部，1986）。
· 政府檔案處編號 HKRS 437-1-16 Report on Sino-British Border
· 政府檔案處編號 HKRS 437-1-16 Special Report on Sha Tau Kok
· 政府檔案處檔案編號：HKRS 934-7-32 Sha Tau Kok - Plover Cove Road

· 規劃署：《邊境地區土地規劃研究工作報告 —（基線情況和現時土地用途檢討及主要課題）摘要》（奧雅納工程顧問，2008 年 5 月）。
· 蕭國健：〈本地文物教育與初中中國歷史科新修訂課程〉（教育署輔導視學處與古物古蹟辦事處合辦教育研討會專題論文）（年份不詳）。
· 賴德劭：〈深圳市文物保護單位概述〉，2004 年 5 月 17 日，blog.yahoo.com。
· 鐵路博物館：《粉嶺－沙頭角支線》（香港：鐵路博物館，年份不詳）。

## 英文書刊

· *A Gazetteer of Place Names in Hong Kong, Kowloon and New Territories* (Hong Kong: Government Printer, n.d. but 1960).
· Barth, F. (ed.), *Ethnic Groups and Boundaries: The Social Organisation of Culture differences (Results of a Symposium held at The University of Bergen, 23rd to 26th February 1967)* (Boston, MA: Little Brown, 1969).
· Blackie, W. J., *Kadoorie Agricultural Aid Association 1951-1971* (Hong Kong: Kadoorie Agricultural Aid Association,1972 ).
· Brim, John, "Village Alliance Temples in Hong Kong", in Arthur P. Wolf (ed.), *Religion and Ritual in Chinese Society* (Stanford: Stanford University Press, 1974).
· Chan, Yin Yuk Lily, *Sha Tau Kok District: A Social and Economic study* (B.A. Thesis)(Hong Kong: The University of Hong Kong, 1958).
· Constable, Nicole eds., *Guest People: Hakka Identity in China and Abroad* (Seattle and London: University of Washington Press, 1996).
· Constable, Nicole, *Christian Souls and Chinese Spirits: A Hakka Community in Hong Kong* (Berkeley: University of California Press, 1994).
· Empson, Hal, *Mapping Hong Kong* (Hong Kong: Government Information Services, 1992).
· Faure, David, "Local Alliance" in *The Structure of Chinese Rural Society: Lineage and Village in the Eastern New Territories, Hong Kong* (Hong Kong: Oxford University Press, 1986), pp.100-127.
· Hase, Patrick, "The Mutual Defense Alliance (Yeuk) of the New Territories" in *Journal of the Hong Kong Branch of the Royal Asiatic Society*, Vol. 29 (1989), pp.384-388.
· Ho, Pui Yin, *The Administrative History of the Hong Kong Government Agencies, 1841-2002* (Hong Kong: Hong Kong University Press, 2004).
· Horsnell, R. G., "The Macintosh Cathedrals", *Journal of the Royal Asiatic Society Hong Kong Branch*, Vol. 35 (1995), pp.171-176.
· Johnson, Elizabeth, "North District", *Recording A Rich Heritage: Research on Hong Kong's "New Territories"* (Hong Kong: Leisure and Cultural Services Department, 2000).
· Kowloon Canton Railway (British Section), *Annual Report* for 1910, 1911, 1912, 1913, 1914, 1916, 1917, 1920, 1922, 1923, 1925, 1926, 1927, 1928.
· Mungello, D. E., "Female Infanticide in Nineteenth Century China" in *Drowning Girls in China: Female Infanticide since 1650* (Lanham, Md.: Rowman &

Littlefield Publishers, c2008).
· Newland, W.J., *A General Report on the Survey of the New Territory from November 1899 to April 1904* (11th May 1904).
· Owen, Bernie & Raynor Shaw, *Hong Kong Landscapes: Shaping the Barren Rock* (Hong Kong : HKU Press, 2007).
· Phillips, Robert, J., *Kowloon-Canton Railway* (British Section)(Hong Kong: Urban Council, 1990).
· Phillips, Robert. J., *The Shataukok Branch – A Study 1911-1928*.
· *Report by Mr. Stewart Lockhart on the Extension of the Colony of Hong Kong October 8, 1898* in Eastern No.66 Colonial Office, 1900.
· *Report of the Hong Kong Archaeological Survey Volume III Part I, Summary Site Data Sheets and Volume IV Part I; The Hong Kong Archaeological Survey: Subsurface Investigation Reports*, pp. 9-18.
· Yuen, Chi Wai, *Competition for Interpretation: Politics of Heritage in Hong Kong's Northern New Territories* (Hong Kong University of Science and Technology, Thesis of Master of Philosophy, 2005).

## 報章資料

《大公報》
《北區星報》
《明報》
《明報新界東專線》
《香港 01》
《香港工商日報》
《香港工商晚報》
《香港華字日報》
《華僑日報》
《新晚報》
*Hong Kong Daily Press*
*South China Morning Post*
*The Guardian and the Observer*

## 鳴 謝

非常感謝香港三聯副總編輯李安女士的支持，她在學術上的堅持，對本書得以面世至關重要。劉蜀永教授對每一章細讀，並且給予了許多寶貴意見，又提出了我從未思考過的問題，他的支持及建議是難能可貴的，使這本書能夠更盡善盡美，本人在此萬分感謝；亦多謝他的助理 Samuel 幫忙校對書中摘錄的碑文，提供了實質及寶貴的協助。劉義章教授在時間緊迫之下，為我作序及內容述評，使本書生色不少。還要多謝恩師何佩然教授，她對筆者多年來在研究上的支持，才令我能繼續堅持研究沙頭角的歷史。書中不少研究取向，來自拙著《中港邊界的百年變遷：從沙頭角蓮蔴坑説起》及《入境問禁：香港邊境禁區史》，因為在研究路上有她的支持，我才可以走至這一步，寫出這本專著。編輯 Yuki 體諒我一再延誤交稿日期三年，而編輯寧礎鋒為書中的內容、數據編排及插圖提供了不少協助、安排及配合，我為此向他們致以謝忱。

在這本書的寫作過程中，經歷了人生的起跌，太太 Juliana 一直支持我繼續在工作與研究之間取得平衡，又陪伴我到鄉間進行實地考察，使我在艱辛的路途上沒有放棄夢想，她在瑣事上對我的照顧及餘暇的犧牲，我的感激之情難以筆墨表達。

最後希望將要特別感謝的人士詳錄於後，沒有他們的支持，這本書不會如期出版：

| | | |
|---|---|---|
| 葉維里先生 | 宋煌貴先生 | 蕭麗娟女士 |
| 葉秋平先生 | 葉莉薇女士 | 鄒興華先生 |
| 葉偉璋博士 | 溫華安先生 | 林國輝先生 |
| 卜永堅博士 | 李春林先生 | Kevin Bolton |
| 鄭世亮先生 | 郭志標先生 | |
| 李以強先生 | 盧采風先生 | |

此研究如沒有獲得以下任何一間機構提供協助,是不能完成的,特此鳴謝如下:

| | |
|---|---|
| 沙頭角區鄉事委員會 | 香港教區檔案處 |
| 打鼓嶺區鄉事委員會 | 環境局 |
| 沙頭角居民協會 | 新界鄉議局 |
| 蓮蔴坑村公所 | 香港文滙報 |
| 担水坑村公所 | 香港大學孔安道圖書館 |
| 谷埔村公所 | 香港中文大學圖書館 |
| 南涌村村公所 | 香港中文大學亞太研究中心 |
| 活耕建養地協會 | 香港崇正總會 |
| 南鹿社區歷史工作組 | 深圳檔案館 |
| 吉澳天后宮福利渡 | 深圳博物館 |
| 沙頭角故事館 | 曼城之家 |
| 香港歷史博物館 | Imperial War Museum |
| 香港歷史檔案處 | Manchester Archives andLocal Studies Central Library |
| 古物古蹟辦事處 | Basel Mission Archive |
| 政府新聞處 | The National Archives, Kew |
| | University of London Library |

# 禁區

## 夾縫中的沙頭角

阮志 著

| | |
|---|---|
| 責任編輯 | 寧礎鋒 |
| 書籍設計 | 李嘉敏 |
| 出版 | 三聯書店(香港)有限公司 |
| | 香港北角英皇道四九九號北角工業大廈二十樓 |
| | Joint Publishing (H.K.) Co., Ltd. |
| | 20/F., North Point Industrial Building, |
| | 499 King's Road, North Point, Hong Kong |
| 香港發行 | 香港聯合書刊物流有限公司 |
| | 香港新界荃灣德士古道二二〇至二四八號十六樓 |
| 印刷 | 美雅印刷製本有限公司 |
| | 香港九龍觀塘榮業街六號四樓 A 室 |
| 版次 | 二〇二一年三月香港第一版第一次印刷 |
| 規格 | 十六開(150mm × 220mm)三二〇面 |
| 國際書號 | ISBN 978-962-04-4666-5 |

© 2021 Joint Publishing (H.K.) Co., Ltd.

Published & Printed in Hong Kong

三聯書店
http://jointpublishing.com

JPBooks.Plus
http://jpbooks.plus